Sonja Chevallier

FRÄULEIN PROFESSOR

Lebensspuren der Ärztin Rahel Hirsch
1870–1953

Droste Verlag

Bildnachweis

Schutzumschlag: Bildarchiv Preußischer Kulturbesitz

Archiv für Kunst und Geschichte: Abb. 18

Charité-Annalen, Berlin 1911: Abb. 9, 10

Festschrift zur Jubiläumsfeier des 50jährigen Bestehens der Realschule der Israelitischen Religionsgemeinschaft, Frankfurt/Main: Abb. 2, 3, 4

Ullstein Bilderdienst: Abb. 7, 20

Universitätsarchiv der Humboldt-Universität, Berlin, Königliche Charité-Direktion: Abb. 14

Verlagsarchiv: Abb. 1, 7, 8, 19, 21

Prof. Dr. Gerhard Volkheimer: Abb. 5, 11, 15, 16, 22

Zeitgenössische Quellen: Abb. 6, 12, 13, 17

Die Deutsche Bibliothek – CIP-Einheitsaufnahme

Chevallier; Sonja:

Fräulein Professor : Lebensspuren der Ärztin Rahel Hirsch 1870–1953 /
Sonja Chevallier. – Düsseldorf : Droste, 1998
ISBN 3-7700-1091-4

© 1998 Droste Verlag GmbH, Düsseldorf
Schutzumschlag: Petra Schneider
Satz: Droste Verlag
Druck und Bindung: Clausen & Bosse, Leck
ISBN 3-7700-1091-4

INHALT

VORWORT

Waren die deutschen Juden damals liebesblind angesichts des heraufziehenden Unheils?

Es war eine meist einseitige Liebesgeschichte zu Deutschland von 1600jähriger Dauer gewesen. Aber „judenrein" war dieses Land nie! Jüdische Menschen trugen zu seiner Entwicklung seit dem vierten Jahrhundert bei, lebten und starben für sein Wohl. Mit Anbruch der Aufklärung fielen endlich die Ghettomauern, und mit begeistertem Elan glaubte man nun die bisher verbotene Freiheit genießen zu dürfen. Ein aufgestautes Nachholbedürfnis ließ die Juden beachtliche Erfolge in den freien Berufen einfahren.

War ihr Patriotismus ein tragischer Irrtum?

Laßt uns nicht aus dem bequemen Lehnstuhl der historischen Rückschau ihre Begeisterung belächeln: Sie liebten ihre Heimat und übersahen die Blutspur, die klerikaler Antijudaismus seit 1700 Jahren – seit dem Auseinandergehen der Wege von Kirche und Synagoge – gelegt hatte.

Im übrigen versagten in ihrem Urteil auch die führenden Staatsmänner des Westens, die Hitler jahrelang geduldet haben. Ohne die Schuld der Täter, Zuschauer und Wegschauer zu mindern, muß auch an das Versagen der Weltmächte gegenüber den jüdischen Flüchtlingen erinnert werden.

Wie Sonja Chevallier zu Recht feststellt, ist ihr Buch „Fräulein Professor" in der Tat keine Biographie im eigentlichen Sinn. Nein, es ist eher ein schriftliches Denkmal geworden, das auf jeder Seite zu mahnen scheint:

Wehret den Anfängen!

Wenn auch – leider – Selbstäußerungen von Rahel Hirsch fehlen, so reiht sich diese tapfere, kluge Frau nahtlos ein in die lange Reihe der biblischen und jüdischen Frauen, die angesichts unüberbrückbar scheinender Schwierigkeiten dennoch ihren Mann zu stehen wußten. Zu behaupten, daß sie „tumb und unselbständig" gewesen seien, grenzt an böse Verleumdung!

Man kann mit Fug und Recht die Behauptung wagen, daß diese Mütter, Gattinnen und Töchter sich um den Bestand und die Tradition des Judentums unverzichtbar verdient gemacht haben.

Ruth Lapide   *Februar 1998*

EIN PAAR NOTWENDIGE
WORTE VORWEG

Dies ist schon deswegen keine richtige Biographie, weil Biographien stets etwas Schwermütiges an sich haben. Sie beginnen mit der Geburt und enden unfehlbar mit dem Tod. So paßt jedes Leben zwischen zwei Buchdeckel. Dazwischen – mehr oder weniger unterhaltsam geschildert – liegen ruhmvolle Taten oder tragisches Scheitern. Wie auch immer: Während ein Roman sich die Freiheit nimmt, einen beliebigen Abschnitt aus dem Leben seiner – erfundenen – Personen herauszugreifen, so daß wir auf der ersten Seite nicht wissen, ob die letzten Sätze uns zu Tränen rühren oder zum Lachen reizen werden, verströmen Biographien leichte Melancholie, weil in ihnen stets die Eckdaten eines Lebens zu lesen sind: „Gelebt von... bis...", und es ist schwer, Enthusiasmus zu wecken für eine Person, von der wir am Anfang schon wissen, daß sie am Ende tot sein wird. Das ist das, was sich letzten Endes über unser aller Leben sagen läßt, und wir lesen nicht Bücher, um das noch einmal bestätigt zu bekommen. Darüber wird vergessen, daß Biographien eigentlich Geschichten sind, die kein Ende haben, sondern die immer weitergehen, bis in unsere Zeit hinein und noch darüber hinaus.

Die Person, deren Lebensgeschichte wir lesen, ist geprägt von der Zeit, in der sie lebte, hat aber andererseits auch ihre Zeit mitgestaltet. Frühere Jahrhunderte scheinen uns so weit entfernt, dennoch haben die Menschen, die vor uns lebten, unsere Zeit vorbereitet. „Die Wurzel trägt den Baum – nicht der Baum die Wurzel."[1] So ist unser Weg durch die Zeiten wie eine Treppe: Die vor uns lebten, bilden die Stufen vor uns – wobei nur die, die gerade dran sind, glauben, die Treppe führe stets nach oben.

Unser Leben ist in Rahel Hirschs Leben verwurzelt. Geschichte wird nicht nur durch herausragende Taten einzelner gemacht, sondern dadurch, daß viele etwas tun. Wenn sehr viele das gleiche oder ähnliches tun, hat dies geschichtliche Wirkung.

---

1 Hirsch, Schuder, Der gelbe Fleck, S. 393.

Es genügt nicht, etwas zu fordern oder darauf zu warten, daß es die gesetzlichen Grundlagen für etwas gibt. Erreicht wird etwas dadurch, daß es Menschen gibt, die einen Weg beschreiten und sich durch Hindernisse nicht abhalten lassen – und wenn viele das tun, wird aus einem schmalen Pfad eine breite Gasse. Wenn die Frauen der ersten Frauenbewegung auf den gesetzlich geregelten Zugang zu den Universitäten gewartet hätten, dann würden die Frauen wohl noch heute darauf warten. Es gab Frauen, die die ersten waren, die herausragenden Pionierinnen, deren Namen die Geschichte überliefert hat: Dorothea Erxleben, Franziska Tiburtius – aber es mußte auch Frauen geben, die ihnen nachzufolgen bereit waren – ein Einschnitt ins Gebirge wird kein Fluß, wenn kein Wasser nachkommt. Als Dorothea Erxleben im 18. Jahrhundert ihr Doktorexamen machte, veränderte sich wenig. Eine studierte Frau war etwas Spektakuläres – aber dennoch fingen die Frauen nicht an, Medizin zu studieren. Sie blieben weiter zu Hause. Das Frauenstudium setzte sich nicht durch. Als Franziska Tiburtius ungefähr hundert Jahre später in Zürich ihr Examen ablegte und sich dann in Deutschland als Ärztin niederließ, löste sie eine Lawine aus. Viele Frauen waren bereit, ihr auf diesem Weg zu folgen – trotz vieler Schwierigkeiten. Und diese vielen haben es dann geschafft, etwas zu verändern.

Rahel Hirsch ist eine der vielen, aber auch eine der ersten. Sie hat die Geschichte des Frauenstudiums mitgeprägt, weil sie zu denen gehört hat, die die beschränkten Möglichkeiten des Frauenstudiums wahrgenommen haben – und damit den Weg geebnet für die nachfolgenden Generationen. Sie ist dann eine von den „ersten" geworden, sie wurde als dritte Frau in Deutschland und als erste Ärztin in Preußen mit dem Titel „Professor" ausgezeichnet.

Ihr Leben war bestimmt von dem, was heute fast in Vergessenheit geraten ist, vom Judentum in Deutschland – dessen Geschichte weiter zurückreicht als 1933 und mehr Facetten hat als mittelalterliche Pogrome und Rassenhaß.

Rahel Hirsch hat die Geschichte geprägt, weil sie eine Frau war, die zu den ersten gehörte, die studierten, weil sie Ärztin war und weil sie Jüdin war.

Hätte Rahel Hirsch darauf gewartet, sich in Deutschland einzuschreiben, wäre nichts vorangetrieben worden. Hätte sie darauf gewartet, daß männliche Mediziner die Vorteile erkennen, die weibliche Ärzte für die Medizin haben, gäbe es bis heute noch keine. Das Leben Rahel Hirschs reicht bis in unsere Zeit hinein. Sie hat den Boden bereitet, auf dem wir uns heute so sicher bewegen können.

Dieses Buch ist keine Biographie im eigentlichen Sinne geworden. Selbstäußerungen von Rahel Hirsch fehlen nahezu völlig. Die Ausbeute der Hinterlassenschaft ist karg. Personen, die sie noch gekannt haben, konnten nicht aufgespürt werden. So kommt Rahel Hirsch außer durch ihre wissenschaftlichen Arbeiten selber kaum zu Wort. Wir müssen das Bild ihrer Persönlichkeit aus dem Schatten entnehmen, den ihr Leben auf ihre Zeit geworfen hat. Wir können Rückschlüsse auf ihr Leben ziehen durch die Ereignisse, die geschichtlich festgehalten sind und die auf alle Menschen, die sie miterlebten, Auswirkungen gehabt haben. Wir können davon ausgehen, daß der Erste Weltkrieg, daß die Rassengesetze und der Entzug der Approbation ihr Leben geprägt haben, aber, wenn wir uns nicht in unhaltbaren Spekulationen verlieren wollen, können wir daraus nur sparsame Rückschlüsse ziehen. Dennoch können wir aus dem, was Zeitgenossen uns berichten, aus Schilderungen der geschichtlichen Ereignisse ein Bild in uns entstehen lassen, das möglicherweise das wiedergibt, was auch in Rahel Hirsch vorgegangen ist. Nach anfänglicher Enttäuschung machte es den Reiz dieser Arbeit aus, Lücken zu lassen, um sie mit den Zeugnissen von ZeitzeugInnen und Schicksalsgefährten und -gefährtinnen zu füllen.

Eine weitere Frage, die sich mir während der Arbeit zu diesem Buch stellte, war die, ob es überhaupt gutgehen kann, ein Buch über eine Jüdin zu schreiben.

Durch die Ereignisse des Dritten Reiches ist unser Verhältnis zu Juden so überschattet, daß es heute nicht möglich ist, unbefangen die Lebensgeschichte einer Jüdin in Deutschland zu erzählen.

Wo immer jemand es wagt, mehr als einen Satz über Juden zu sagen, gibt es hierzulande sofort Kritiker, für die es Ehrensache ist, den versteckten Antisemitismus herauszufiltern. Jeder Satz, jedes Wort wird gerne daraufhin abgeklopft, ob sich dahinter – wenn auch nur unterschwellig – eine negative Botschaft über Juden verbergen könnte, und jede Äußerung, der nicht das obligatorische Schuldbekenntnis vorangestellt ist, kann einem die Unterstellung einbringen, mit den Tätern zu paktieren. Kurz, es ist eine undankbare Sache, über Juden zu schreiben, und geradezu bodenloser Leichtsinn, eine ganze Biographie über eine Frau zu schreiben, die Jüdin war. Es ist schwer, nach Auschwitz etwas zu sagen, was nicht falsch ist.

Kritik steht uns nicht zu – aber keine Kritik zu üben ist auch eine Art von Diskriminierung.

So ging ich absolut nicht unbefangen daran, dem Leben einer Jüdin in Deutschland nachzuspüren. In dem Entsetzen über den Völkermord habe ich – wie so viele Nachgeborene – vergessen, was Juden eigentlich für das intellektuelle Leben in unserem Land bedeutet haben, den Blick dafür verloren, welchen Beitrag Menschen jüdischer Herkunft dazu geleistet haben, daß wir früher als „Volk der Dichter und Denker" bekannt waren.

Es war eine ungeheuerliche, selbstmörderische Tat für das intellektuelle Leben in Deutschland, Juden aus dem gesellschaftlichen Leben in unserem Lande zu vertreiben. Schon gar nicht war mir gegenwärtig, welchen Einfluß jüdische Frauen auf unser Geistesleben hatten und was sie zur Frauenbewegung beigetragen haben.

So sehr hat das Erschrecken über den Holocaust das Verbrechen gegen die Kultur in unserem Lande verdeckt, daß ich bei den Recherchen zu diesem Buch mit Erstaunen feststellte, welchen Anteil an Literatur und Philosophie, an Kunst und Theater, Naturwissenschaften und auch an der Frauenbewegung jüdische Frauen hatten.

Bei Frauen wird grundsätzlich ihre Bedeutung für das kulturelle Leben einer Nation eher geleugnet und zurückgestellt. Der Begriff Jüdin ist mit einem gewissen unguten und sexualisierten Beiklang vermischt worden, der davon ablenken soll, daß nicht zuletzt Jüdinnen es waren, die wesentliche Impulse für die Kultur und für die Frauenbewegung des 19. Jahrhunderts gegeben haben.

Das Wort von der „schönen Jüdin", die zur Verführung wurde, wurde im letzten Jahrhundert geprägt. Vielleicht inspiriert von Schlegels Roman „Lucinde", in dem er – für alle Zeitgenossen leicht zu erraten – seine Liebe zu Dorothea Veit verewigte. Ein Roman, der nicht nur durch seine für damalige Zeit empörende Freizügigkeit Furore machte, sondern zum Skandal wurde, allein schon weil Dorothea Veit die Tochter Moses Mendelssohns war – jenes Juden, der als Philosoph und Denker das Ansehen ganz Europas gewann und der Vorbild wurde für Lessings „Nathan der Weise". Mendelssohns Tochter war Jüdin und geschieden – das erstere schlimm genug, das zweite für die damalige Zeit beinahe unglaublich. Wahrscheinlich haben die wenigsten diesen äußerst sinnlichen Roman gelesen. Die Verachtung für das weibliche Vorbild, die jüdische Frau, die sich einen Geliebten nahm, war flächendeckend - daß der auch noch jünger war als sie, war nur das I-Tüpfelchen auf dem Skandal –, dabei gehörte Dorothea Veit, spätere Schlegel, zu dem Kreis deutscher Intellektueller und Literaten, die die Epoche der Frühromantik einleiteten. Ihr Beitrag zur deutschen Geistesgeschichte gerät ins Hintertreffen – wie bei so vielen anderen jüdischen Frauen. Warum fällt denn bei Rosa Luxemburg den wenigsten ein, daß sie Jüdin war?

Dieser Bericht über die wenigen Spuren, die uns aus dem Leben Rahel Hirschs geblieben sind, soll ein Versuch sein, den Anteil der jüdischen Bürger an dem „Volk der Dichter und Denker" erneut ins Licht zu rücken, in der Hoffnung, ihnen wird einmal wieder der Platz eingeräumt, der ihnen zusteht.

1
MITTEN IM KRIEG

Bisher ist der Krieg aus Sicht der Deutschen großartig gelaufen! Weißenburg, Metz, Sedan. Die Armee der Bundesstaaten hat siegreich gekämpft. Die Preußen diesmal einträchtig Seite an Seite mit den Bayern, die wegen ihrer hellblauen Uniformen und ihrer Kampfeswut bei den Feinden schon bald die „blauen Teufel" genannt werden. Vor vier Jahren noch, 1866, haben sie sich bei Königgrätz gegenübergestanden und aufeinander geschossen, diesmal geht's gemeinsam gegen den Erzfeind.

„In rasender Karriere preschten sie vor, die Kürassiere mit gezogenem Pallasch[1], die Ulanen mit eingelegten Lanzen, gegen das Blitzen der Chassepoths[2], das Donnern der Kanonen, den Hagel der Kartätschen..." So schildert Franz Herre in seinem Buch „Anno 70/71"[3], wie die Deutschen in eine Schlacht ziehen – und nicht selten in den Tod. Denn die Kommandeure setzen zuweilen eher auf Schneid als auf die Regeln der Kriegskunst. Eitelkeit bestimmt oft mehr das Schlachtgeschehen als strategischer Verstand.

In Saint-Privat haben sich die Franzosen in dem auf einer Anhöhe liegenden Dorf verschanzt. Uneinnehmbar wie eine Zitadelle liegt es da. Statt auf die Verstärkung zu warten, ergibt sich der Kommandant des preußischen Gardekorps seiner Ungeduld. Im Zaudern liegt für ihn der Keim der Feigheit, er will Ergebnisse sehen. So befiehlt er seinen Männern, das gut befestigte Dorf zu stürmen. Mit preußischer Disziplin geht die Gardeinfanterie in den befohlenen Tod. Gerade noch rechtzeitig kommen die Sachsen und retten den Sieg. Tausende von Soldaten sind unnötig gestorben, aber sie haben ja ihr Leben fürs Vaterland gegeben und damit gut. Niemand fragt danach, wie verschwenderisch ein

---

1 Eine säbelartige Waffe.

2 Nach seinem Erfinder benanntes Gewehr.

3 F. Herre, Anno 70/71, S. 115.

Vaterland mit den Leben der Tapferen umgehen darf. Der militärische Sieg allein zählt.

Am 19. Juli 1870 erst haben die Franzosen den Krieg erklärt, und jetzt, im September bereits, stehen die Deutschen tief im Land, haben die französischen Armeen aufgerieben oder eingekesselt, und der Kaiser ist in Kriegsgefangenschaft geraten.

An einem Septembermorgen hat Otto von Bismarck an der Chaussee von Sedan nach Donchery den französischen Kaiser in einem Arbeiterhäuschen getroffen und ihn gefragt, ob er denn nur für sich kapituliere oder für ganz Frankreich – dann nämlich hätte sich hier schon der Frieden einleiten lassen. Napoleon gibt zu, daß er in diesem Augenblick nur für sich selber sprechen kann. Seine in Sedan eingeschlossene Armee muß kapitulieren. Aber Frankreich nicht! Das Heer ist längst demoralisiert, und die Franzosen mögen genug haben von ihrem Kaiser Napoleon, aber in Paris wird die Republik ausgerufen und der Widerstand organisiert. Die französischen Generäle wollen sich nicht ergeben! Der Krieg muß weitergehen. Zwar bekommen die Berliner Kinder schulfrei, zur Feier des Triumphes über Napoleon, aber die Soldaten müssen packen. Das Heer der deutschen Bundesstaaten marschiert eilends gegen Paris, um es zu umzingeln.

An einem dieser Tage, an dem die deutschen Soldaten sich daranmachen, einen Befestigungsring von neunzig Kilometern Länge um Paris zu ziehen, und mit der Belagerung des „Sündenbabel" beginnen – wobei man fest darauf zählt, die Pariser würden schon aufgeben, wenn sie durch die Blockade keine Erdbeeren mehr bekämen –, am 15. September 1870, wird in Frankfurt Rahel Hirsch geboren.

Ein regenloser, kühler Septembertag mitten im Deutsch-Französischen Krieg.

Empfindlichkeiten, Animositäten haben den Krieg ausgelöst, aber politisch gewollt war er von Bismarck, den die Geschichte dafür als Konstrukteur des Deutschen Reiches verzeichnen wird. Ob der Kanzler wirklich der Meinung war, eine Kaiserkrone könne „nur auf dem Schlachtfeld errungen werden", wie Friedrich Wilhelm IV. es ausgedrückt hatte, oder ob er ihn nur als letztes Mittel der Politik in Kauf nahm, ist eine Frage, über die Historiker schon ganze Bibliotheken zusammengeschrieben haben. Im Rückblick gibt er sich nachdenklich:

„...wer das Gefühl der Verantwortlichkeit für Millionen auch nur in geringem Maße besitzt, wird sich scheuen, einen Krieg zu beginnen..."[4] Zu seinem Amtsantritt 1862 aber hatte er das norddeutsche Parlament wissen lassen: „Nicht durch Reden und Majoritätsbeschlüsse werden die großen Fragen der Zeit entschieden –...–, sondern durch Eisen und Blut!"

Als es zwischen dem preußischen und dem französischen Herrscherhaus Verstimmung wegen der Thronfolge in Spanien gab, war ihm das mehr als recht. Spanien hatte dem Prinzen Leopold von Hohenzollern-Sigmaringen die Krone angeboten, darüber waren die Franzosen verärgert. Sie fühlten sich bedroht, falls ein Hohenzoller auf dem Thron im Süden Europas sitzen sollte. Dabei will der Prinz die Krone gar nicht und verzichtet. So weit, so gut. Nun aber wird von französischer Seite gefordert, daß man für alle Zukunft sich enthalte, jemals nach dem spanischen Thron zu schielen. Das verletzt den Nationalstolz. Erst den der Deutschen, dann den der Franzosen, denn die passenden Antworten bleiben ja nicht aus. Es gibt da die berühmte Geschichte von der Emser Depesche (der Verlauf der diplomatischen Verhandlungen mit den Franzosen wurde von der kaiserlichen Adjutantur in einem Telegramm zusammengefaßt, an Bismarck geschickt und von ihm dann an die Öffentlichkeit weitergeleitet) – Bismarck hat diese „Emser Depesche" redigiert, eigentlich nur ein wenig gekürzt, gerade so, daß sie schroffer klingt als ursprünglich beabsichtigt, und gerade so, daß sie die sensiblen Gemüter hüben und drüben aufs neue reizt: „Seine Majestät der König hat es darauf abgelehnt, den französischen Botschafter nochmals zu empfangen, und demselben durch den Adjutanten vom Dienst sagen lassen, daß seine Majestät dem Botschafter nichts weiter mitzuteilen habe." Für diese Sätze haben sich zwei Nationen in einen Krieg gestürzt. In einer Zeit, in der Ehrenhändel zur Tagesordnung zählten und ein Mann bereit war, für einen zweideutigen Blick sich oder einen anderen in den Tod zu schicken, und das für Ehre hielt, kann man von einer Nation – also der massenhaften Ansammlung solcher ehrenhaften Männer – nichts anderes erwarten.

---

4 H. Friedjung, Der Kampf um die Vorherrschaft in Deutschland, aus: Eberhard Kolb, Umbrüche deutscher Geschichte.

Auf beiden Seiten schäumen die Wogen des Nationalstolzes. Man fragt sich immer wieder, was denn die Angehörigen einer Nation eigentlich dazu bringt, in eine solche Wut gegen eine andere Nation zu geraten, die erst abzukühlen beginnt, wenn Tote zu beklagen sind, Dörfer zerstört, das Land verwüstet ist. Dann erst finden Dichter wieder leise, melancholische Töne:

„Die Brust durchschossen, die Stirn zerklafft

so lagen sie bleich auf dem Rasen..."[5]

Mit ein bißchen Nachdenken hätte man das vorher wissen können, schließlich ist es nicht der erste Krieg der Menschheitsgeschichte. Aber Männer haben offenbar einen blinden Fleck in ihrem Bewußtsein, was den möglichen Ausgang bewaffneter Auseinandersetzungen betrifft.

In einem deutschen Magazin las ich kürzlich die Beschreibung des Gefühlslebens eines Fußballfans, die uns vielleicht den Zugang zu der Gemütslage kriegführender Nationen ermöglicht:

„Gary liebte diesen Augenblick in der ersten Reihe. Diese Situation, wenn er das Weiße in den Augen der Gegner sah und das Adrenalin schlagartig das Gehirn überschwemmte und jeden Gedanken ertränkte. Da spürte er keinen Schmerz mehr und kein Gewissen, kein Mitleid und keine Angst, und es spielte auch keine Rolle mehr, ob er den Gegner dabei tottrampeln würde. Wer auf dem Boden lag, hatte aufgehört, zu existieren."[6] Es gibt da, so Gary, eine „kritische Distanz", die beträgt ungefähr fünfzehn Meter, „in der sich alles entscheidet", und in diesem Moment, wenn diese Distanz erreicht ist, kommt es offenbar zu dem Wahnsinns-Adrenalin-Flush.

Vielleicht ist nichts als diese Sehnsucht der Männer nach der „Fünfzehn-Meter-Distanz", nach dem Adrenalin-Kick, die heimliche Ursache aller Kriege?

Nun, in Frankreich, wie auch in den deutschen Staaten, herrscht jedenfalls unglaubliche Begeisterung über den Kriegsausbruch.

Anfang 1871 wird es in Versailles zur Kaiserproklamation kommen. Jenem berühmten Augenblick, der in einem farbgewaltigen Gemälde von Anton von Werner festgehalten wurde: wie sie da stehen im Versail-

5 Freiliggrath.

6 Der Spiegel 22/1996.

ler Spiegelsaal, mit ihren blitzenden, blinkenden Uniformen, die Degen gezogen und alles verdoppelt sich – nur ein ganz klein wenig verzerrt – in den hohen verspiegelten Wänden des prächtigen Saales. Das ist noch eine Weile hin, aber schon jetzt, im September 1870, nach den glänzenden militärischen Erfolgen zeichnet sich ab, daß endlich die „Deutsche Frage" gelöst werden wird.

Aus den vielen Kleinstaaten eine einzige Nation zu machen, das ist damals nicht etwa nur der Wunsch besonders nationalistisch gesinnter, sondern der der meisten Deutschen. Der Begriff „Deutsche Nation" ist ja noch nicht mit dem Odium des Faschismus behaftet wie für uns heute. Nicht mal für die Linken, die Rebellischen, und auch nicht für die Juden. Schon 1849 war der Präsident der Frankfurter Nationalversammlung, Eduard Simson, zum König von Preußen gereist, um ihm die „von der verfassunggebenden deutschen Reichsversammlung beschlossene" Kaiserwürde anzutragen. Der König von Preußen, jener Friedrich Wilhelm IV., der Kaiserkronen lieber vom Schlachtfeld mit nach Hause nehmen wollte, lehnte sie ab. Die Nationalversammlung war ihm zu revolutionär, damit degoutant. Dieser kleine Schönheitsfehler ist nun behoben, als jetzt derselbe Mann, Eduard Simson, als Reichstagspräsident mit der gleichen Mission anreist wie vor 22 Jahren. Diesmal wird die Kaiserwürde von der richtigen Seite angetragen, die gekrönten Häupter haben zugestimmt. Und Preußen hat inzwischen genügend Kriege geführt. Erst gegen Dänemark, noch mit Österreich zusammen, dann gegen Österreich und jetzt schließlich gegen Frankreich. In dieser Zeit hat sich durch Bismarcks Politik herauskristallisiert, daß es nun ein deutsches Reich unter der Führung Preußens geben wird. Das ist die sogenannte „kleindeutsche" Lösung – Österreich hat nach seiner Niederlage 1866 den deutschen Staatenverband verlassen, die Hoffnungen auf ein Deutsches Reich mit Österreich müssen begraben werden –, erst viele Jahre später, 1938, als Österreich von Hitler dem Reich angeschlossen wird, scheint die „Großdeutsche Lösung" verwirklicht zu sein. Endlich! wie der Jubel vermuten läßt – aber Glück gebracht hat sie dann nicht.

Zurück zum Jahre 1871 – man ist in der Heimat nicht nur glücklich über die schnellen Siege, sondern man schwelgt in Stolz und Nationalgefühl. Als Napoleon III. sich ergeben hat und die Meldung im Lande durchkommt, notiert der Arzt Ernst von Bergmann, der zu dieser Zeit als Chirurg im Kriegslazarett arbeitet: „Kürzlich amputierte ich einen Soldaten, eines Müllers Sohn aus Schlesien; ich nehme ihm sein Bein ab, sein ganzes Bein bis zur Hüfte. Als die Operation vollendet war, teilte ich ihm die Nachricht von der Gefangennahme Napoleons mit. ‚Nun, für die Botschaft, Herr Doktor', sagte er, ‚schneiden Sie mir gleich auch das andre ab, auch die Arme geb ich meinem König für das Glück, das Gott ihm in seinen alten Tagen geschenkt.'"[7] Zu einem geringen Grade mögen diese Worte einer Nachwirkung der Äthernarkose zuzuschreiben sein – die übrigens erst vor kurzem, nämlich 1862 von Schimmelbusch in die Medizin eingeführt wurde –, überwiegend aber zeugen sie von dem nationalen Rausch, der in Deutschland herrschte.

Das wird auch in der Familie Mendel Hirschs nicht anders sein, in der gerade Rahel das Licht der Welt erblickt. Die meisten Juden sind national gesinnt.

Die Zeiten haben sich gebessert für Juden. Man spricht von Assimilation und Emanzipation. Die Juden sind angesehen in Frankfurt. An dem Galadiner nach der Kaiserproklamation in Versailles sitzt auch der Jude Meyer Karl Rothschild mit am Tisch. Er ist Frankfurter Abgeordneter, und es heißt von ihm, daß er seine Dienstbeflissenheit im Interesse Preußens hinreichend bewiesen habe, was bedeutet, daß er zur Finanzierung des Krieges seinen Teil beigetragen hat, denn er ist von Beruf Bankier.

Man fühlt sich sicher in Frankfurt. Die letzten Ausschreitungen, die sogenannten „Hepp-Hepp-Krawalle", sind mehr als fünfzig Jahre her. Mit dem Ruf „Hepp-Hepp-Juda verreck!" zog damals die Menge durch die Judengasse und warf die Steine in die Läden der Juden. Im Gegensatz zu früheren Zeiten verzichtete man darauf, sie zu erschlagen und zu verbrennen, sondern begnügte sich damit, lediglich ihre Geschäfte und Auslagen zu zerstören.

Das Ghetto, die Judengasse, wurde bald darauf geöffnet, und ein paar Jahre nach Rahels Geburt, 1874, wird sie ganz abgerissen. Rahels Elternhaus steht in der Schützenstraße, im sogenannten Fischerfeld. Das ist ein einstmals sumpfiges Gelände, das Anfang des Jahrhunderts in ein

---

7 A. Buchholtz, Ernst von Bergmann, S. 259.

1 Die Judengasse in Frankfurt um 1890, links die Synagoge.

gutbürgerliches Wohngebiet umgewandelt wurde, dort sind viele Juden hingezogen. Es sind die Wohlhabenden, die hier wohnen. Ein paar Häuser weiter in Richtung Innenstadt liegt die Synagoge, zur anderen Seite geht es hinunter zum Mainufer. Hier, zwischen den Mainwiesen und der Synagoge, wächst Rahel Hirsch auf. Direkt neben der Synagoge liegt die Realschule und Höhere Töchterschule der Israelitischen Religionsgesellschaft, gegründet von Rahels Großvater Samson Raphael Hirsch, der jetzt dort Direktor ist. Rahels Vater, Mendel Hirsch, ist Lehrer an dieser Schule.

Mendel Hirsch, geboren 1833 in Oldenburg, ist ein sehr gebildeter Mann, er hat in Bonn und Berlin Philosophie, Literatur und Geschichte studiert, unter anderem bei Leopold von Ranke. 1854 promoviert Mendel Hirsch und wird danach Lehrer an der von seinem Vater gegründeten Realschule. 1859 – am 10. Adar II 5619 nach jüdischer Zeitrechnung – bekommt er das Rabbinatsdiplom. Geheiratet hat er eine geborene Ballin, wie sie mit Vornamen heißt, ist weder dem standesamtlichen Register seiner Kinder noch den überschwenglichen und ausführlichen Nachrufen auf Mendel Hirsch zu entnehmen. In keinem der Dokumente, die ich einsehen konnte, wird sie auch nur einmal mit vollem Namen erwähnt. Dennoch, sie haben insgesamt elf Kinder zusammen. Neun Mädchen und zwei Jungen. Rahel kommt als sechstes Kind zur Welt. Ihre älteste Schwester ist Julie, 1861 geboren. Dann kommen Sara und der Bruder Raphael. 1866 wird Caroline geboren und zwei Jahre vor Rahel Theresa. Nach Rahel folgen zwei Mädchen, Bella 1873 und Bertha 1875, dann Sophie und schließlich Perez, der zweite Junge unter acht Mädchen, und als Nesthäkchen kommt 1882 dann noch Johanna. Eine große Kinderschar also, wie es damals sicher üblich war. Demnach geht es lebhaft zu im Hause Hirsch. Rahels Mutter wird von Mitgliedern der Familie Hirsch, die sie noch gekannt haben, als intelligent und tatkräftig beschrieben. Mendel als freundlicher Gelehrter, der dem Haushalt hilflos gegenübergestanden und sich nicht viel darum gekümmert habe. Das wird auch nicht von ihm erwartet worden sein. Die Stellung der Frau im Judentum unterscheidet sich nicht so wesentlich von der im Christentum. In der Gemeinde spielte sie keine Rolle. Zu Hause aber war die jüdische Ehefrau hochgeachtet, d. h. sie erledigte alle Arbeit und zündete am Freitagabend zum Beginn des Feiertags die Kerzen an, damit die Familie den Sabbat empfangen konnte. Darüber hinaus war es traditionsgemäß der Stolz einer jüdischen Ehefrau, ihrem Mann das Studium der Schriften zu ermöglichen. „So nahm die Frau die Rolle der Vermittlerin zwischen Lehre und Alltag ein, indem sie dem Mann ermöglichte, sich den religiösen Schriften zu widmen, galt doch dessen Grad der Gelehrsamkeit als Statussymbol."[8] Entweder war man vermögend, so daß es nicht notwendig war, sich um den Lebensunterhalt zu kümmern, oder die Frauen gingen sogar heimlich arbeiten. – Der Mann mußte sich dem Thora- und Talmud-Studium widmen.

Rahels Mutter beköstigt neben ihren eigenen Kindern auch ungefähr zwanzig Knaben, die mittags aus dem zur Realschule gehörigen Internat zum Essen kommen. „Es wurde ihr nie zuviel", heißt es in der mündlichen Überlieferung einer Verwandten. Ein bekannter, oft

8 U. Kamman, Magisterarbeit, Der jüdische Frauenbund in Deutschland, S. 8.

2 Rahel Hirschs Vater, der Lehrer Mendel Hirsch.

gebrauchter Satz: der Trostpreis der Geschichte für die, die nicht einmal
namentlich erwähnt werden. Der Preis für nicht enden wollende Hausarbeit, aber auch der Trick, mit dem man Frauen bei der Stange hält. Es
fragt sie ja niemand, ob es ihnen zuviel wird, und es würde ja auch
nichts nützen – das was „zuviel" wäre, würde nur liegenbleiben. Dennoch steht es uns nicht zu, aus unserer heutigen Sicht rückzuschließen,

daß Rahels Mutter ihr Leben als Joch empfunden habe und nicht glücklich gewesen sei mit den vielen Kindern und dem klugen und unpraktischen Gelehrten als Ehemann. Wir wissen nicht, ob sie mit ihrer Rolle haderte oder nicht – es ist übrigens zu vermuten, daß sie wenigstens ein Hausmädchen hatte. Wenn sie die traditionelle Rolle der Ehefrau bejahte, die „verbunden ist, ihrem Ehemann Liebesdienste zu erweisen, d.i. ihm sowohl bey Tisch, als auch sonst Handreichungen zu thun, und für seine Reinlichkeit und Bequemlichkeit zu sorgen", wie Moses Mendelssohn, der berühmte und von Christen wie Nichtchristen geehrte jüdische Denker, es in seinen „Ritualgesetzen der Juden" beschreibt, so hat sie jedoch Rahel nicht soweit von dieser Rolle überzeugen können, als daß diese selbst dieses Schicksal für sich annahm. Allerdings wissen wir aus Rahels späteren Schriften, daß sie die Rolle der Frau als Hüterin des Hauses nicht grundsätzlich in Frage stellte, sondern betonte. Eine fast salomonische Lösung des Konfliktes zwischen dem eigenen Wünschen und den Erwartungen der anderen, die Frauen oft – bewußt oder unbewußt – gewählt haben: das eigene Leben frei gestalten und das Ideal der Frau als Gefährtin des Mannes preisen. Freilich ergriff Rahel stets die Gelegenheit, darauf hinzuweisen, daß die geistig und körperlich gebildete, die selbständig denkende Frau die bessere Gefährtin für den Manne sei.

Rahels Vater, Mendel Hirsch, ist ein begeisterter Lehrer, der seine Schüler achtet und sie ernst nimmt. „Die Gesalbten Gottes, das sind die den Lehrern anvertrauten Kinder", so heißt es im Talmud. „Tastet mir nicht meine Gesalbten an", sagt Mendel Hirsch oft, wenn es um seine Schüler geht. Ein anderer Ausspruch von ihm: „Gehet sorglich um mit den Kindern der Armen, denn von ihnen wird das Gotteswort ausgehen."

Mendel Hirsch ist ein frommer Jude. Sein Vater, Samson Raphael Hirsch, ist einer der bedeutendsten Rabbiner des 19. Jahrhunderts.

Wir befinden uns bei Mendel Hirsch in einem orthodoxen jüdischen Haus.

2
EUROPA, DIE EMANZIPATION
UND DIE JUDEN

Daß es zu dieser Zeit überhaupt noch orthodoxe Juden gibt in Deutschland, ist eigentlich erstaunlich. Fast zwei Jahrtausende hat man sich in
Europa damit beschäftigt, Juden auszurotten. Nicht nur in Deutschland,
überall gab es Ausschreitungen und Pogrome – in Spanien ebenso wie
in Frankreich, Rußland und Polen.

Seit der Zeit der Kreuzzüge, als die nicht immer so edlen Ritter zunächst die Juden im eigenen Land ermordeten, weil sie sagten, „...es
wäre ungerecht, in ihrem Heimatland die Feinde Christi am Leben zu
lassen...",[1] gab es immer wieder Pogrome und Massaker. Auch wenn
schließlich Päpste verkünden ließen, es entspräche nicht der Wahrheit,
daß Juden das Blut eines Christenkindes für ihr ungesäuertes Matzen-
Brot benötigten, auch wenn etwas gemäßigte Bischöfe wenigstens darauf hinwiesen, daß es nicht gottgefällig sein könne, die Juden zu ermor-
den, es sei vielmehr notwendig, daß man sie am Leben ließe, damit sie
„Zeugnis von ihrer Schmach" ablegen könnten – es änderte nichts daran, daß über Jahrhunderte viele Menschen nicht glaubten, sie begin-
gen einen Mord, wenn sie einen Juden erschlugen.

Nur sehr allmählich verbesserte sich die Lage der Juden. Auch wenn
Voltaire selbst ein leidenschaftlicher Judenhasser war, fiel doch ein Ab-
glanz vom Geist der Aufklärung, deren führender Denker er war, auf sie.
Die Französische Revolution proklamierte mit Stolz und Begeisterung
Gleichheit und Brüderlichkeit. So weit war man immerhin schon mit
dem logischen Denken, daß man Juden da nicht ausnehmen konnte.

Natürlich hielt man daran fest, daß die Juden irgendwie schlecht
und schädlich fürs Volk seien, denn sonst hätte es ja nicht zu diesen
Haßausbrüchen in der Vergangenheit kommen können, aber fortschrittlich wie man nun am Ende des 18. und zu Beginn des 19. Jahrhunderts war, meinte man, das könne doch keine unabänderliche Eigenschaft sein, es müsse doch möglich sein, aus den Juden auch „gute

---

1 L. Poliakov, Geschichte des Antisemitismus, Bd. I, S. 37.

Menschen" zu machen. Fortan beschäftigte man sich also eifrig mit der „Bürgerlichen Verbesserung" der Juden. Das gab viel Gelegenheit zu Streit. Gelang die „Verbesserung der Juden", oder waren sie, wie einige immer schon wußten, eben unverbesserlich? Natürlich fielen diejenigen, die sich weiterhin betont jüdisch gaben, auf und boten den Gegnern der Emanzipation Gelegenheit, auf das Fruchtlose der Integrationsbemühungen hinzuweisen. Diejenigen, die sich anpaßten, waren ja nicht mehr als Juden zu erkennen. Und je mehr Juden sich assimilierten und nicht als solche auffielen, um so mehr fielen die wenigen, die es nicht taten, auf! Kurz, man fand immer Grund, über die Unbelehrbarkeit der Juden zu klagen.

Die Juden ihrerseits lebten bei der Lockerung der gegen sie gerichteten Schikanen auf. Bereits kurze Zeit nachdem sie Zugang zu den Universitäten hatten, waren sie dort stärker vertreten, als es ihrem prozentualen Anteil an der Bevölkerung entsprach. Bei Examen und Abschlüssen belegten sie die ersten Plätze, ja sie wagten es sogar, einen erheblichen Teil der deutschen Nobelpreisträger zu stellen. (Was ihnen den Vorwurf einbrachte, sie hätten sich überall „vorgedrängelt".) Man kann das als ein Zeichen für die besondere Intelligenz dieser bislang so verachteten Juden werten. Es ist aber ein vielfach zu beobachtendes Phänomen, daß Gruppen, denen lange etwas verwehrt wurde, besonders gute Leistungen zeigen, so als wollten sie sich der Aufhebung von Beschränkungen würdig erweisen und das in sie gesetzte Vertrauen rechtfertigen. Auf jeden Fall spricht es nicht gegen die Intelligenz der Juden. Unter den nichtjüdischen Studenten allerdings regten sich bald Gruppen, die die Präsenz so vieler jüdischer Studenten als Bedrohung gesehen wissen wollten. Man sprach davon, daß Juden „überrepräsentiert" seien und definierte eine „Überfremdung" herbei, obwohl es sich bei den Gemeinten um nichts anderes als deutsche Landsleute handelte, deren Leistungen der Kultur des Landes zugute kamen.

Seit Moses Mendelssohn (1729-1786) als Philosoph und Denker ganz Europa entzückte, haben sich immer mehr jüdische Namen in die Reihe der Geistesgrößen eingereiht: Ludwig Börne, Rahel Varnhagen, Heinrich Heine, Arnold Zweig, Gustav Mahler, Sigmund Freud, um nur einige zu nennen, ja und auch Karl Marx gehört zu den Juden, die unsere Geschichte nachhaltig beeinflußten.

Aber es war nicht allein das Bestreben, dem Land, in dem man lebte, nun zu zeigen, was man könne: Juden nahmen die Chance zur Assimilation dankbar auf, weil sie sich schon lange als Deutsche fühlten, weil sie Sehnsucht danach hatten, zu dem Land zu gehören, das sie als ihre Heimat betrachteten. Und manche nahmen sogar die Taufe an. „Als Eintrittskarte in die deutsche Kultur", wie Rahel Varnhagen es formulierte, deren Salon in Berlin geistiger Mittelpunkt für Dichter und Denker ihrer Zeit wurde.

Auch Heinrich Heine ließ sich taufen, mit Bitterkeit im Herzen, wie so viele Juden. Er fühlte, daß er dennoch nicht dazugehörte – um das zu erreichen, hätte er allerdings zuallererst mal weniger kritisch über Deutschland dichten müssen – und nun, durch die Taufe, entwurzelter war als vorher. Was jahrhundertelang weder Scheiterhaufen noch Zwangstaufe hatte erwirken können: jetzt gab es Juden, die sich vom Glauben ihrer Väter lösten. Zum einen brachte das Jahrhundert der Aufklärung, wenn nicht Nihilismus, so doch auf jeden Fall mehr Distanz zur Religion, also auch bei den Juden, zum anderen begannen auch die Juden aufzublicken und wollten sich modernisieren. Mußte das Gesetz wirklich bis aufs I-Tüpfelchen so ausgeführt werden wie seit dreitausend Jahren? Mußte wirklich das Sabbat-Gewand ohne Taschen sein, damit ein frommer Jude nicht Gefahr liefe, Geld bei sich zu tragen? Die Zeiten hatten sich geändert, war es nicht angemessen, diese oder jene Glaubensvorschrift etwas zu lockern? Man sprach nicht mehr jiddisch, sondern deutsch, man lebte nicht mehr im Ghetto, man lebte in Deutschland, dachte deutsch. Nicht wenige Familien werden zu Weihnachten einen Weihnachtsbaum gehabt haben wie in den christlichen Familien – schon der Kinder wegen. Sollten denn die jüdischen Kinder kein Weihnachtsfest haben, wenn alle Kinder um sie herum sonst Bescherung hatten? Jom Kippur – das „Versöhnungsfest" und Höhepunkt des jüdischen Jahres – konnte man ja außerdem feiern.

Die Gemeinden wurden reformiert – ja, später dachte man sogar daran, Orgelmusik in die Synagoge einzuführen –, und sicher aß auch längst nicht mehr jeder Jude koscher – er hätte sich damit den endlich erreichten Zugang zur Gesellschaft wieder versperrt. Es ist nicht bekannt, ob Meyer Rothschild bei dem Galadinner zur Kaiserkrönung in Versailles den einen oder anderen Fleischgang ausließ, weil es seiner

Religion widersprochen hätte, davon zu essen. Jedenfalls wird nicht erwähnt, daß er als Tischgenosse aufgefallen wäre, weil er es abgelehnt hätte, überhaupt etwas zu essen, wie es ein orthodoxer Jude sicherlich getan hätte. Denn die kaiserliche Küche hielt ja kein getrenntes Geschirr für Milchernes und Fleischernes vor und war damit für jemanden, der koscher essen wollte, unrein, also völlig indiskutabel.

Ja, die Juden, insbesondere die im Westen, waren dabei, sich zu assimilieren, nach und trotz überstandenen jahrhundertelangen Greueln und Benachteiligungen hier ihre Heimat zu finden, aufatmend wohl, weil die schrecklichen Verfolgungen der Vergangenheit nicht mehr möglich schienen. Nicht nur leisteten sie ihren Beitrag zu Geistesleben und Wissenschaft, mit nationaler Begeisterung hatten sie sich gedrängt, in den Krieg gegen Frankreich zu ziehen, um ihre Zugehörigkeit zur Nation durch „Blutzoll" unter Beweis zu stellen. „Wenn uns im Feld eine Kugel trifft – bluten wir nicht?" mögen sie in Abwandlung der Shylockschen Frage gedacht haben.

Ja, und warum so kleinlich am Sabbat festhalten? War doch dieser Sabbat Anlaß zu unendlichen Giftereien zwischen den Religionen gewesen: Während die Christen arbeiteten, rührten die Juden an ihrem Sabbat keinen Finger. Das hatte Christen schon oft erbost, vor allem, wenn Juden dann christliche Mägde oder Knechte anstellten, die für sie die notwendigen Arbeiten ausführten. – Das war ihnen übrigens immer wieder verboten worden. – Und wenn dann die Christen ihren Feiertag hatten, sollten die Juden umhergehen und ihre Geschäfte tätigen? Das wiederum erschien den Christen wie Hohn und Spott auf ihren Glauben.

Zudem mußte es für jüdische Geschäftsleute fatal sein, von Freitagmittag bis Montagmorgen ihr Geschäft geschlossen zu halten.

Es bleibt dahingestellt, warum sich die Kirche einstmals, auf dem Konzil zu Nicäa 325, dazu entschloß, den Sonntag statt den Samstag als siebten Tag der Woche zu nehmen, aber seitdem ist der Streit nun einmal da. Warum also nicht das Gesetz ein bißchen lockern. Genügt es denn nicht, des Sabbats zu gedenken?

Und nun kommt Rabbi Samson Raphael Hirsch und verkündet: Das geht nicht! Es genügt nicht, des Sabbats zu gedenken – also am Morgen sich ein paar fromme Gedanken zu machen und dann seiner Geschäfte nachzugehen, der Sabbat muß *gehalten* werden! Denn die Thora ist

3 Der Frankfurter Rabbiner Samson Raphael Hirsch, Großvater
von Rahel.

die Grundlage des Judentums, und sie muß erfüllt werden, egal in welcher Zeit und in welchem Land man lebt.

Samson Raphael gilt als der Begründer der modernen Orthodoxie.
Er will, daß die Juden sich an ihren Glauben halten, so wie es überliefert
ist. Seiner Meinung nach darf nicht ein Jota davon abgewichen werden.
Die Thora ist die Grundlage des Glaubens, die gilt für alle Zeiten und
muß eingehalten werden! Dabei wendet er sich allerdings nicht gegen
die Emanzipation. Er ist durchaus für Fortschritt, und er hält es für mög-

lich, daß die Juden sich den Gegebenheiten des Landes, in dem sie leben, anpassen, aber eben dabei nicht das Gesetz vernachlässigen. Alles Fremde, alles Beiwerk solle aus dem Glauben wieder verschwinden, damit es der Glaube der Väter bleibe. Und er wettert dagegen, daß es mancherorts nichts einmal mehr möglich sei, koscheres Fleisch zu kaufen, weil die Gemeinden nicht dafür sorgten, daß es Läden gäbe, in denen die Juden das für sie eßbare Fleisch kaufen könnten. Dafür meint er, wolle er keine Steuern bezahlen, und er betreibt den Austritt der orthodoxen Juden aus den Gemeinden.

Das Austrittsgesetz, das „Lex Lasker" – benannt nach dem Abgeordneten Eduard Lasker, der es im Bundesrat einbringt –, ist wahrscheinlich das bedeutendste Ereignis in Rahels Kindheit, denn Samson Raphael Hirsch, der Rabbiner der Israelitischen Religionsgesellschaft in Frankfurt, ist Rahels Großvater. Natürlich ist sie noch zu klein, um richtig zu verstehen, worum es geht, als dieses Gesetz 1876 durchkommt. Es ist der Höhepunkt und in gewisser Weise dann auch der Endpunkt eines langen Streites in der Frankfurter Gemeinde zwischen Reformern und Orthodoxen, die sich in der Israelitischen Religionsgesellschaft zusammengefunden haben. Es soll den Juden ermöglichen, aus ihrer Gemeinde auszutreten.

Im Überschwang der Reformen hatte man mehr und mehr die Strenggläubigen, die Orthodoxen, in der Gemeinde verdrängt, sie gekränkt und als rückständig abgetan. Sie bekamen manchmal nicht mal mehr die Synagoge für ihre Gottesdienste. Es wurde auf sie herabgesehen, sie waren „die vom Lande". So haben sie sich schließlich in der Religionsgesellschaft zusammengetan, waren aber immer noch Angehörige der jüdischen Gemeinde. Da gab es dann allerlei Streit, ob sie denn mit ihren Steuern auch das unterstützen sollten, was sie als Orthodoxe nicht gutheißen konnten. Beide Seiten wandten sich an den Frankfurter Senat und machten dort ihre Eingaben. Die Frankfurter Obrigkeit mochte da nicht so recht entscheiden – die Juden mit ihren Streitereien und ihren talmudistischen Spitzfindigkeiten waren für die Christen zu undurchschaubar. Man hielt sich lieber raus und die Gemeinden – die Orthodoxen wie auch die Reformer - hin.

Die Religionsgesellschaft wollte ihren eigenen Rabbi haben. Auch darüber gab es kleinliches Gezanke und abfällige Äußerungen der

Reformierten, die den Orthodoxen nicht zutrauten, einen gebildeten Rabbi für sich zu gewinnen. Die Reformierten setzten ihre Religionsauffassung mit Modernität und Liberalität gleich, die Orthodoxen waren in ihren Augen die Rückständigen. Dann gelang es der Religionsgesellschaft trotz vieler Steine, die man ihr in den Weg legte, Samson Raphael Hirsch nach Frankfurt zu holen. Damit kam ein feuriger Streiter für die Sache der Orthodoxen an den Main.

Samson Raphael Hirsch erblickte 1808 in Hamburg das Licht der Welt. Er erwarb bei dem Altonaer Oberrabbiner Jakob Ettlinger das Rabbinatsdiplom. Mit der religiösen Ausbildung begnügte er sich nicht, sondern ging anschließend nach Bonn, um dort Philologie zu studieren, er wollte auch weltliche Bildung erwerben. Sein erstes Rabbinat trat er in Oldenburg an, kam dann nach Emden und später nach Nikolsburg. Dort erreichte ihn der Ruf der Israelitischen Religionsgesellschaft aus Frankfurt, dem er Folge leistete.

Er war zeit seines Lebens ein leidenschaftlicher, wissensdurstiger Mensch. Die Thora ging ihm über alles, aber mit Kommilitonen diskutierte er Goethes „Dichtung und Wahrheit". Er wollte auf die Wissenschaft nicht verzichten. Sein höchstes Ziel war es, Religiosität und wissenschaftliches Denken zu vereinen. Insofern war er schon ein Rabbi der Moderne.

Als er 1851 nach Frankfurt kommt, findet er in der Israelitischen Religionsgesellschaft einen kleinen Kreis von etwa dreißig Mitgliedern vor, dem alle Institutionen fehlen. Es gelingt ihm – unter anderem mit Hilfe der Familie Rothschild –, 1853 der Religionsgesellschaft zu einer eigenen Synagoge zu verhelfen. 1853 auch wird unter seiner Leitung die „Real- und Höhere Töchterschule der Israelitischen Religionsgesellschaft" mit ungefähr achtzig Schülern eröffnet. Hier, in seiner Schule will er seine Grundsätze verwirklichen: „...daß soziales Wissen und Leben und religiöses Wissen und Leben sich nicht nur nicht gegenseitig ausschließen, sondern sich gegenseitig bedingen... und ergänzen..." Sein lebenslang feurig erstrebtes Ideal findet sich in seinen Sätzen: „Das soziale Wissen und Leben findet erst im Religiösen seinen Boden und das Religiöse erst im Sozialen seine Bestätigung." Dafür ist es, seiner Meinung nach, nicht erforderlich, das Gesetz dem Zeitgeist zu opfern. In seiner Schule will er „Bildung ohne Nihilismus, Religion ohne Fanatismus" vermitteln. Das

Anwachsen der Schülerzahl scheint die Richtigkeit seiner Botschaft zu bestätigen. Als er 1876 seinen Abschied nimmt, hat die Schule immerhin 480 Schüler.

Die historische Würdigung seiner Person fällt unterschiedlich aus: In Meyers Lexikon von 1895 trägt sein Wirken ihm den Satz ein: „Ein scharfer, ehrlicher Vertreter der orthodoxesten Richtung im deutschen Judentum.." In der Allgemeinen Biographie, Leipzig, heißt es dagegen über ihn: „(S.R.H.)... stellte... die historische Entwicklung nicht erkennend, in sonderbarer Weise... alle überkommenen religiösen Bräuche für alle Zeit als Norm des Judentums auf und versuchte durch eine oft zu weit getriebene Symbolisierung und Allegorisierung den aus der Zeit entstandenen, verschiedenen äußeren Gestaltungen des Judenthums unbedingte, immerdauernde Geltung und Anerkennung zu verschaffen, was ihm aber im allgemeinen nur wenig gelang, weil seine dahingehenden Ausführungen, wenn auch geistvoll gehalten, den Stempel des Unnatürlichen an sich tragend, vor dem Forum der Wissenschaft nicht stand halten konnten." Es ist zu bezweifeln, daß diese Beschreibung ihm gerecht wird, denn Samson Raphael Hirsch war über die Gemeinde hinaus als Gelehrter geachtet.

In einem jüdischen Gemeindeblatt fand ich Auszüge aus den „Erinnerungen eines alten Frankfurters" von Hermann Schwab. Darin erzählt er von dem Rabbi Samson Raphael Hirsch. Er schildert den heiligen Respekt, den er und seine Altersgenossen vor „dem Raw" hatten, und wie sie bei seinen Ansprachen versuchten, möglichst nahe an die Kanzel heranzukommen, bis der „Schammes", der Gemeindediener, sie zurückwies. „Und es machte uns gar nichts aus, daß wir nicht alles verstanden, was er sagte. Nur manches verstanden wir, vor allem die Ansprachen an die Barmizwah-Knaben..."[2] Hermann Schwab erinnert sich auch an eine Begegnung mit Samson Raphael Hirsch: „Es war an einem Sommermorgen... als wir Kinder in den ‚Anlagen' spazieren geführt wurden, jenem grünen Gürtel, der die alte Stadt Frankfurt a. M. umgibt... als mich mein Bruder am Arm packte und flüsterte ‚Der Raw –!' Wir blieben stehen. Von einer seiner Enkelinnen begleitet, ging Samson Raphael Hirsch,

2 Frankfurter Jüdisches Gemeindeblatt 1969 Nr. 6/7/8/1969, S. 7.

leicht gebeugt, aber mit festem Schritt, an uns vorüber. Er zog seinen Hut vor den zwei kleinen Jungen, die ihn mit Neugier anstarrten. In seinen dunklen Augen leuchtete ein freundliches Lächeln..."[3]

Gut möglich, daß Rahel das kleine Mädchen war, das an jenem Sommertag an der Hand des Großvaters spazierenging und in sich aufnahm, wie man dem Großvater überall mit Respekt und Ehrfurcht begegnete.

Rahel wird es auch gehört haben, wenn der Großvater mit dem Vater im Wohnzimmer saß und beide diskutierten und sich in Rage redeten. Das ist manchmal so laut, daß Rahel es auch in ihrem Zimmer hören kann: „Die Thora ist das Gesetz, und außerhalb der Thora gibt es kein Judentum. Nein, nicht ich bin ein Sektierer, ich löse mich nicht ab vom Judentum – sie sind es, die meinen, es ginge alles auch ohne die Thora, sie spalten sich vom Glauben und von den Gesetzen ab." Außerdem hat sie diese Worte schon oft vom Großvater gehört, immer wieder kann er sich über dieses Thema ereifern. Seine vertraute Stimme wird dann beschwörend: „Sie sollen tun, was sie meinen, aber es kann nicht in der Nachfolge Gottes sein, dafür Steuern zu zahlen, daß man noch nicht einmal koscheres Fleisch bekommen kann!" Das ist immer der Höhepunkt seiner Rede. Dann hört es sich an, als ob der Großvater auf den Tisch schlüge. Schließlich redet er etwas leiser weiter, brummt etwas, und sie versteht noch, wie er von einer „universalistischen Ersatzreligion" redet, so nennt er das Judentum der Reformer verächtlich.

Endlich kommt das Austrittsgesetz durch - und wird eine große Enttäuschung. Nur ungefähr siebzig Gemeindemitglieder folgen Samson Raphael Hirsch und treten aus. Denn die Gemeinden drohen: Wer austritt, wird nicht auf dem Friedhof der jüdischen Gemeinde begraben! Das aber möchte man nicht. Man möchte einmal dort ruhen, wo schon Großvater und Urgroßvater liegen. Zwar hat die Israelitische Religionsgesellschaft später ihren eigenen Friedhof – aber da kennt man ja niemanden. So zahlen auch die, die austreten, lieber heimlich weiter Steuern an die alte Gemeinde, damit sie noch auf den gewohnten Friedhof kommen. Aber viele treten eben doch nicht aus, auch wenn sie im Herzen zu den Orthodoxen gehören.

3 Frankfurter Jüdisches Gemeindeblatt 1969 Nr. 6/7/8/1969, S. 7.

Eines hat Samson Raphaels Kampf allerdings bewirkt: Man entdeckt in allen Gemeinde auf einmal wieder die Rechtgläubigkeit, und überall bilden sich orthodoxe Flügel. „Sieh an! Erst waren wir die Rückschrittlichen, jetzt sind sie auf einmal alle orthodox." knurrt Samson Raphael.

Der Kampf hat seine Gesundheit ruiniert. Er muß öfter um Urlaub bitten, um zur Kur zu fahren. Sein ältester Sohn Mendel vertritt ihn in der Leitung der Schule. Schließlich reicht Samson Raphael Hirsch seinen Rücktritt ein, und Mendel Hirsch wird zum neuen Direktor der Schule vorgeschlagen und ernannt. Samson Raphael Hirsch stirbt 1888. Am Tage seiner Beerdigung sollen Tausende von Trauernden in Frankfurts Straßen gestanden haben.

Aber das war 1888. Dazwischen, zwischen der Lex Lasker und dem Tod des Großvaters, liegen zwölf Jahre. Was macht Rahel Hirsch in dieser Zeit?

Sie geht zur Schule. Rahel besucht die Höhere Töchterschule der Israelitischen Religionsgesellschaft.

3
„DER VON IHRER HAND
BEREITETE KAFFEE..."

Als Rahel die Schule abgeschlossen hat, ist sie eine „höhere Tochter".
Deren Bestimmung unterscheidet sich in der jüdischen Gesellschaft
nicht viel von der christlichen. Es gilt, „den Kanarienvogel zu füttern,
Blumentöpfe zu begießen, Klavier zu üben, Tablettdeckchen zu sticken
und auf die Ehe zu warten".[1] Vielleicht waren die jüdischen Mädchen
noch eine Idee schlechter dran als ihre christlichen Schwestern, das läßt
sich aus der Tatsache vermuten, daß damals weniger als die Hälfte der
berufstätigen Frauen insgesamt Jüdinnen waren. In der patriarchalischen Grundeinstellung unterschieden sich die Juden nicht so wesentlich von den Nichtjuden in aller Welt, vielleicht sahen sie ein wenig
mehr auf die berufstätige Frau herab. Das Einkommen der Frau – wenn
es nicht still und heimlich erwirtschaftet wurde, um dem Mann ein un-
getrübtes Studium der heiligen Schriften zu ermöglichen – kränkte den
Stolz des bürgerlich jüdischen Mannes eine Idee mehr als den des
christlichen. Die 1811 geborene Schriftstellerin Fanny Lewald erzählt:
„Meinen eigenen Schwestern verbarg mein Vater es, daß ich mich selber unterhielt – weil ihm die Selbständigkeit einer seiner Töchter als
eine Ungehörigkeit erschien."[2] Ja, manche Väter sollen sogar um ihre
Kreditwürdigkeit gefürchtet haben, wenn ihre Töchter einer Arbeit nach-
gingen. So waren Langeweile und Müßiggang das unausweichliche
Schicksal einer Frau aus dem gehobenen Bürgertum im 19. Jahrhundert.
Flucht in die Krankheit war oft der einzig praktikable Ausweg, denn
weibliche Hysterie war gesellschaftlich eher akzeptiert als der Versuch,
in die männliche Arbeitswelt einzudringen, oder der Wunsch nach
einer Berufsausbildung.

Nicht daß Frauen nicht arbeiten sollten. Das beginnende Industrie-
zeitalter benötigte selbstverständlich billige Arbeitskräfte, und dafür wa-

---

1 M. Kaplan, Die jüdische Frauenbewegung in Deutschland, S. 57.

2 F. Lewald, Für und wider die Frauen, S. 17, nach M. Kaplan, Die jüdische Frauenbewegung
   in Deutschland, S. 58.

ren und sind Frauen und Kinder zu allen Zeiten und in allen Gegenden der Erde gut. Zwölf- oder Sechzehn-Stunden-Tage für Frauen oder Kinder in der Fabrik hat Männer – jedenfalls die Mehrzahl von ihnen – zu keiner Zeit sonderlich erregt. Um das Wohl der Frauen sind Männer stets dann besorgt, wenn es um die Teilhabe an den schönen und wichtigen Dingen geht: die Wissenschaft, ein vernünftiger Beruf oder gar die politische Macht.

Zumeist sind Frauen, wenn es um ihre Rechte geht, bis heute hin ziemlich artig geblieben und haben sich stets darauf beschränkt, vom Manne ein *bißchen* mehr Hilfe, ein *bißchen* mehr Aufmerksamkeit und ein *bißchen* mehr Achtung zu fordern, wobei sie nie vergessen, artig einen Knicks zu machen, um nicht in den Geruch zu kommen, unweiblich zu sein. So hätte es immer bleiben können. Aber das konsequente Nichtstun – zu dem Frauen im 19. Jahrhundert exzessiver als ihre Vorgängerinnen verurteilt waren, weil nun schon technische Geräte viel von der Hausarbeit abnahmen –, das war einfach nicht auszuhalten. Luise Otto-Peters beschreibt den Tageslauf einer Dame aus dem Bürgertum folgendermaßen: „Wenn sie aufsteht, findet sie so gut wie der Gemahl das Frühstück fertig... so sieht die Hausfrau vielleicht einmal nach und zu, wie das Dienstmädchen Zimmer und Küche in Ordnung bringt... Dann beschäftigt sie sich mit ihrer Toilette... dann geht sie aus, um einige unnötige Geschäftsgänge, vielleicht einen Besuch zu machen. Kurz vor Tisch kommt sie heim, einen Blick in die Küche zu werfen und am gedeckten Tisch im Speisezimmer den Gemahl zu erwarten... Nachher zündet sie die vom Dienstmädchen bereit gestellte Wiener Kaffeemaschine an, und der Gemahl muß ihr versichern, daß der von ihrer Hand bereitete Kaffee am besten schmeckt... oft geht sie zu einem Kaffee... in ein Konzert... und all dies zweck- und ziellos, nur um sich die Zeit zu vertreiben." [3] Es gibt noch die Wohltätigkeit, die Frauen gestattet ist. Sie dürfen alte Kleider sammeln oder öffentliches Mitleid für hungernde Kinder zeigen, aber auch hier gilt, daß kein ernsthaftes Engagement dabei sein soll, es darf das Maß des Zeitvertreibes nicht überschritten werden. Vielleicht glaubte manche Frau, in einem goldenen Zeitalter zu leben – die Mehrheit aber hatte das Gefühl, „von

3 Nach M. Kaplan, Die jüdische Frauenbewegung in Deutschland, S. 55.

35

ihrem geistlosen Dasein erstickt zu werden"[4] – auch wenn sich das viele nicht eingestehen mochten. Vieles haben Frauen ertragen, weil es ihnen von Männern als ihre Bestimmung schmackhaft gemacht wurde. Selbst Bevormundung und Mißachtung lassen sie sich von Männern als Ausdruck einer besonderen Verehrung für Frauen gefallen – so z.B. die Argumentation, Frauen hätten im öffentlichen Leben kein Mitspracherecht, weil man ihnen so etwas Schmutziges wie die Politik fernhalten möchte. Aber gesunde, funktionsfähige Köpfe zum Nichtstun zu verdammen, das ist mehr als die menschliche Natur ertragen kann – selbst die weibliche. „Ich litt unter geistigem Hunger, der wie ein leerer Magen sehr deprimierend ist", drückt Cady Stanton, eine amerikanische Feministin der Zeit, es aus.[5]

So war es letztlich die Langeweile, die dazu führte, daß Frauen aufbegehrten und daß sich 1865 mit der Gründung des „Allgemeinen Deutschen Frauenvereins" durch Luise Otto-Peters und Auguste Schmidt die „Frauenbewegung" in Gang setzte. Frauen wollen eine Schulbildung! Frauen wollen studieren! Frauen wollen der Wissenschaft teilhaftig werden!

Die Frauenbewegung beginnt zunächst mit dem Kampf um eine Schulausbildung, die derjenigen der Jungen gleichwertig ist und das Abitur als Abschluß hat. Dann folgt das zähe Ringen um den Zugang zum Studium und schließlich der Kampf um das Recht zur Habilitation, der erst nach dem Ersten Weltkrieg, nämlich 1920, endlich gewonnen wurde. Männer sind oft sehr widerspenstig, wenn es darum geht, Frauen als vernunftbegabte Wesen wahrzunehmen. Zunächst sprachen Männer Frauen überhaupt die Bildungsfähigkeit ab. Als Frauen dann aber begannen, sich ihre Bildung notfalls zu nehmen, wollten sie doch lieber mitbestimmen, welche Bildungsinhalte denn für Frauen geeignet seien. Nun war schon seit der Romantik hin und wieder der Gedanke aufgetaucht, daß die Frau auch so etwas wie eine Gefährtin des Mannes sein könne. Deswegen wurde ihr immerhin ein gewisser Grundbedarf an Bildung zugestanden, aber es sollte nicht über das hinausgehen, was nötig war, um dem Manne ein wenig Unterhaltung zu bieten. Das

---

4 M. Kaplan, Die jüdische Frauenbewegung in Deutschland, S. 47.

5 Nach M. Kaplan, Die jüdische Frauenbewegung in Deutschland, S. 86.

gewichtigste Argument in allen Etappen dieses Kampfes war die Behauptung, zu viel Bildung, Wissen und erst recht die Anwendung von Wissen in einem Beruf schade der Weiblichkeit und mache die Frau untauglich für ihre eigentliche Bestimmung, nämlich Ehe und Mutterschaft. Nur merkwürdig, daß diese Sorge nie laut wird, wenn es um Fabrik- oder Feldarbeit geht. Auch legen Männer nie diese Fürsorglichkeit an den Tag, wenn es zum Beispiel um den Beruf der Krankenschwester geht. Es scheint die Weiblichkeit nicht zu gefährden, eitrige und stinkende Wunden zu pflegen oder Männern jeden Alters das Bett frisch zu beziehen und ihnen das Urinal zu reichen – erst wenn sie die Behandlung von Wunden und die Wundpflege *anordnen* wollen, geraten Frauen anscheinend in akute Gefahr, was ihre Weiblichkeit betrifft.

Obwohl es so offensichtlich ist, daß es nicht wirklich darum geht, Frauen vor der Härte des Daseins zu schützen, lassen sie sich immer wieder in die Defensive drängen und versuchen – auch heute noch –, die gängigen Ansprüche an die „Weiblichkeit" ebenso wie die geforderten Leistung zu erfüllen. Eine Art Spagat. Sie werden Mütter, kommen ihren Hausfrauenpflichten nach, und nebenbei promovieren sie, habilitieren sich oder laufen Olympiarekorde oder was es sonst noch so gibt. Jedoch, was immer Frauen auch tun, die männliche Skepsis ist bis heute nicht zufriedengestellt. Die Frauen der ersten Frauenbewegung lösten sich – bis auf wenige Ausnahmen – nie ganz von männlichen Kriterien. Immer berücksichtigten sie die Anforderungen des männlichen Blicks und versuchten, vor ihm standzuhalten.

In einem aber haben sie sich nicht beirren lassen: in ihrem Weg in den Beruf und an die Universitäten.

1868 wurde in Berlin das erste Lyceum gegründet, 1879 ein weiteres in Leipzig, das höhere Schulbildung für Mädchen anbot. 1889 ergriff Helene Lange die Initiative und schuf die „Realkurse für Frauen", in denen Frauen gezielt auf das Abitur vorbereitet wurden; Hedwig Kettler eröffnete in Karlsruhe das erste sechsklassige Mädchengymnasium, 1896 bestanden die ersten sechs Frauen aus Helene Langes Realkursen das externe Abitur an einem Knabengymnasium in Berlin.

Das sind die ersten Etappensiege, die errungen werden mußten, ohne daß aber nach all dem der Zugang zur Universität gesichert war. Diese Siege mußten vor allem gegen die öffentliche Meinung erfochten werden, und gegen alles, was jungen Mädchen zu Hause bis zum Heranwachsen mit auf den Weg gegeben wurde. Nämlich auf die Ehe zu warten, bis es hieß:

„Ich folg' dem Manne meiner Wahl...
Für Sigismund nur zu leben,
sei fortan mein Bestreben."[6]

Und beides, Wartezeit wie Ehestand, bedeutete ein Leben, dessen Zeit wahlweise mit Sticken oder Klavierüben – unabhängig von Talent und Neigung – totgeschlagen werden konnte, beides mehrere Stunden am Tag. Helene Lange: „Wenn man bedenkt, daß so oder ähnlich das Dasein ungezählter junger weiblicher Wesen in der ‚Wartezeit' ausgefüllt wurde, kann einen noch nachträglich ein Grauen ergreifen bei dem Gedanken an die Unsumme vergeudeter Energien und Wirkungsmöglichkeiten."[7]

Rahel Hirsch ist eine junge Frau, die nicht gewillt ist, ihre Möglichkeiten zu vergeuden und diesen Weg in Müßiggang und Langeweile einzuschlagen. Weder Sticken noch Klavierspielen scheint ihr ausreichender Lebensinhalt. Sie strebt nach Wissen und Wissenschaft, so wie ihr Großvater es ihr als Ideal gepredigt hat. Und sie hat das Glück, daß ihr Vater, leidenschaftlicher Lehrer und Rabbiner, keinesfalls beschämt darüber ist, daß seine intelligente Tochter ihre Geistesgaben nutzen möchte.

Rahel geht zunächst aufs Lehrerinnenseminar in Wiesbaden, um Lehrerin zu werden. Das war das erste Berufsangebot in jener Zeit für Frauen, die unbedingt höher hinaus wollten. Wenn es denn sein mußte, daß eine Frau studieren sollte, schien es das Naheliegendste, sie Lehrerin werden zu lassen. Das ließ sich fast organisch aus der Kindererziehung herleiten. Unterrichten war ja letztlich nichts anderes als eine organisierte, zentralisierte Kindererziehung. Ein bißchen Tiefgang konnte vielleicht nicht schaden, das käme den Kindern zugute. Sicherlich war es mit der Anmut der Frau zu vereinbaren, wenn sie Kindern das Lesen und Schreiben beibringen konnte und vielleicht sogar ein wenig mehr.

6 Nach M. Kaplan, Die jüdische Frauenbewegung in Deutschland, S. 48.
7 Nach M. Kaplan, Die jüdische Frauenbewegung in Deutschland, S. 62.

*4 Die Real- und Höhere Töchterschule der Israelitischen Religionsgesell-
schaft in Frankfurt, an der Rahel Hirsch unterrichtet.*

Im Mai 1889 legt Rahel Hirsch am Lehrerinnenseminar in Wiesbaden das Lehrerinnenexamen ab. Anschließend unterrichtet sie in Frankfurt an der Real- und Höheren Töchterschule der Israelitischen Religionsgesellschaft, an der ihr Vater jetzt Direktor ist. So scheint sich die
Tradition des Lehrens in der Familie fortzusetzen. Wenn Mendel Hirsch
Freude darüber empfindet, daß seine Tochter Rahel nun mit ihm zusammen an der Schule unterrichtet, die sein verehrter Vater gegründet hat,
so währt die Freude nicht allzulange. Rahel begnügt sich nicht damit, sie
beschließt, einen anderen Weg einzuschlagen – sie will Medizin studieren, so wie ihre Brüder Raphael und auch Perez, der in Berlin Zahnarzt
geworden ist. Raphael war zwischenzeitlich in London, der jüngere Bruder, Perez, ist nach Berlin gezogen.

Mendel Hirsch ist weit davon entfernt, darüber gekränkt zu sein,
daß sie seine Schule schon wieder verläßt. „Egal, welchen Beruf Rahel
ergreift", sagt er, „sie wird auf jeden Fall Großes darin leisten." Er ist kein
Vater, der sich Sorgen um sein Ansehen und seine Kreditwürdigkeit

macht, wenn seine Töchter einen Beruf ergreifen, im Gegenteil, er ist stolz darauf. So macht sie sich 1898, mit achtundzwanzig Jahren, daran, Medizin zu studieren. Das ist damals in Deutschland immer noch nicht möglich. Zwar hat der preußische Minister für geistliche und Unterrichtsangelegenheiten 1896 Frauen endlich als Gasthörerinnen in den Universitäten zugelassen, aber erst am 24. April 1899 beschließt der Bundesrat, Frauen auch zu gestatten, ein medizinisches Staatsexamen abzulegen. Kaum gibt es die Möglichkeit, wird sie auch genutzt: Ida Democh heißt die erste deutsche Frau, die in Halle das medizinische Staatsexamen ablegt. Die Regierungen der Länder allerdings lassen sich Zeit mit der Umsetzung dieses Gesetzes auf Landesebene. Erst mit Beginn des 20. Jahrhunderts öffnet eine deutsche Universität nach der anderen widerwillig ihre Pforten.

In den europäischen Nachbarländern ist man viel lockerer gewesen. Bereits 1872 erlaubte Rußland seinen Frauen Medizin zu studieren. In den USA war das sogar schon 1850 möglich, 1864 ließ die Schweiz Frauen zum Hochschulstudium zu. So kommt es, daß in Deutschland zu dieser Zeit schon einige Ärztinnen praktizieren, die im Ausland studiert haben. Das ist möglich, weil in Deutschland „Kurierfreiheit" herrscht. Danach ist es jedem, der sich berufen fühlt, gestattet, die Heilkunde auszuüben. So kann man es auch den ersten Ärztinnen, Franziska Tiburtius und Emilie Lehmus, nicht verbieten – auch wenn die männlichen Kollegen das nur zu gerne täten –, sich in Deutschland niederzulassen, obwohl sie keine deutsche Approbation nachweisen können. Sie dürfen nur die Bezeichnung „Arzt" bzw. „Ärztin" nicht führen. Eine gefundene Gelegenheit für die Kollegen, diese ersten Ärztinnen mit ungelernten Heilkundigen gleichzusetzen und sie als Kurpfuscherinnen zu diffamieren – wider besseres Wissen. Es gibt auch unter den männlichen Kollegen einige, sehr angesehene sogar, die im Ausland studiert haben, niemand käme auf die Idee, ihnen deswegen ihr Arzt-Sein abzusprechen. Die Ärztinnen mit den ausländischen Approbationen jedoch sind den Herren Kollegen ein Dorn im Auge, sie werden geschmäht. Aber das läßt diese kalt. Als Franziska Tiburtius gerichtlich auferlegt wird, auf ihrem Praxisschild anzugeben, daß sie ihren Doktor an der Universität Zürich erworben hat, beschert ihr das noch höheren Zulauf als vorher. Man hält das für etwas ganz Besonderes. Die Kollegen schäumen nun erst recht vor Wut über diese Konkurrenz. Immer wenn jemand mehr Patienten hat als andere, verfallen sie leicht in Polemik, gerne reden sie von Kurpfuscherei – oder von *Verjudung*, aber das kommt erst später.

Um die Jahrhundertwende gibt es also bereits eine ganze Reihe erfolgreicher Ärztinnen in Deutschland und eine Menge von Frauen, die entschlossen sind, Medizin zu studieren, wenn nicht in Deutschland, dann eben im Ausland. Sie lassen sich auch nicht durch böswilliges Gerede abhalten. In Zürich studierten damals viele Russinnen. Die russischen Frauen, die Abstand zu dem strengen zaristischen Regime gewinnen wollten, strebten bevorzugt danach, im Ausland zu studieren, ein Grund mit, daß Rußland sich ziemlich früh entschloß, das Frauenstudium zuzulassen, damit die Studentinnen nicht vom Ausland zu viele revolutionäre Tendenzen mitbrächten. Die hämischen Prophezeiungen, die Studentinnen damals mit auf den Weg bekamen, daß sie nämlich, wenn schon nicht mit dem Studium, dann doch in der Gesellschaft der „Russinnen mit ihren ausgetretenen Stiefeln, zerfransten Röcken und kurzgeschorenen Haaren"[8], ihre Weiblichkeit verlören, schreckte Frauen nicht ab. Diese Entschlossenheit machte allmählich Eindruck. Es ließ sich nicht ganz vermeiden, doch schon mal über Frauen und Studium nachzudenken.

Während Rahel Hirsch sich in Zürich einschreibt, beschließt der Wiesbadener Ärztetag folgende Thesen:

„I. Wenn vorläufig die Zulassung zum ärztlichen Beruf auf Grund der gleichen Bedingungen wie beim Mann nur gestattet, aber nicht (zum Beispiel durch Mädchengymnasien) erleichtert wird, so ist zunächst kaum ein stärkerer Zudrang der Frauen und deshalb weder besonderer Nutzen noch Schaden zu erwarten.

II. Wenn aber auf Grund weiterer Zugeständnisse und bisher nicht übersehbarer Verhältnisse ein größerer Zudrang entstehen würde, so wird

1. kein erheblicher Nutzen für die Kranken

2. mehr Schaden als Nutzen für die Frauen selbst

---

8 Lily Braun, nach Weber-Kellermann, Frauenleben im 19. Jahrhundert, S. 146.

3. *mindestens kein Nutzen für die deutschen Hochschulen und die Wissenschaft*
4. *eine Minderung des ärztlichen Ansehens*
5. *keine Förderung des Allgemeinwohls zu erwarten sein. Aus diesen Gründen ist es nicht gerade zweckmäßig, gerade mit der Medizin einen ersten Versuch der Zulassung der Frau zu den gelehrten Berufsarten zu machen.*

Speziell vom Standpunkt der ärztlichen Standesvertretung, ist mindestens eine Zulassung zu allen gelehrten Berufszweigen zu verlangen." [9]

Die Kollegen sind weit davon entfernt, sich auf die Stufe eines Möbius herabzubegeben, der ein paar Jahre später eine Schrift mit dem programmatischen Titel „Vom physiologischen Schwachsinn des Weibes" herausgeben sollte.

Nein, die Kollegen auf dem Ärztetag wollen fortschrittlich sein. Man hat ja gar nichts gegen das Frauenstudium, aber warum muß man gerade bei uns anfangen. Man gibt sich emotionslos, sachlich – man kann keinen Nutzen feststellen. Denn selbstverständlich sind die Ärzte jener Zeit völlig davon überzeugt, daß sie die Bevölkerung optimal versorgen und betreuen. Daß Frauen das Fach Medizin irgendwie bereichern könnten, glauben sie ja eigentlich heute noch nicht so recht. Immerhin, der Druck, Frauen nicht länger vom Studium auszuschließen, wird größer.

9 Zitiert nach A. Winkelmann, Medizinhistorische Betrachtungen zum Hirsch-Effekt, S. 17.

4
EIN UNBESCHREIBLICHES GEFÜHL

In Deutschland bewegt sich allmählich etwas. Zum Glück sind nicht alle Männer widerspenstig, wenn es darum geht, Frauen als vernunftbegabte Wesen anzuerkennen. Die Frauenrechtlerin Lily Braun beschreibt in ihren Memoiren eine Szene, die aus einem feministischen Märchen stammen könnte: Eine Autorin wird einem Professor vorgestellt: „,Fräulein von Kleve möchte dich kennenlernen, Georg – sie ist Schriftstellerin.' Des Professors Gesicht schien sich noch mehr zu erhellen. ,Dann freue ich mich doppelt Ihrer Bekanntschaft. Jede arbeitende Frau ist ein Gewinn für unsere Gesellschaft.' – ,Auch ein Gewinn für die Kunst und die Wissenschaft?' meinte ich zweifelnd. ,Gewiß! Sobald alle Universitäten und Akademien ihnen offenstehen wie den Männern!'"[1]

Es hat tatsächlich – wenn auch viel zu selten – solche wackeren Männer gegeben, die nicht nur herablassend duldend dem Frauenstudium gegenüberstanden, sondern dafür kämpften und die Rechte der Frauen zu ihrer Sache machten. Der Geheimrat Dr. Nokk aus Baden und an seiner Seite der damals ziemlich bekannte Zoologe Otto Bütschli waren zwei der Männer, die sich für die akademische Gleichbehandlung der Frauen einsetzten. Das ist leicht dahingesagt, es bedarf ja vieler Verordnungen und Verwaltungsvorgänge, bis so etwas in allen Fakultäten universitäre Realität ist, die von allen Dozenten anerkannt werden muß. Der Geheimrat und der Zoologe nahmen es also auf sich, mit Eingaben und Gesetzesvorlagen den mühsamen Marsch durch die Institutionen zu gehen, und erwirkten schließlich die Zulassung von Frauen zur Promotion. Denn was ist ein Studium, wenn man es nicht durch eine Dissertation abschließen darf? So wird Baden der erste deutsche Staat, in dem Frauen die volle Immatrikulationsmöglichkeit erhalten.

Rahel Hirsch hat darauf nicht gewartet. Sie hat sich bereits in Frankfurt, später dann in Zürich auf die Maturitätsprüfung vorbereitet, die sie im April 1899 besteht. Wir haben von ihr keinerlei Äußerungen über

---

1 I. Weber-Kellermann, Frauenleben im 19. Jahrhundert, S. 141.

das Studium. Nichts darüber, mit welchen Gefühlen sie wohl eines Morgens in den Zug gestiegen ist, der sie in die Schweiz bringen sollte. Nach Zürich, in die ferne, fremde Stadt, in der sie es wagen wollte, zu studieren. Aber wir haben die Erinnerungen einer anderen jungen Frau, ebenfalls Jüdin, die zwanzig Jahre jünger ist, aber nur wenige Jahre später mit dem Medizinstudium anfängt. Rahel Straus, eine der Absolventinnen des ersten Mädchengymnasiums von Hedwig Kettler in Karlsruhe, beschreibt den Aufbruch an die Universität in ihrem Buch „Wir lebten in Deutschland": „Ich kann es nicht schildern, mit welchen Gefühlen Bruder Ernst und ich an einem sonnigen Herbsttag nach Heidelberg zur Universität hinüberfuhren. Wir kamen uns reif und erwachsen vor und so wichtig, als ob mit uns die Welt neu beginnen sollte." [2]

Rahel Hirsch war bereits erwachsen, als sie mit dem Studium begann, denn sie hatte ja ihre Lehrerinnenausbildung schon hinter sich, aufregend genug wird es dennoch gewesen sein, sich endlich an der Universität an der medizinischen Fakultät zu immatrikulieren. Sie wird ebenso gespannt wie skeptisch gewesen sein. Natürlich hatte sie auch von den wilden Studentinnen und deren verheerendem Einfluß auf die Weiblichkeit gehört. War sie doch keine Revolutionärin, keine, die unbedingt auf die Barrikaden gehen wollte. Sie wollte studieren, um zu wissen. Sie wollte Ärztin sein und forschen, weil sie sich dazu berufen fühlte. Wie oft hatte sie ihren Großvater das Ideal der Gelehrsamkeit preisen hören. Wenn Samson Raphael Hirsch von der Bedeutung der Bildung für den Menschen sprach, so werden die Enkel zugehört haben. Und bei den neun Mädchen unter elf Enkelkindern, wäre es ihm, selbst wenn er es gewollt hätte, wohl nicht gelungen, nur zu den Jungen in der Kinderschar zu sprechen. Nach Wissen zu streben schien Rahel selbstverständlich. Für Frauenrechte zu kämpfen kam ihr dagegen wahrscheinlich nicht in den Sinn. Einer aufsässigen, revolutionären Studentinnenbewegung hätte sie sich wohl nicht angeschlossen. Sie würde beweisen, daß sie etwas leisten könnte, und das mußte genügen.

Aber in Wirklichkeit war dann in Zürich alles ganz anders. „Ich hatte mir, bevor der Gedanke an das Studium auftauchte, die Haare abschneiden lassen, weil ich mit den vielen, die ich hatte, nichts anzufan-

2 R. Straus, Wir lebten in Deutschland, S. 85.

gen wußte und sie mir eher unbequem waren. Zu Beginn der Studienzeit ließ ich sie wieder wachsen, weil es unter uns Studentinnen Grundsatz war, uns in keiner Weise von anderen jungen Mädchen zu unterscheiden."[3] So erinnert sich Ricarda Huch, die 1892 in Zürich promovierte. Die Studentinnen waren sich dessen bewußt, daß die Augen der Öffentlichkeit auf ihnen ruhten, und sie bemühten sich, keinen Anlaß zur Kritik zu geben. Die männlichen Studenten waren davon unbelastet. Niemand achtete darauf, wie sie sich betrugen. Wenn sie an ihren Verbindungsabenden ausprobierten, wieviel Bier man in einen Studenten hineinfüllen konnte, bevor er umfiel, so war das ein taditionsreiches Ritual. Wer hätte denn zu sagen gewagt, daß junge Männer, die derlei Allotria trieben, eigentlich der Wissenschaft unwürdig seien?

Nachdem dann Baden und andere Länder ihre Universitäten für Frauen geöffnet hatten, konnte Rahel Hirsch aus dem Zürcher Exil mit den wilden Weibern zurück nach Deutschland kommen und in Straßburg und Leipzig weiterstudieren.

Eine alltägliche Sache, in einen Hörsaal zu gehen, ist es dennoch nicht. Franziska Tiburtius schildert in ihren „Erinnerungen einer Achtzigjährigen", wie solch ein Tag einer Medizinstudentin beginnt: „Bei unserem ersten Erscheinen im Präpariersaal erhob sich ein wüster Lärm, Schreien, Johlen, Pfeifen; da hieß es ruhiges Blut bewahren..."[4] Ja, in der Tat, ruhiges Blut brauchten sie und eine absolute Immunität gegen Spott und Herabsetzung. Harmlos ist noch die Witzzeichnung im Simplicissimus, auf der eine Kandidatin der Medizin auf die Frage des Professors, was ihr an einer Patientin auffiele, bemerkt: „Daß das Mensch einen seidenen Unterrock trägt." Gewiß gibt es manchen männlichen Kandidaten, der schon mal eine dümmere, nämlich gar keine Antwort auf die Frage: „Was fällt Ihnen auf?" gegeben hat. Aber das veranlaßt niemanden, männliche Studierfähigkeit zu verspotten.

Das Bemerkenswerte an all den vielen empörten oder süffisanten Kommentaren ist, wie wenig die Herren damit rechnen, sich dereinst im Rückblick der Geschichte lächerlich zu machen.

3 I. Weber-Kellermann, Frauenleben im 19. Jahrhundert, S. 219.

4 Frankfurter Rundschau 16. Januar 1993, S. 5: „Es war mir nicht bewußt, daß ich kämpfte"
  (Franziska Tiburtius „Erinnerungen einer Achtzigjährigen").

Daß es aber auch ausgerechnet Medizin sein muß! Nicht nur, daß es grundsätzlich ungehörig für eine Frau ist, studieren zu wollen, geradezu skandalös ist es, daß die Frauen sich vorzugsweise auf das Fach Medizin stürzen. Damit treffen sie den Nerv der herrschenden Prüderie. Es ist nicht vorgesehen, daß junge Mädchen sich mit so etwas Anstößigem wie dem menschlichen Körper beschäftigen. Wo schon die Erwähnung von Beinen oder Beinkleidern in Gegenwart junger Mädchen als unschicklich gilt, läßt sich ermessen, wie unaussprechlich skandalös es dieser Zeit erscheinen muß, wenn Frauen sich nun nicht nur mit den Beinen, sondern gar mit allem, was darum, darüber oder gar dazwischen ist, beschäftigen wollen. Rücksichtslos wie die Frauenbewegung ist, will sie als erstes die Bastionen der Schamhaftigkeit stürmen und legt damit das bloß, was im allgemeinen als Doppelmoral bezeichnet wird, in Wirklichkeit aber eine Art Schizophrenie ist.

Frauen sollen einerseits reine Gefäße bleiben, unschuldig bis ins Mark, naiv und reizend, andererseits existieren auch Leidenschaften, niedere Triebe, Sexualität und Freude an verbotenen Genüssen. Und diese dunklen Triebe müssen dann, den biologischen Notwendigkeiten gehorchend, auch bei Frauen ausgelebt werden. So teilt sich das Leben in eine helle und eine dunkle Seite, und es gibt die anständigen Frauen, die Töchter und Ehefrauen, für die eine Seite und die anderen für die andere, die dunkle, abgründige Seite. Die „anständigen" Frauen sollen die anderen nicht einmal kennen oder Notiz von ihnen nehmen, am besten nicht einmal wissen, daß es „solche" Frauen gibt, ja am besten überhaupt nicht ahnen, daß Wünsche vorkommen können, die über das Naschen eines Bonbons hinausgehen. Alles, was das männliche Idealbild von Unschuld und Naivität trüben könnte, muß von jungen Mädchen ferngehalten werden, am sichersten scheint es, sie in absoluter Unwissenheit zu halten. Schon gar nicht dürfen sie Kenntnis von biologischen Vorgängen haben, geschweige denn von sexuellen. Und nun wollen diese jungen Dinger nicht nur darüber reden, sie wollen es studieren!

Viele der Professoren waren überhaupt nicht gegen das Frauenstudium eingestellt, was sie drängte, war rein die Sorge um das Seelenheil der jungen Damen.

Man stelle sich vor, diese jungen Frauen, in deren Unwissenheit man so viel Mühe investiert hatte, Seite an Seite mit jungen Männern im

Präpariersaal. An Leichen, von denen womöglich einige männlich waren, aber auf alle Fälle waren sie alle nackt!

Selbst Professoren, die sich im Laufe der Zeit eines Besseren belehren ließen – wie zum Beispiel der Berliner Anatom Waldeyer – und von Gegnern des Frauenstudiums zu ihren Befürwortern wurden, grämten sich bei dem Gedanken, junge Männer und Frauen im selben Raum über die schrecklichen und delikaten Dinge des Lebens zu unterrichten. So wurde für die Studentinnen in Berlin ein gesonderter Seziersaal unterm Dach eingerichtet. Dort saßen sie dann tapfer im Formalingeruch, winters in der Kälte und sommers in der Hitze, und arbeiteten sich mit Schere und Skalpell durch Haut, Fettgewebe und Muskeln und lernten Gefäße und Nerven freizupräparieren. Dieser Teil des Studiums, die erste Konfrontation mit Leichen, war schon immer gewöhnungsbedürftig, für Männer übrigens ebenfalls.

Die Aussagen der Studentinnen, wie sie denn die delikaten Seiten des Studiums bewältigten, sind ganz unterschiedlich. Die enthusiastischen Verfechterinnen des Frauenstudiums postulierten, daß da, wo es um die reine Wissenschaft ginge, zweifelhafte Gedanken keinen Platz hätten. (Eine Einstellung, die sich bei den männlichen Kommilitonen übrigens auch heute noch nicht überall beobachten läßt.) Manch eine Studentin aber gestand, daß es ihr doch hin und wieder hochnotpeinlich war, so in ungewohnter Öffentlichkeit von Dingen zu hören, an die ihre Mütter selbst nach der Geburt von zehn Kindern noch nicht einmal zu denken gewagt hatten.

Rahel Straus berichtet, daß sich die männlichen Kommilitonen stets zuvorkommend ihr gegenüber verhalten hätten, ja daß es unter ihnen Ehrensache gewesen sein soll, ihrer Kommilitonin zu helfen. Als sie studierte, waren Frauen im Hörsaal zwar selten, aber immerhin schon ein fast alltäglicher Anblick.

Außerdem kam sie ziemlich gut mit allen Studenten aus, da sie in keine der universitätsüblichen Intrigen verstrickt war. Das Studentenleben war damals weitgehend geprägt von den Verbindungen, in denen die Studenten fast ausnahmslos organisiert waren und die miteinander rivalisierten. Man bekämpfte sich, man tauschte am Morgen, wenn man sich begegnete, übertrieben höflich und förmlich Grüße aus, ansonsten redete man kein Wort miteinander. Und wenn, dann beleidigte man sich gegenseitig, das gab dann wieder Grund, sich zu schlagen, und die Mensuren, die man davontrug, zeigte man stolz der nichtakademischen Öffentlichkeit. Man politisierte, stritt sich herum, schimpfte immer mal wieder auf die Juden. Von all diesen Händeln war sie als einzige Frau in ihrem Semester glücklicherweise ausgenommen. Und ihre Kommilitonen begannen es zu genießen, in der Kommilitonin endlich jemanden gefunden zu haben, mit dem sie normal reden konnten.

„...Es versteht sich von selbst, daß die studierenden Mädchen im allgemeinen nichts getan haben, was nicht der weiblichen Art gemäß wäre, und daß sie infolgedessen den Ausartungen des männlichen Studentenlebens unserer Zeit ferngeblieben sind...“ [5] Das ist die artige Umschreibung des Umstandes, daß Studenten, also die männlichen Studenten, viel Zeit mit unmäßigem Trinken und bewaffneten Schlägereien zubrachten.

Und ebenso artig wird in dem Zitat umschrieben, daß die Studentinnen diesen Zirkus nicht mitmachten. Sie waren ja damit beschäftigt, erstens ihre Ernsthaftigkeit und zweitens ihre Befähigung unter Beweis zu stellen. Für derartigen Unsinn blieb da keine Zeit. Nicht erstaunlich eigentlich, daß viele Professoren nach einiger Zeit diese jungen Frauen schätzten. Waren sie doch eifrige, fleißige Zuhörerinnen, strebsam und unabgelenkt von all dem Unfug, der dem normalen deutschen Studenten als Inbegriff der Burschenherrlichkeit erschien. Und auch manch ein Student war heimlich erleichtert, daß es jetzt zuweilen ein bißchen anders zuging. Manch einer gab zu, daß ihn das exzessive Biertrinken in den Verbindungen manchmal schon hart angekommen war.

Rahel Hirsch studiert dementsprechend mit ernstem Eifer und ohne Verzögerung und legt im Jahre 1902 ihre Dissertation vor. Das ist die erste Äußerung, die wir von ihr besitzen. Der medizinisch trockne Stoff läßt nur wenig von ihrer Person ahnen. Wissenschaftliche Arbeiten sollen ja nichts von der Persönlichkeit preisgeben, deswegen sind sie auch nach einem bestimmten Schema aufzubauen, dessen Langeweile geradezu zwingend vorgeschrieben ist. Zunächst wird die Literatur zum Thema diskutiert, gewürdigt, was der X und der Y bereits gesagt haben,

5 Ricarda Huch, Studium und Beruf der Frau, Vortrag, aus: Brinker-Gabler, Frauenarbeit und Beruf, S. 237.

QVOD · BONVM · FELIX · FAVSTVMQVE · SIT

SVMMIS · AVSPICIIS

WILHELMI II

GERMANORVM · IMPERATORIS · AVGVSTISSIMI

FORTIS · PII · FELICIS

ACADEMIAE · WILHELMAE · ARGENTINENSIS

RECTORE · MAGNIFICO

JOSEPHO · FORSTER

MEDICINAE · DOCTORE · IVRIS · VIRIVSQVE · DOCTORE · H · C · ED
HYGIENICAE · ET · BACTERIOLOGIAE · PROFESSORE · PVBLICO · ORDINARIO

ORDO · MEDICORVM

DECANO

FRANCISCO · HOFMEISTER

MEDICINAE · DOCTORE · ET · PROFESSORE · PVBLICO · ORDINARIO

MVLIEREM · CLARISSIMAM

RAHEL · HIRSCH

POSTQVAM · EXHIBITA · DISSERTATIONE · QVAE · INSCRIBITVR

Ein Beitrag zur Lehre von der Glykolyse

SVPERATISQVE · EXAMINIBVS · EX · LEGE · INSTITVTIS
ERVDITIONEM · SVAM · COMPROBAVIT

DOCTOREM · MEDICINAE · CREAT

CREATAM · HIS · LITTERIS · PVBLICIS · ORDINIS · SIGILLO · MVNITIS · RENVNTIAT
RENVNTIATAL · OMNIA · IVRA · CVM · DOCTORIS · GRADV · CONIVNCTA · CONFERT
DATVM · ARGENTORATI · DIE · XXII · MENSIS · AVGVSTI · ANNI · MDCCCCIII

5 Rahel Hirsch bekommt für ihre Dissertation 1903 den medizinischen
Doktorgrad verliehen.

dann wird das eigene Vorgehen möglichst umständlich dargelegt und
die durchgeführten Versuche aufgelistet. Am Schluß dürfen dann die
Ergebnisse erörtert werden, und manchmal, ganz manchmal schleicht
sich dann in einen halben Satz etwas Individuelles, möglicherweise
sogar etwas Persönliches ein.

Bei Rahel Hirschs Dissertation läßt sich hinter den trocknen Sätzen
eine sorgfältige Medizinerin erkennen, eine Frau mit Begabung, vielleicht sogar Vergnügen an der technischen Seite der Wissenschaft.

Das Thema ihrer Doktorarbeit lautet: Ein Beitrag zur Lehre von der
Glykolyse.

5
WER FRISST DEN ZUCKER IM BLUT?

Wir finden heute Kolumbus' Idee, gen Westen zu segeln, um nach Indien zu kommen, ebenso genial wie belustigend. Denn wir wissen natürlich, daß dazwischen Amerika liegt und auch damals schon lag, er also niemals nach Indien gelangen konnte.

Ebenso komisch muten manche Versuche der Mediziner vor hundert Jahren an, Phänomene oder Krankheiten zu erklären, weil den Ärzten der damaligen Zeit Teile der Erkenntnis fehlten, die auf der Karte des menschlichen Organismus ebenso bedeutend sind wie Amerika auf der geographischen. So war es lange Zeit Lehrmeinung, daß sogenannte „Miasmen", schlechte Gerüche oder Ausdünstungen, die verheerenden Infektionskrankheiten wie Typhus, Pest oder Cholera hervorriefen. Nicht ganz schlecht beobachtet, denn dort, wo die hygienischen Verhältnisse schlechte Luft entstehen ließen, grassierten ja diese Krankheiten besonders, ein Zusammenhang war also durchaus gegeben, nur hielt man eben ein Symptom für die Ursache. Ebenso deutete man das Kindbettfieber, an dem in den Kliniken Hunderte von Wöchnerinnen starben, als einen Rückstau der Milch aus den Brüsten in den Bauchraum. Den weißlich schmierigen Eiter, den man bei der Sektion in der Bauchhöhle fand, hielt man für zersetzte Muttermilch und nahm das als Bestätigung der Theorie. Man wußte nichts von Bakterien und Viren. Viele Dinge, die heute Allgemeinwissen sind, waren damals unbekannt, und man rätselte über die Ursachen mancher Körpervorgänge, die man zwar beobachten, aber nicht deuten konnte.

Immerhin, die Medizin des 19. Jahrhunderts begann sich aus der mehr weltanschaulichen Deutung der Krankheiten zu lösen und führte die Beobachtung in die Wissenschaft ein. Bis dahin hatten die Philosophen und auch die Geistlichen eine ganze Menge mitzureden gehabt, wenn es um Medizin ging. Man hatte umständliche Theorien über den Körper und die Vorgänge darin entwickelt, die wenig hilfreich waren, aber dafür in das Welt- und Glaubensbild der Zeit paßten.

Das begann sich spätestens mit der Aufklärung zu ändern. Schon früher, im 17. Jahrhundert, wollte der Gelehrte Francis Bacon die Natur „auf die Folter spannen, um ihr ihre Geheimnisse zu entreißen" – denn nicht nur, daß die Natur nach Ansicht männlicher Wissenschaftler weiblich war, sie war ein „böses Weib", hinterhältig und dem Menschen ungünstig gesonnen, deswegen galt es, die Natur zu überlisten, sie zu besiegen. Oder gar, sie zu foltern – Sir Francis Bacon war übrigens Beobachter bei Hexenprozessen. Zwei Jahrhunderte später ist man etwas defensiver, die Aufklärung hat den Menschen bescheidener der Natur gegenüber gemacht. Man möchte ihre Geheimnisse erlauschen, man hat Ehrfurcht vor ihr. Die Wissenschaftler begannen Beobachtungen zu machen und diese Beobachtungen aufzuschreiben. Physikalische Untersuchungsmethoden wurden in die Medizin eingeführt. Es ging nicht mehr darum, ob die Säfte im Gleichgewicht waren oder nicht, sondern man beklopfte den Körper des Patienten, man behorchte seine Lungen, untersuchte Auswurf und Ausscheidungen auf Farbe und Beschaffenheit. Man fragte nicht mehr nach den subjektiven Empfindungen des Patienten von Schmerz, Hitze und Frost, man maß die Temperatur und untersuchte den Urin unterm Mikroskop. Und man schrieb auf, was man fand, und verglich es mit anderen Befunden bei anderen Patienten. Man sah sich die Kranken an! Die Krankenbettmedizin löste die Bibliothekenmedizin ab. Diese Entwicklung wurde auch durch die Industrialisierung indirekt gefördert. In den Fabriken entstand eine Arbeiterschaft mit durchweg schlechtem Gesundheitszustand. Es mußten viele Krankenhäuser gebaut werden, um die Kranken des Industrieproletariats aufzunehmen. Damit verfügte die Medizin über ein immer größer werdendes – fast rechtloses - Menschenmaterial – welch ungeheure Möglichkeiten! Es gab zunächst in Paris, dann in Berlin erstmals große Krankensäle, in denen die Studenten ausgebildet wurden. Ein Arzt konnte sich nicht mehr damit begnügen, viele Bücher gelesen zu haben. Es wurde am Krankenbett unterrichtet, der lebendige Mensch diente als Anschauungsmaterial.

Als dann endlich die Auslöser der Krankheiten, die Bakterien, gefunden waren, machte die Medizin enorme Fortschritte. In schneller Folge wurden die Erreger des Milzbrandes, der Tuberkulose, der Blutvergiftung – um nur einige zu nennen – gefunden. Es war eine glänzende, siegreiche Epoche der Medizin. Der Triumph über die Krankheiten schien greifbar nahe, vielleicht konnte man sie eines Tages ganz ausrotten! Der Menschheit stand eine glänzende Zukunft bevor, Fortschritt überall. So wie es in der Technik immer neue Erfindungen gab, die das Leben erleichterten, so wie Eisenbahn und Automobil unglaubliche Entfernungen in kurzer Zeit überwinden halfen, so wurden auch in der Medizin immer mehr Entdeckungen gemacht, die Kranken Rettung versprachen, wo vor kurzem noch Aussichtslosigkeit herrschte. War schon das Gaslicht eine wunderbare Errungenschaft, so waren Staunen wie Begeisterung immens, als 1881 auf der Weltausstellung in Paris die Glühbirne vorgestellt wurde. Bald würde man ganze Städte per Knopfdruck erleuchten können. In einer Welt, in der so undenkbare Dinge möglich waren, würde man sicher auch bald die Krankheiten ausrotten können, zumindest sah es ganz so aus. Die Chirurgie entwickelte sich rapide. Seit die Narkose eingeführt war, konnten die Ärzte sich komplizierte Operationen ausdenken und sie in aller Ruhe durchführen, während der Patient nichts davon merkte. Die Chirurgen, einstmals den Badern zugeordnet, die erst darum hatten kämpfen müssen, zu den Ärzten dazugerechnet zu werden, wurden nun zu ihren Helden. Das „böse Weib" schien endgültig auf dem Rückzug.

Rätsel gaben aber immer noch die Krankheiten der inneren Organe auf. Natürlich kannte man schon zum Beispiel den Diabetes, die Zuckerkrankheit, aber welches Organ war denn verantwortlich für die Symptome? War es die Leber, die Milz oder die Bauchspeicheldrüse? Und wie kam es denn, daß die Kranken unentwegt, literweise honigsüßen Urin ließen? „Eine wunderbare Krankheit ist der Diabetes... Fleisch und Bein schmilzt im Urin zusammen"[1], schrieb schon Aretaios von Kappadokien im bereits 2. Jahrhundert, aber warum der Körper auf einmal so viel Zucker ausschied, das konnte man sich nicht erklären. Man wußte nicht, wodurch der Zuckergehalt des Blutes beeinflußt wurde. Man hatte Tiere hungern lassen und festgestellt, daß der Zuckergehalt in deren Blut zwar abnahm, aber nicht ganz verschwand. Also mußte im Körper irgendwo immer neuer Zucker gebildet werden. Das hatte

---

1 Aus: H. Schott, Chronik der Medizin, S. 404. Aretaios v. Kappadokien: griechischer Arzt des Altertums.

schon der berühmte Anatom und Physiologe Claude Bernard in Paris 1878 in seinen Vorlesungen über den Diabetes dargelegt. Aber wo wurde dieser Zucker gebildet und wie? Andererseits beobachtete man, daß der Zuckergehalt des Blutes auch dann noch sank, wenn dieses längst der Zirkulation entzogen war. So beschäftigten sich Forscher jahrzehntelang mit der Frage: Wer oder was frißt den Zucker im Blut? Welches Ferment sorgt dafür, und woher kommt es?

Deswegen saßen überall auf der Welt junge Ärzte und Forscher in den Labors und rührten verschiedene Arten von Brei aus Leber, Milz, Magen und auch aus Bauchspeicheldrüse an und beobachteten und maßen die Wirkung auf zuckerhaltiges Blut in der Hoffnung, endlich einen Teil des Mosaiks über den Zuckerstoffwechsel zu finden, mit dem sich das Bild erkennen ließe.

Auch Rahel Hirsch ist eine dieser jungen Forscherinnen. Sie sitzt mit ebensoviel Geduld wie Neugier über ihrer Doktorarbeit, die ihre Eintrittskarte in die wissenschaftliche Welt werden soll. Sie hat sich den Zuckerstoffwechsel zum Thema genommen und füllt nun auch kleingehackte Leber oder Bauchspeicheldrüse in Petrischalen, um die Wirkung auf den Zuckergehalt von Blut zu prüfen. Bei einer experimentellen Arbeit muß man pedantisch und genau sein, wenn man verwertbare Ergebnisse bekommen will. Rahel Hirsch lernt die technische Sorgfalt und Akribie, die sie später als Wissenschaftlerin auszeichnen wird.

Natürlich hat es schon Hunderte von Versuchen zum Diabetes gegeben. Rahels Doktorarbeit stellt lediglich einen weiteren winzigen Baustein zum Verständnis des Gebäudes Zuckerstoffwechsel dar. Man hat versucht, auf verschiedene Weisen einen Diabetes auszulösen, Bernard in Paris hat zum Beispiel mit einer feinen Nadel in das verlängerte Rückenmark gestochen und danach eine Erhöhung des Zuckers im Blut festgestellt – so hat man alles mögliche mit Versuchstieren angestellt und dabei die Wirkung auf den Blutzucker beobachtet.

Natürlich haben solche Versuche Ergebnisse. Man mißt und schreibt auf und hat dann eine Menge Zahlen auf dem Papier stehen, aber die große Frage in der Wissenschaft ist: Was bedeutet das, was man da gemessen hat? Wie darf oder kann man die Zahlen interpretieren? Sind sie zufällig oder bekommt man immer dieselben Ergebnisse? Oder hat das Ergebnis gar nichts mit der Ursache zu tun? Eine beliebte

Ein Beitrag
zur Lehre von der Glykolyse

Inaugural-Dissertation

der medizinischen Fakultät

der

Kaiser-Wilhelms-Universität Strassburg

zur Erlangung der Doktorwürde

vorgelegt von

Rahel HIRSCH

approb. Ärztin

aus Frankfurt a. M.

STRASSBURG i. E.
Buchdruckerei C. Müh & Cie., Dreizehnergraben 17. — 1950.
1903.

6 Das Titelblatt von Rahel Hirschs Dissertation.

Frage von Wissenschaftlern, die einen aufs Glatteis führen wollen, lautet: Kann man von der Anzahl der Störche in einem Land auf die Geburtenrate schließen? Nein kann man nicht - obwohl eine Untersuchung durchaus ergeben würde, daß dort, wo es kaum noch Störche gibt, weniger Kinder geboren werden. Diese Tatsache würde zwar wunderbar in die Theorie passen, daß es die Störche sind, die die Kinder bringen, dennoch ist die Theorie, wie wir wissen, falsch.

Man kannte also schon früh das Symptom des zuckerhaltigen Urins. Man sprach vom Diabetes (Harnfluß) „mellitus", also vom honigartigen im Gegensatz zum geschmacklosen Harnfluß, dem Diabetes „insipidus", wie er bei einer Erkrankung der Hirnanhangdrüse auftritt. Die Ärzte früherer Jahrhunderte unterschieden diese beiden Krankheiten tatsächlich, indem sie probierten. Erst 1780 führte ein menschenfreundlicher Forscher einen chemischen Nachweis des Zuckers in die Medizin ein, so daß von nun an auf die Geschmacksprobe des Urins verzichtet werden konnte. Aber wenn der Körper so viel Zucker ausschied, hieß das dann, daß ein Minderverbrauch von Zucker vorlag? Das hätte man leicht daraus schließen können, aber heute wissen wir, daß der Körper den Zucker nicht deswegen in so hohen Mengen ausscheidet, weil er ihn nicht *braucht*, sondern weil er ihn nicht mehr verwerten kann.

Oftmals sind die Versuchsergebnisse von Faktoren beeinflußt, die dem Forscher einfach noch nicht bekannt sind. Solange man nichts von Enzymen und Transportsystemen im Körper wußte, konnte man nicht darauf kommen, daß eines fehlte.

Man wußte früh, daß Nahrungsstoffe von den Organen des Körpers verwertet werden, aber erst als man die Enzyme entdeckte, konnte man erkennen, welche „Werkzeuge" die Organe dafür benötigen – und fortan konnte man die Ursachen vieler Krankheiten in dem Fehlen solcher Enzyme ausmachen: Die Stoffwechselkrankheiten – zu denen ja auch der Diabetes mellitus gehört – wurden erforscht und enträtselt.

Es galt weiterhin herauszufinden, welche Faktoren den Versuch beeinflussen oder stören könnten, die entweder nicht bedacht wurden oder aber nicht bekannt waren. So kann der Einfluß von Kälte oder Wärme unterschiedliche Ergebnisse hervorrufen. Wer Wasser bei Minusgraden untersucht, wird es in fester Form vorfinden, jemand in einem warmen Land wird das Wasser ausschließlich flüssig kennen. Beide Zustände sind, das ist allgemein bekannt, mit einem verschiedenen Rauminhalt verbunden. Wenn am Äquator ein Liter Wasser in eine Flasche paßt, so wird diese am Nordpol platzen. Ein Beispiel für sehr abweichende Ergebnisse desselben Versuches bei unterschiedlicher Temperatur. Eine Reaktion, die normalerweise bei Körpertemperatur abläuft, läßt sich vielleicht im Versuch nicht nachvollziehen, wenn die falsche Temperatur gewählt wurde.

Damals hatte man die Bakterien gerade entdeckt, und da sie so eine steile Karriere machten, beschäftigte man sich natürlich auch ganz besonders mit der Frage, ob und inwieweit bakterielle Verunreinigungen die Ergebnisse beeinflussen konnten. Um eine sichere und vollkommene Unterdrückung von Fäulnisbakterien zu erreichen, versetzt Rahel Hirsch ihre Schüsselchen sorgfältig mit Toluol (eine stark riechende Flüssigkeit, deren keimtötende Wirkung man schon früh beobachtet hatte). Sie beschreibt, daß es ihr gelingt und man sehen kann, daß die gehackten Organstückchen ihr „lebensfrisches Aussehen" bewahren, und auch, daß die Untersuchung unter dem Mikroskop völlige Asepsis (Abwesenheit von Bakterien) ergeben hat. So würde man später nicht behaupten können, Verunreinigungen mit Bakterien seien für die Ergebnisse verantwortlich. Etwa, daß sich bestimmte Bakterien eingeschlichen hätten, die Zucker verbrauchten. Sie nennt ihre Dissertation bescheiden „Einen Beitrag", dieser Beitrag beinhaltet lediglich ein kleines Stück Erkenntnis auf dem Weg, den komplizierten Stoffwechselweg des Zuckers zu entschlüsseln.

Lange hatte man die Bauchspeicheldrüse vernachlässigt. Dann gelang zwei Forschern der Nachweis, daß die Entfernung der Bauchspeicheldrüse Diabetes hervorruft. Aber dennoch war es nicht so, daß der Zucker in der Bauchspeicheldrüse abgebaut wurde, sondern in der Leber. Es mußte also etwas in der Bauchspeicheldrüse vorhanden sein, das den Organismus dazu befähigte, Zucker umzusetzen, aber es war nicht die Bauchspeicheldrüse selbst. Rahel Hirsch untersucht unter anderem, ob die zuckerspaltende Wirkung der Leber durch Zusatz von Pankreas, also von Bauchspeicheldrüse, eine Steigerung erfährt. Und siehe da, ihre Versuchsreihe zeigt: Wenn man eine zuckerhaltige Lösung mit Leberbrei zusammentut, nimmt ihr Zuckergehalt ab, setzt man dem noch Bauchspeicheldrüsenbrei hinzu, so beschleunigt sich die Abnahme des Zuckers in „auffälliger Weise". Bringt man die Lösung jedoch *nur* mit Bauchspeicheldrüsenbrei zusammen, ist der Zuckerabbau nicht auffällig. Es muß also etwas in der Bauchspeicheldrüse hergestellt werden, ein Ferment oder ein Stoff, der die Leber dazu befähigt, den Zucker abzubauen. Das Insulin ist noch nicht gefunden, das wird erst 1921 von Best und Banting entdeckt werden. Damit es entdeckt werden konnte, mußte es lange und oft vorausgedacht werden. Zwar gibt es in der Wissenschaft immer wieder auch Beispiele davon, daß etwas gefunden wurde, was nicht gesucht worden war, so hätte Wilhelm Conrad Röntgen sich nicht im Traum einfallen lassen, daß es Strahlen gibt, die das Innere des Körpers sichtbar machen können. Er hat durch einen Zufall etwas gefunden, von dem man vorher nicht ahnte, daß es da war. Zumeist wird aber in der Wissenschaft das gefunden, wonach man sucht. Man könnte heute den genetischen Code des Menschen nicht entschlüsseln, wenn nicht vorher Wissenschaftler postuliert hätten, daß es ihn gibt.

„Wohl war aber denkbar", schreibt Rahel Hirsch am Schluß ihrer Dissertation „dass das vom Pankreas zur Pfortader strömende Blut ein Agens[2], ein Proferment oder eine Kinase der Leber zuführt, durch welche das Lebergewebe erst zum Zuckerverbrauch befähigt wird..." Dieser Gedanke ist nicht von ihr, sondern es ist das, was man in der Wissenschaft gerade diskutiert. Ihre Versuchsreihen sind dazu geeignet, die Theorie von der Existenz eines solchen Stoffes zu untermauern. Damit allein aber war noch längst nicht bewiesen, daß es ihn gibt. „...Schlußfolgerungen", schreibt sie, „müssen weiteren Untersuchungen vorbehalten bleiben." Ihre Dissertation ist ein Mosaikstein in dem entstehenden Theoriegebäude. Erst wenn eine Theorie vielfältiger Überprüfung standgehalten hat, wird sie Teil des wissenschaftlichen Lehrgebäudes.

Mit dieser „Eintrittskarte" beginnt sie ihre Laufbahn als Wissenschaftlerin, sie ist nun Fräulein Doktor und sieht sich nach einer Stelle als Volontärärztin um.

Sie will nach Berlin, an die Charité.

2 Agens: aus d. Lat .= treibend, wirksames Prinzip, hier: wirksame Substanz.

6
IM WELTZENTRUM
DER MEDIZIN

Es ist sehr warm in dem kleinen Raum oben im zweiten Stock der Charité, aber der Kandidat schwitzt sowieso. Nervös fährt er sich mit der Hand in den steifen weißen Kragen. Er hätte längst antworten müssen, der Professor von Leyden hat ihn nach der Venenentzündung und der Theorie über die Embolie gefragt. Die Sekunden verstreichen, der Kandidat schweigt und schwitzt. Es ist wie verhext, er hat doch alles gelernt, aber jetzt fällt ihm nichts davon ein. Das ganze mühsam angehäufte Wissen, er hat es irgendwo in seinem jungen Forscherhirn an einen ganz besonderen Platz gelegt, aber den findet er jetzt nicht wieder. Der Professor räuspert sich. Er kennt das, wenn hoffnungsvolle Mediziner in der Prüfung versagen. Er will ihm helfen: „Wissen Sie, wo Sie sich hier befinden?" fragt er den Kandidaten. Eine simple, banale Frage, um dem armen, schwitzenden jungen Mann die Zunge zu lösen. Wenn erst ein Wort wieder vom Gehirn zur Zunge gefunden hat, ist der Weg auch für die anderen Funktionen des Gehirns wieder gebahnt. „Wir befinden uns hier an der 1. Medizinischen Klinik, Herr Professor!" kommt es erleichtert forsch von dem Prüfling, der dabei etwas stramm steht und angedeutet die Hacken zusammenschlägt. Man ist ja hier in Preußen, da kann eine leicht militärische Haltung nie schaden. „Ja", lächelt von Leyden, während er ans Fenster geht, „das ist beinahe richtig." Der Kandidat stutzt. Was soll er denn noch sagen? „Nun, wir befinden uns hier an der 1. Medizinischen Klinik – der Welt!" beantwortet Professor von Leyden selbst die Frage.[1]

Ja, das war die Charité Anfang des Jahrhunderts unbestritten! Zweihundert Jahre zuvor als Pesthaus errichtet, wurde sie 1726 durch eine königliche Kabinettsorder als öffentliches Krankenhaus und als Lehrstätte für Studierende der Medizin konstituiert. Bis dahin diente sie in erster Linie der Heranbildung von Feldscheren und Wundärzten für die Armee. Damit ist die erste allen Kranken und der medizinischen Wis-

1 Erzählt nach R. Jäckle, Charité.

senschaft dienende Institution in Preußen entstanden, und Ende des 19. Jahrhunderts war sie neben der Salpêtrière in Paris und neben Wien zu einem Mittelpunkt der medizinischen Welt geworden. Verbunden mit so berühmten Namen wie Virchow, Koch, Behring.

Rudolf Virchow, der Übervater der Medizin, räumte damit auf, daß fast alle Todesfälle nach Operationen auf das Konto einer ominösen „Venenentzündung" gebucht wurden. Bei den, sehr häufigen, plötzlichen Todesfällen nach Operation, fand man nämlich stets in den großen Gefäßen der Lunge ein verstopftes Gefäß. Da die umgebende Venenwand entzündlich verdickt war, nannte man das Ganze eine „Venenentzündung" und schloß daraus, daß diese Entzündung ursächlich für den Tod des unglücklichen Patienten sei. Damit war das Ganze ein etwas diffuses Geschehen, auf das man keinen Einfluß zu haben meinte, denn es war nicht ersichtlich, warum sich eine Vene entzünden sollte, und man ließ es auf sich beruhen. Virchow ließen die dicken Thromben, die sich immer an den Verzweigungen der großen Gefäße fanden, keine Ruhe. Er kam darauf, daß diese Blutpropfen an ganz anderen Orten im Körper entstanden und erst mit der Blutbahn in die Lungengefäße geschleust wurden, wo sie dann steckenblieben und den Tod hervorriefen – die entzündliche Veränderung um diesen Thrombus herum war nur die Reaktion auf die Gefäßverstopfung, nicht deren Ursache! So war er der gefürchteten Embolie auf die Spur gekommen. Von da an war es nur noch ein kleiner Schritt, bis man wußte, warum das Blut Pfropfen bildete, und dann fand man auch Wege, das zu verhindern – so daß heute der Tod an einer Embolie nach Operation zum Glück die Ausnahme bildet. Virchow war es auch, der der sogenannten „Zellularpathologie" zu allgemeiner Anerkennung verhalf. Damit begründete er ein neues Denken und eine neue Klassifizierung in der Medizin. Man erkannte, daß die Krankheiten des Menschen auf Veränderungen in den Zellen beruhten. War ein Organ erkrankt, so fand man, nach Virchow, in der kleinsten Einheit dieses Organs, nämlich der Zelle, eben ganz bestimmte Veränderungen vor. Wenn die Zellen erkrankten, wurde auch der Mensch krank. Darauf gründete sich nun die Lehre und Einteilung der Krankheiten.

Dieser Fortschritt in der Erkenntnis war eng mit Sektionen verbunden. Der lebende Kranke zeigte nur das äußere Erscheinungsbild einer

7 *„Die 1. Medizinische Klinik der Welt": die Berliner Charité, 1910.*

Krankheit: Fieber oder rote Flecken am Körper. Erst wenn man den toten Körper untersuchen und aufschneiden konnte, ließ sich eine lückenlose Systematik der krankhaften Veränderungen in den Zellen aufstel-
len. Man mußte der Leiche die Organe entnehmen, sie in Scheiben
schneiden und unters Mikroskop legen. Für diese Sektionen fand man
in den Krankensälen der Charité reichlich Material. Den armen, unter-
privilegierten Industriearbeitern war die Erlaubnis zur Leichenöffnung

leicht abzugewinnen. Das kennt man bis in unsere Zeit hinein: Barsch wird die Notwendigkeit der Sektion eher mitgeteilt als erbeten, moralischer Druck, daß damit anderen Kranken geholfen werden könne, tut ein übriges. Die Sektion wurde zur Grundlage der Pathologie, der Lehre von den krankhaften Veränderungen, und die Pathologie wurde zur Grundlage der Medizin. Tausende von Leichen hat Rudolf Virchow in seinem Berufsleben seziert. Die Freude am Wissen und Forschen, der

Einsatz für den Fortschritt überwogen Ekel und Abneigung, wenn das Skalpell durch das kalte wächserne Fleisch gezogen wurde, vom Brustbein bis zur Scham, und sich während der Sektion allmählich etwas schwärzliches Blut auf dem weißen Email des Sektionstisches sammelte. Schon Michelangelo und da Vinci hatten vor Jahrhunderten seziert. Sie – und auch andere, mutige Mediziner – hatten sich über die Regeln ihrer Zeit hinweggesetzt, waren nachts heimlich in Leichenhallen geschlichen, der Drang, Gewißheit zu bekommen, war stärker als alles andere: Scham, Angst, Ekel. Sie waren beseelt von dem Gedanken, den menschlichen Körper ganz genau kennenlernen zu wollen, das allein zählte. In Zeiten bzw. Ländern, in denen Sektionen verboten waren, schreckte man dafür auch nicht vor Leichenräuberei zurück. Aber erst im 19. Jahrhundert nahmen die Sektionen solchen Raum ein, und erst mit dem massenhaften Krankengut in den öffentliche Spitälern war es möglich, Sektionen so routinemäßig durchzuführen, daß man systematisch nahezu alle Stadien von Krankheiten erfassen konnte. Die Bedenken der Menschen früherer Jahrhunderte wichen dem Forscherdrang. Es ging doch darum, dem Geheimnis der Krankheiten auf die Spur zu kommen. Cholera, Syphilis und Krebs zu besiegen, das waren höhere Werte als die Totenruhe eines Körpers, der sowieso binnen Tagen gräßlich zerfallen würde. Und die sezierenden Ärzte? Nun, wer hatte gesagt, daß Medizin immer leicht sei? Man mußte oft etwas tun, was nicht angenehm war, was einem zuwider war, Gerüche und Anblicke aushalten, die andere aus dem Raume treiben würden. Es ging doch immer darum, mit den Erkenntnissen, die man gewann, das Leben der Nachfolgenden zu retten – oder es wenigstens zu versuchen.

Deswegen blieben im kalten Sektionssaal bei Rudolf Virchow die Assistenten gebannt um den Tisch herum stehen, lauschten den Worten des großen, berühmten Forschers. Es galt, ihm nachzueifern. Sektionen gehörten schon bald zum medizinischen Alltag. In allen größeren Kliniken wird bis heute routinemäßig seziert. Das tägliche bißchen Grauen wird hinuntergeschluckt. Es ist nicht angenehm, mit der behandschuhten Hand in den Bauchraum der Leiche zu fassen, Därme und Magen herauszutrennen, dann in das kleine Becken zu greifen, dorthin, wo sich die Körperflüssigkeiten und das zersetzte Blut zu einem kalten See gesammelt haben, und dann die inneren Genitalorgane und die Blase am

Grunde zu umfassen, damit man sie heraustrennen kann. Es ist nicht angenehm, aber man gewöhnt sich daran. Man verliert den Schrecken vor den Leichen, man vergißt aber auch die Scheu vor dem Toten, den Respekt vor der Unversehrtheit des Körpers. Es dient ja alles der Wissenschaft, also ist es gut. Und wenn es dann eines Tages nicht mehr der Wissenschaft dient – oder einer falschen, pervertierten–, merkt man das jedenfalls nicht an seinen Gefühlen.

Aber von der Möglichkeit, daß Medizin eines Tages nicht mehr im Dienst des Menschen stehen könnte, sind Virchow und seine Schüler weit entfernt. Und ebenso seine Zeitgenossen.

Nicht nur in der Pathologie wurde immer mehr geschnitten. Die Chirurgie entwickelte sich rapide und demonstrierte spektakulär den unaufhaltsamen Fortgang der Medizin. Noch 1860 z.B. starb rund ein Drittel der Patienten mit einer offenen Fraktur an der Sepsis, am Wundbrand. Eine Operation war im Grunde immer eine verzweifelte Sache. Das Überleben schien mehr vom Glück abhängig oder durch Gebete herbeizuführen zu sein. Von 100 Amputierten, die damals noch den Großteil der Chirurgie-Patienten ausmachten, starben in Paris 60, in Edinburgh 43 und in Berlin 40.[2] Was man auch versuchte, ob man die Wunden mit Wärme oder Kälte behandelte, sie gut einpackte oder offen behandelte, fast immer infizierten sie sich. Und das geschah merkwürdigerweise im Spital unter ärztlicher Aufsicht so viel öfter als bei Patienten, die zu Hause lagen.

Dann kam der englische Chirurg Lister. Er hatte davon gelesen, daß in Frankreich Louis Pasteur winzige Mikroorganismen entdeckt hatte. Wenn sie so klein waren, daß sie mit bloßem Auge nicht erkennbar waren, dann konnten sie auch in der Luft schweben, ohne daß man sie sah. Und aus der Luft, das war seine Idee, gelangten sie während der Operation in die offene Wunde, dort breiteten sie sich aus, und das gab dann den tödlichen Wundbrand. Deshalb fing er an, während seiner Operationen Karbollösung über den offenen Wunden zu versprühen, um diese Keime abzutöten. Nun erlag er zwar einem grandiosen Irrtum mit seiner Vermutung, dennoch hatte er gute Erfolge. In Berlin an der Charité war Adolf Bardeleben zu jener Zeit Chef der Chirurgie. Ver-

2 R. Jäckle, Charité, S. 374.

zweifelt, wie viele seiner Vorgänger, mußte er zusehen, wie seine Patienten am Wundbrand starben, so gut und sorgfältig er auch operierte. Dann las er eine Arbeit Joseph Listers in einer medizinischen Zeitschrift, die er so bemerkenswert fand, daß er sich entschloß, zu ihm zu fahren. Wochenlang sah er dem Engländer bei seiner Arbeit zu und begeisterte sich für die Methode der Antisepsis. Zurück in Berlin, führte er das Versprühen von Karbollösung während der Operation in der Charité ein. Auch nahm er, wie er es in England gesehen hatte, zum Verbinden nicht mehr die „Scharpie" (das war Leinen, das von den Kranken gezupft wurde und dadurch natürlich voller Keime war, aber das wußte man noch nicht), sondern extra aus England eingeführte teure Verbandgaze. Und siehe da, es starben weniger Patienten nach einer Operation. Man konnte es direkt wagen, sich unters Messer zu legen.

Zu der Zeit, als Rahel Hirsch nach Berlin geht, ist die Entdeckung Listers schon Geschichte. Ernst von Bergmann ist seit über zwanzig Jahren Chef der Chirurgie an der Charité. Er hatte seinerzeit sehr schnell die Bedeutung der von Bardeleben mitgebrachten „Antisepsis" erkannt und sie übernommen. Während Kollegen an anderen Kliniken noch von einer neuen „Mode aus England" sprachen und nicht daran glaubten, daß das stinkende Karbol mehr Erfolg brächte als die zahllosen anderen Versuche und Methoden der Wundbehandlung, arbeitete von Bergmann – ein übrigens im Krimkrieg und im großen Deutsch-Französischen Krieg erfahrener Kriegschirurg, der ein trauriges Lied vom Wundbrand singen konnte – mit wachsender Begeisterung mit der „Antisepsis". Auch wenn das der Verwaltung nicht immer gefiel, denn das kostete Geld, vor allem das neue Verbandsmaterial war sehr teuer. Auch damals schon gab es im Gesundheitswesen die leidige Diskussion um die Kosten. Hätte man nicht so weitermachen können wie bisher? Man konnte sich gar nicht vorstellen, daß Operationen Routine werden könnten, ohne akute Gefahr für das Leben der Patienten, warum eine so verzweifelte Methode auch noch verteuern? Von Bergmann war überzeugt von der „Antisepsis". Und dann ging er noch einen Schritt weiter, er entwickelte die „Asepsis". Während man bei der Antisepsis versucht, die vorhandenen Keime im Bereich des Operationsgebietes abzutöten, geht es bei der Asepsis darum, erst gar keinen Keim in die Nähe der Wunde gelangen zu lassen. Man macht das Operationsfeld keimfrei, bevor man überhaupt zu schneiden anfängt. So wie es heute üblich ist. Damals war das etwas revolutionär Neues. Alle Instrumente, aber auch die Hände der Chirurgen wurden vor der Operation in Karbollösung gewaschen und damit von Keimen völlig befreit – und siehe da – die Erfolge waren noch überzeugender.

Als man dann später soweit war, das Vorhandensein von Keimen nachprüfen zu können, entdeckte man erstaunt, daß in der Luft nur wenig gefährliche Keime schwebten, vielmehr waren alle Gegenstände im Operationssaal, die Instrumente, aber auch das alte Verbandsmaterial, die „Scharpie", und die Chirurgen selbst, voller Keime, bevor man sie der Karbolwaschung unterzog. Joseph Lister hatte sich zwar geirrt, als er annahm, es käme zu einer Keimbesiedlung durch die Luft, aber durch das großzügige – nach der alten Medizinerregel „viel hilft viel" – Versprühen von Karbollösung hatte er trotzdem eine weitgehende Vernichtung der Keime im Operationsgebiet erreicht. Obwohl auf einer falschen Annahme beruhend, hat seine Idee die Chirurgie revolutioniert. Mit Einführung der Asepsis gelang nun endgültig, die Mehrzahl der Patienten am Leben zu erhalten. Damit war die Chirurgie plötzlich eine hoffnungsvolle Methode und nicht mehr die ultima ratio – das letzte Mittel. Ein übriges tat dann auch noch die Narkose, die den Patienten von den unglaublichen Schmerzen befreite – und den Operateur von der Notwendigkeit, blitzschnell, sozusagen im Handumdrehen, zu arbeiten. Jetzt wurde die Chirurgie ein Fach, in dem alles möglich schien.

Es muß ein großartiges Gefühl sein, einer siegreichen Armee anzugehören. So werden Chirurgen sich damals gefühlt haben. Kein Wunder, daß immer mehr junge Leute sozusagen „zu den Fahnen" eilten. Am Ende des Jahrhunderts gab es in der Standespresse bereits die ersten Diskussionen über „Ärzteschwemme". Und warum sollten Frauen weniger beseelt gewesen sein von dem Gedanken, die großen Plagen der Menschen zu besiegen? Nicht nur den Helden die Suppe zu wärmen und den Erschöpften den Schweiß von der Stirne zu wischen, sondern auch selber etwas zu entdecken? Gab doch das Fach Medizin am ehesten die Möglichkeit, einmal Entdeckerstolz zu spüren, ohne in fremde Länder zu müssen, zu erobern, ohne zu zerstören, zu kämpfen, ohne eine Waffe benutzen zu müssen – also schien der Beruf der Ärztin für Frauen Möglichkeiten zu bieten, sonst den Männern vorbehaltene Abenteuer zu bestehen – ohne allzuviel von ihrer Weiblichkeit aufgeben zu müssen.

Es gab noch mehr Helden in dem Weltzentrum der Medizin. Emil von Behring und Paul Ehrlich mit ihrer Entwicklung der Serumtherapie, der Entdeckung der Impfstoffe gegen Infektionskrankheiten. Bis dahin war die Diphtherie der „Würgeengel" der kleinen Kinder gewesen. Machtlos hatten Ärzte davorgestanden, wenn ein Kind nach dem anderen an dieser Krankheit starb, so sehr sie auch pinselten und Tag und Nacht Besuche machten. Jetzt schienen die Infektionskrankheiten besiegbar. Wer hätte nicht dabeisein wollen, wenn es galt, weitere Triumphe über die Krankheiten zu feiern.

Auch Rahel Hirsch, die gerade promoviert hat und sich nach einer Volontärarztstelle umsieht, möchte an die Charité. Ausgerechnet!

„Was? An die Charité wollen Sie?" fragt der junge Kollege Mohr, der mit ihr aus Frankfurt nach Berlin gekommen ist, um dort anzufangen. „Dorthin, wo von Bergmann Frauen noch nicht einmal in den Hörsaal läßt?" Der berühmte und um die Medizin so verdiente von Bergmann, der wegen seines mächtigen Kopfes mit der weißen Mähne auch der baltische Löwe genannt wurde, duldete keine Frauen in seinem Hörsaal. Studentinnen, die darum baten, seine Vorlesung hören zu dürfen, bekamen von ihm eine Absage. Als einmal ein ausländischer Kollege seine Ehefrau, immerhin ebenfalls Ärztin, mit in das berühmte Kolleg von Bergmanns brachte, bat dieser ihn, doch „die Dame" hinauszuführen. Natürlich sei das nicht etwa, weil er etwas gegen Frauen habe, sondern „im Gegenteil", wie er sagte. Er wolle ihnen nur nicht die Mühsal des Arztberufes zumuten, denn „dazu schätze ich sie viel zu sehr". Das kennen wir ja, zu große Wertschätzung ist der häufigste Grund, warum Frauen von etwas ausgeschlossen werden. Von Bergmanns Name ist übrigens noch heute mit einer der ehrenvollsten Auszeichnungen für Ärzte verbunden, der Ernst-von-Bergmann-Plakette. „Nun", mag Rahel Hirsch dem skeptischen jungen Kollegen entgegnet haben, „auch in Berlin geht die Zeit weiter. Von Bergmann wird nicht ewig leben. Man wird nicht immer dort stehenbleiben, wo man einmal war. Wenn sich in Baden der Professor Bütschli und der Geheimrat Nokk dafür verwendet haben, daß Frauen studieren können, so wird man es in der Hauptstadt nicht auf Dauer ertragen können, hinter der Provinz zurückzubleiben."

Die Charité, an die Rahel Hirsch sich bewarb, war traditionell ein Ausbildungszentrum für Militärärzte. Es gab nur wenige Zivilärzte. Hier herrschte männlich preußischer Geist. Im deutschen Kaiserreich vor dem Ersten Weltkrieg war es bestimmt kein angenehmes Leben, nur ein einfacher Zivilist zu sein. Der eigentliche Mensch begann vom Leutnant an aufwärts. Überall im öffentlichen Leben glänzten die vielfältigen militärischen Uniformen. Offiziere prägten das Berliner Straßenbild, flanierend Unter den Linden, ebenso wie in den Logen der Opern. Prächtige, säbelrasselnde Militärparaden ließen die Herzen der Damen höher schlagen – jedenfalls die der meisten. Wenn es damals schon für Männer nicht leicht war, als Zivilist im soldatischen Staat zu existieren, was wollte dann eine Frau ausgerechnet im Zentrum der Militärmedizin?

Als Rahel Hirsch sich an die Charité bewirbt, ist gerade Friedrich Kraus Chef der 2. Medizinischen Klinik geworden. Friedrich Kraus kommt aus Graz, wo er eine Lehrkanzel für Innere Medizin innegehabt hatte. Als er am 14. November 1902 seine Antrittsvorlesung in Berlin über den „Wert funktioneller Diagnostik" hält, sind die jungen Kollegen hingerissen, und mancher von den älteren fragt sich, ob er da noch mitkommt. Er legt eine völlig neue Sichtweise von den Krankheiten dar. Krankheiten sind Veränderungen von normalen, physiologischen Abläufen im Körper. Jedes Krankheitsbild wird aus dem Normalzustand heraus entwickelt. Kraus sieht den ganzen Menschen, als Gesunden ebenso wie als Kranken. Denn auch damals schon begann die Medizin sich in Fachgebiete aufzuteilen, und es schien manchen Ärzten zuweilen so, als würde der Patient in lauter kleine Einzelgebiete zerstückelt, da ist die Kraussche Sichtweise für viele etwas Begeisterndes.

Friedrich Kraus beeindruckt nicht nur durch seine Brillanz und seinen österreichischen Charme, er setzt sich auch gegen die arrogante Dominanz der Militärärzte durch. Gleich zu Anfang stellt er klar, daß die militärische Hierarchie für ihn nicht über der ärztlichen steht. Auch die Herren Offiziere haben sich den Weisungen der oberen Assistenten zu fügen, bis sie selber zum Assistenten aufgerückt sind. Und er stellt mehr Zivilärzte ein. Unter ihnen eben auch Rahel Hirsch, die von Friedrich Kraus und seiner Sichtweise der Medizin ebenso beeindruckt und beeinflußt werden wird wie andere Assistenten und Volontärärzte. Zum Beispiel Theodor Brugsch, der mit ihr zur gleichen Zeit an der Charité bei Kraus anfängt. Friedrich Kraus fördert und schätzt die Kollegin aus Frankfurt mit den dunklen, melancholisch fragenden Augen. Eine andere Zeitzeugin, Charlotte Wolff, die in den zwanziger Jahren bei Kraus studierte, betont, daß er „ein charmanter Mann gewesen sei", bei dem die Studentinnen einen guten Stand gehabt hätten, so erschien es ihr jedenfalls. Nun, damals, am Beginn des Jahrhunderts, als Rahel Hirsch sich bei ihm vorgestellt hat, wird es ihre willensstarke Art gewesen sein, die ihn beeindruckt und dazu bewogen hat, sie einzustellen. Ihre Bereitschaft, sich der Forschung zu widmen, und ihre Ernsthaftigkeit. Vielleicht gehört er zu den ersten, die auch die Vorzüge weiblicher Assistenz- und Volontärärzte zu schätzen wissen. Damals lief noch kein Chef Gefahr, daß sich eine Ärztin bei ihm um eine Stelle bewarb und über kurz oder lang in den Mutterschaftsurlaub ging. Die Frauen, die sich für diesen Beruf entschieden hatten, widmeten ihm ihre ganze Kraft und verzichteten überwiegend auf eine Familie.

Wie Rahel Hirsch wohl über ihren Beruf gedacht hat? Wir wissen es nicht. Vielleicht war es eine Herausforderung für sie, mitten hinein ins Zentrum patriarchalischen Lebens zu gehen und dort „ihren Mann zu stehen", vielleicht ging sie dorthin, weil sie Teil der medizinischen Elite sein wollte. Wie sie zur Berliner Frauenbewegung stand, wissen wir ebenfalls nicht. Im Umfeld der „Klinik für weibliche Ärzte", die, von Franziska Tiburtius und Emilie Lehmus gegründet, damals in Berlin existierte und an der Ärztinnen ausschließlich Frauen behandelten, taucht ihr Name nicht auf.

Es spricht einiges dafür, daß sie nicht gedachte, viel zum Thema Emanzipation zu argumentieren, sondern durch Leistung die Borniertheit mancher Männer, auch die einiger ihrer Kollegen, bloßstellen wollte.

Es wird schwierig gewesen sein, sich dort an der Charité durchzusetzen. Nicht nur, weil es sich bei der Charité um das Zentrum militärischer und patriarchalischer Medizin handelte. Es gab auch andere Gründe, warum das Arbeiten dort mit Sicherheit nicht immer leicht war und zuweilen einem Gang über ein Minenfeld glich. Es gab feindliche Lager mit mächtigen Anführern und Chefs, die sich schnitten oder heimlich bekriegten.

7
HALBGÖTTER, PRINZEN
UND KAISER

So selbstlos Ärzte auch von Berufs wegen sein mögen, sie sind meist nicht ganz frei von einer zweischneidigen menschlichen Eigenschaft: dem Ehrgeiz. Und wo es atemberaubende Entdeckungen zu machen gibt, wo es Ruhm zu ernten gibt, aber auch wo ärztliche Urteile entscheidend sein können über Leben und Tod, sind Rivalitäten und Animositäten nicht fern.

Als Rahel Hirsch nach Berlin kommt und ihre Volontärarztzeit beginnt, geht ein Riß durch die Ärzteschaft der Charité. Der Anlaß für die Spaltung in zwei Parteien liegt lange zurück, wirkt aber immer noch nach. Und da es nicht nur ein tragisches, sondern auch ein trauriges Stück deutscher Geschichte ist, bei dem sicher auch die Familie Hirsch, so wie manch andere jüdische Familie im Land, Hoffnungen – wenn vielleicht auch illusionäre – begraben mußte, soll hier darauf eingegangen werden.

Es ist Geschichtskundigen geläufig, daß Kaiser Friedrich III. nicht einmal hundert Tage geherrscht hat und daß das Jahr 1888 sein Todesjahr und außerdem das „Dreikaiserjahr" war. Nach Wilhelm I., dem Kaiser der Reichsgründung, war Friedrich III. 99 Tage Kaiser, und schließlich, am Ende dieses Jahres, kam Wilhelm II. auf den Thron, dessen Persönlichkeitsstruktur von vielen als für das Unglück Deutschlands ursächlich gesehen wird.

Daß Kaiser Friedrich an Kehlkopfkrebs starb, ist vielleicht noch in Erinnerung. In Vergessenheit geraten ist heute aber der erbitterte, beschämende und häßliche Streit der Ärzte um die richtige Diagnose.

Zunächst schien alles ganz klar. Kronprinz Friedrich litt seit Anfang des Jahres 1887 unter Heiserkeit. Sein Leibarzt, Professor Carl Gerhard, der damals Direktor der 2. Medizinischen Klinik an der Charité war, stellte ein Knötchen auf dem Stimmband fest und äußerte den Verdacht, daß es bösartig sei, und riet zur Operation. Nun war aber die Prinzessin Viktoria, die Frau des Kronprinzen, eine englische Prinzessin. Man zog deswegen einen Engländer hinzu, einen gewissen Sir Morell

Mackenzie. Vielleicht traute man den deutschen Ärzten nicht, hieß es doch, daß ein deutscher Arzt dafür verantwortlich war, daß der kleine Wilhelm mit einem gelähmten Arm zu Welt gekommen war? Dieser Doktor Mackenzie stufte das Knötchen als harmlos ein und empfahl dem Kronprinzen eine Kur in Bad Ems oder besser noch in einem englischen Bad, dann würde sich seine Halskrankheit bald geben. Jedoch waren zu diesem Zeitpunkt bereits weitere deutsche Kollegen um Rat gefragt worden, unter ihnen der berühmte Chirurg Ernst von Bergmann, der den dringenden Verdacht auf Krebs hatte und eine unverzügliche Operation für erforderlich hielt.

Bei diesen unterschiedlichen Meinungen bot es sich an, eine Probeexzision[1] zu machen, um Gewißheit zu erlangen. In dem Punkt waren sich alle Ärzte einig, aber es war das letzte Mal, daß sie sich einig waren. Mackenzie führte die Gewebeentnahme durch. Er entnahm ein Stückchen von dem Stimmband des Prinzen und gab es keinem Geringeren als Rudolf Virchow zur Begutachtung. Virchow musterte das Gewebe sehr sorgfältig unter dem Mikroskop durch, aber er fand keine bösartigen Zellen. Mackenzie sah seine Diagnose bestätigt und gab die erlösende Botschaft an das Prinzenpaar: Es ist kein Krebs! Es muß nicht operiert werden! Dabei blieb er bis zum Tode des Kaisers und darüber hinaus. Sei es wegen der guten Nachricht, die er gebracht hatte, oder weil er ein Engländer war, das Prinzenpaar ließ sich bis zum Schluß, auch als der Zustand Friedrich III. sich immer weiter verschlechterte, in dem Vertrauen zu Mackenzie nicht erschüttern.

Es wird letztlich immer unklar bleiben, was falsch gelaufen ist: ob Mackenzie die Gewebeentnahme nicht richtig durchgeführt hat oder ob Virchow sich geirrt hat. Manche Ärzte vermuteten, daß Mackenzie das Knötchen nicht zu fassen bekommen hat und die untersuchte Probe gar nicht aus dem verdächtigen Knoten stammte, ja es wird sogar behauptet, er habe die falsche Seite des Kehlkopfes erwischt und aus dem gesunden Stimmband ein Stückchen abgezwackt. Daß Virchow eine Krebszelle nicht erkannt hätte, wenn eine vor seinem Auge aufgetaucht wäre, ist außerhalb des Bereiches der Möglichkeiten. Er kann sie also

---

1 Gewebeentnahme zur diagnostischen Untersuchung.

nur deshalb nicht gesehen haben, weil keine da war. Da Prinz Friedrich am Ende tot war, muß es andererseits aber einen Krebs gegeben haben.

Diagnostische Methoden sind noch nie unfehlbar gewesen. Irgendwo hat sich ein Fehler eingeschlichen, entweder bei der Probeentnahme oder bei der Aufbereitung der histologischen Präparate – einen Fehler des Pathologen schließen wir hier, wie gesagt, aus, da es sich um Virchow gehandelt hat, der des Irrtums in medizinischen Dingen schlechterdings unfähig gewesen sein soll –, solche Fehler sind selten, aber sie kommen vor, normalerweise sind sie nicht irreparabel. Ein Arzt, der sieht, daß der Verlauf einer Krankheit nicht zu dem Ergebnis seiner Untersuchung paßt, wird eine neue Untersuchung machen oder auf Grund anderer Ergebnisse sein Urteil revidieren. Für den Patienten aber und seine Angehörigen sind solche Fehler in der Diagnosestellung fatal. Hoffnung ist geweckt worden – und die Angst vor der Enttäuschung kann dann so groß werden, daß eine zweite Untersuchung seitens des Patienten lieber verhindert wird. Wir werden nicht erfahren, ob Mackenzie es nicht übers Herz brachte, seine Landsmännin zu enttäuschen, oder ob es blinder Ehrgeiz war, der ihn leitete. Unter den Ärzten gab es von nun an zwei Parteien. Die Gruppe um von Bergmann war weiter von der Bösartigkeit des Knötchens überzeugt und versuchte händeringend mit dieser Meinung zum Prinzen durchzudringen. Mackenzie vertrat strahlend seine Diagnose einer harmlosen Kehlkopferkrankung und triumphierte im Moment – denn dem Prinzen ging es ja noch ganz gut.

Der Streit zog Kreise. Man nahm Partei. Am Hofe, in der Charité in Berlin, in ganz Deutschland und in England sicher auch. Überall war die Halskrankheit des Kronprinzen Streit- und Tagesgespräch. Feindschaften flammten auf unter den Berliner Ärzten. Als von Leyden, der Chef der 1. Medizinischen Klinik, einen Empfang zu Ehren Mackenzies gab und sich damit öffentlich hinter ihn stellte, war der Bruch da! Welch ein Affront gegen von Bergmann! Für Ärzte bedeutet es eine schwere Kränkung, wenn ihre Diagnosen angezweifelt werden. In der Charité herrschte Krieg. Von Bergmann war Vorsitzender der Berliner Medizinischen Gesellschaft – also ging die Partei von Leydens da nicht hin – und umgekehrt. Von Leyden gründete seine eigene ärztliche Gesellschaft – dort gingen die Anhänger von Bergmanns nicht hin. Die medizinischen Gesellschaften hatten damals eine weit größere Bedeutung als etwa heutige Ärztevereine. Die Neuigkeiten der Wissenschaft wurden dort vorgestellt und diskutiert! Was nicht in einer der medizinischen Gesellschaften vorgebracht worden war, existierte in der Welt der Medizin eigentlich noch nicht. Erst dort wurde eine Entdeckung entweder angenommen oder aber verrissen. Wenn es einander feindliche Gesellschaften gibt, so ist es zuweilen schwer, einen Konsens darüber zu finden, was medizinisch anerkannt ist und was nicht. Und das wird bis ins nächste Jahrhundert hinein so bleiben, auch wenn der Kaiser Friedrich schon längst unter der Erde liegt.

Die jungen Ärzte, unter ihnen Rahel Hirsch, die im Oktober 1903 an der Charité anfangen, werden noch die eine oder andere ihnen rätselhafte Empfindlichkeit zwischen den hohen Herren dieser berühmten Klinik zu spüren bekommen haben, die aus der Zeit des großen Glaubenskriegs um den Kehlkopfkrebs des Kaisers stammt. Es ist gar nicht so einfach zu verstehen, warum auf einmal eisiges Schweigen herrscht, wenn man etwas erwähnt, was im Verein für Innere Medizin bei Ernst von Leyden vorgetragen wurde, und doppelt schwer muß es für eine junge Kollegin sein, die sich sowieso schon gegen die bärbeißige, ungnädige Haltung eines von Bergmann wappnen muß, der Frauen in seiner medizinischen Gesellschaft nicht duldet und nicht zugeben kann, daß Ärztinnen inzwischen schon recht gute Arbeit an der Charité leisten.

Der Streit um die Krankheit Friedrichs III. wurde absurd, als sich abzeichnete, daß sich der Zustand verschlechterte. Aber Friedrich und die Prinzessin Viktoria hielten an dem fest, was Mackenzie sagte. Sie wollten die Hoffnung aufrechterhalten. Es ist wahrscheinlich, daß man weder als preußischer Prinz noch als englische Prinzessin Offenheit im Umgang mit Krankheiten als Tugend erlernte.

Friedrich fährt nach San Remo, um sich dort zu erholen. Jedoch geht es nun rapide bergab. Luftnot und Erstickungsanfälle zwingen im Februar 1888 zum Luftröhrenschnitt. Dem gehen dramatische Szenen am Krankenbett des Kronprinzen voraus: Mehrere Ärzte waren zu Hilfe gerufen worden, am liebsten hätte man nun doch von Bergmann dabeigehabt, unbestritten der beste und mutigste Chirurg, aber der war in Berlin. Man telegrafierte ihm, aber längst bevor er in San Remo eintraf, verschlechterte sich Friedrichs Luftnot so, daß man eingreifen mußte, um sein Leben zu erhalten. Doch erst wurde diskutiert. Wie sollte man vorgehen? Wer sollte den Eingriff durchführen? Und sollte Chloroform verwendet werden? Die Prinzessin war gegen Chloroform, denn davon hatte man schon Schlechtes gehört. Der Operateur, der schon das Messer in der Hand hatte, sagte: Bitte, dann soll jemand anders schneiden! Aber das wiederum traute sich keiner der herumstehenden Spezialisten zu. Im Diagnosestellen war Mackenzie ja recht forsch, aber den entscheidenden Schnitt wagte er nicht. Der Kronprinz bat inzwischen schon recht dringlich um den Eingriff, ob nun mit oder ohne Chloroform, da er sich dem Ersticken nahe spürte. Und von Bergmann war immer noch nicht in Sicht. Schließlich blieb keine andere Wahl. Wenn man nicht zusehen wollte, wie der Kronprinz erstickte, dann mußte man schneiden. Bramman, der erste Assistent von Bergmanns, war der mutige Arzt, der dem Reich in dieser Stunde den künftigen Kaiser rettete.

Einige Stunden später traf von Bergmann ein. Der Kronprinz hatte eine Kanüle in der künstlichen Luftröhrenöffnung liegen, konnte sich von nun an nur noch schriftlich mit seiner Umgebung verständigen, bekam aber ganz gut Luft.

Man fragt sich, angesichts dieser Szene, wie es um die Realitätseinschätzung der Prinzessin bestellt gewesen sein mag. Sie will die Schwere der Erkrankung von Friedrich selbst jetzt noch nicht sehen. Von Bergmann wird dringlich gebeten, in San Remo zu bleiben und die weitere chirurgische Behandlung der Wunde zu übernehmen. Er soll lediglich die Nachbehandlung des Luftröhrenschnittes übernehmen, zur eigentlichen Krankheit und zur eigentlichen Behandlung sich jedoch nicht äußern, ja er muß sich sogar einmal von Mackenzie zurechtweisen lassen, er sei hier nur für die Behandlung der Halswunde zuständig, „...über die Kehlkopfkrankheit werde ich überhaupt nicht mit Ihnen sprechen".[2] Für ärztliches Empfinden eine krasse Zumutung. Normalerweise würde ein Arzt in so einer Situation gut daran tun, die weitere Behandlung abzulehnen. Doch das verbietet ihm seine Untertanentreue. Von Bergmann knirscht mit den Zähnen ob der frechen Beleidigung, gibt aber ansonsten die Hoffnung nicht auf, doch noch etwas für den kaiserlichen Patienten tun zu können. Im nachhinein muß man

2 A. Buchholtz, Ernst von Bergmann, S. 464.

allerdings annehmen, daß es zu diesem Zeitpunkt für eine Rettung des Kronprinzen sicherlich schon zu spät gewesen wäre.

Im März 1888 stirbt der greise Kaiser Wilhelm I. – Friedrich muß nach Berlin reisen. Er wird gekrönt. Nun ist er Kaiser.

Mackenzie, der so hartnäckig auf der Harmlosigkeit der Erkrankung bestanden hat, rettet damit immerhin seiner Landsmännin, der Prinzessin Viktoria, die Kaiserkrone. Wenn man Friedrich III. im Jahre 1887 den Kehlkopf entfernt hätte, wäre der Thronverzicht sicher zwingend gewesen. Nun hat das Reich einen todkranken Kaiser, der nicht sprechen kann. Es ist für alle eine gräßliche Geschichte.

Während der neugekrönte Kaiser schwächer und schwächer wird, verbreitet Morell Mackenzie in seinen ärztlichen Bulletins weiterhin ungebrochenen Optimismus. „Der Kaiser", so ist es in den Erinnerungen von Bergmanns zu lesen, „schrieb auf einem Spaziergang mit dem General Winterfeld diesem auf: ‚Seit Donnerstag ist eine Krisis eingetreten, die meine Ärzte wieder das Beste hoffen lassen.'"[3]

In Deutschland hat man Hoffnungen an die Regentschaft Friedrichs III. geknüpft. Man glaubt, in ihm einen Liberalen zu haben. Einen Mann, der Deutschland vom säbelrasselnden Offiziersstaat zum Land der Dichter und Denker führen könnte? Die jüdische Zeitung „Israelit" richtet an die deutschen Glaubensgenossen die Bitte, allen männlichen Kinder, die bis zum 15. Juni 1889 geboren wurden, den Rufnamen Friedrich zu geben. Gerade die Juden knüpfen an Friedrich die Hoffnung, mit ihm würde das Leben für sie leichter, sie würden gesellschaftlich anerkannt und dieser Kaiser würde ihnen dort, wo sie noch fehlt, die Gleichstellung mit den nichtjüdischen Bürgern geben.

Hätte Mackenzie etwas sorgfältiger exzisiert, hätte das Prinzenpaar auf den berühmten Chirurgen von Bergmann gehört, hätte man sich am Hofe nicht auf die Verdrängung des Schrecklichen eingelassen... wäre die Weltgeschichte anders verlaufen?

Wäre Deutschland ein anderes Land geworden? Hätte Friedrich III. dem überschäumenden Militarismus etwas entgegenzusetzen gehabt, dem Land eine andere Richtung gegeben, so daß Juden friedlich hätten leben können? Wäre es dann vielleicht nicht dazu gekommen, daß die

---

3 A. Buchholtz, Ernst von Bergmann, S. 491.

Nationalsozialisten fünfzig Jahre später darangehen konnten, nahezu die gesamte jüdische Bevölkerung im europäischen Raum zu vernichten?

Hoffnungen und Träume, die mit der Person Friedrichs III. verbunden waren, schmelzen mit der tragisch verlaufenden Krankheit des Kaisers dahin. Im Juni 1888 stirbt Friedrich III.

Rahel Hirsch ist siebzehn Jahre alt, als das kaiserliche Leiden und der Streit darum das Land erschüttert. Überall wird diskutiert, man liest täglich die Zeitung mit den neusten Kommuniqués, Parteien bilden sich, die einen glauben noch an Heilung, die anderen schimpfen auf den englischen Arzt. Die Presse hüben wie drüben hat ihren Anteil an der emotional geladenen Stimmung. Auch in der Familie Mendel Hirschs wird täglich mit Bangen und Hoffen das ärztliche Bulletin gelesen. Daß es Krankheiten gibt, gegen die selbst ein deutscher Kaiser machtlos ist! Daß so viele berühmte Ärzte keine Hilfe bringen können! Als dann die Nachricht vom Tode Friedrichs III. kommt, ist die Betroffenheit groß. Im März erst hat es das große Staatsbegräbnis für den alten Kaiser gegeben. Jetzt läuten schon wieder die Glocken im ganzen Land zum Begräbnis Friedrichs, der nur 99 Tage Kaiser sein durfte. Als dann das Sektionsergebnis bekannt wird, das von Bergmanns Diagnose Krebs bestätigt, gehen Stürme der Entrüstung durch den Blätterwald. Der Haß auf die Engländer beginnt sich zu etablieren, als wäre es der Engländer gewesen und nicht der Krebs, der den deutschen Kaiser getötet hat. – Fraglich bleibt es, ob ein paar Jahre unter einem liberalen Friedrich wirklich die deutsche Geschichte so nachhaltig beeinflußt hätten, daß der Verlauf ein anderer gewesen wäre. Fraglich, ob das Leben des Kaisers bei einer frühzeitigen Operation wirklich wesentlich länger gedauert hätte.

Nun kommt Wilhelm II. auf den Thron. Jener Prinz, dessen linker Arm verkrüppelt ist. Es gibt Historiker, die sagen, daß diese Behinderung prägend für seine Persönlichkeit gewesen sei. Daß der körperliche Mangel des gelähmten linken Armes ihn dazu gebracht habe, übermäßig martialisch aufzutreten, um seine Furcht, kein ganzer Mann zu sein, zu kaschieren. Das wäre nicht verwunderlich in einem so militaristisch geprägten Staat.

Das traurige Jahr klingt für die Familie Hirsch auch traurig aus. Der Großvater stirbt. Hermann Schwab, der uns in seinen „Erinnerungen eines alten Frankfurters" geschildert hat, mit welcher ehrfürchtigen Bewunderung er als Junge dem Rabbi begegnete, beschreibt auch die letzte Predigt des Samson Raphael Hirsch: „Eine Predigt jedoch verstand ich ganz, und ich habe sie nie vergessen. Es war am Jom Kippur 1888, wenige Minuten vor Anbruch der Nacht. Mehr als tausend Männer und Frauen standen in Schweigen. Die Majestät des scheidenden Tages erfüllte die Synagoge, und von den Gaskandelabern strahlte ein matter Lichtschein zur Decke, die in Schatten gehüllt war. Von dem Platz meines Vaters aus, in der Mitte der Synagoge konnte ich die Kanzel sehen, und es hieß, daß der Raw predigen würde. Ich lief vor zur Kanzel, und diesmal war außer mir kein anderer Junge da. Der Raw stand in ‚Kittel' und Tallit [4]. Ich sah sein schimmerndes weißes Haar unter der weißen Kappe, während seine Augen schweigend durch den Raum wanderten. Schließlich begann er zu sprechen.

Er sprach das letzte Amen des letzten Kaddisch [5]. Er mahnte die Kehlilah [6], es nie zu vergessen: ‚Wann immer im neuen Jahr eine Stunde der Furcht oder Sorge kommen möge, wenn gute Absichten und Versprechen dahinschwinden, dann, meine Brüder und Schwestern, saget: ‚Amen', und der Jom Kippur mit all seinem Segen wird zu euch zurückkehren. Saget ‚Amen', meine Brüder und Schwestern!' Noch einmal klang seine Stimme in tiefer Bewegung von der Kanzel. Gestützt von dem Schammes, stieg er die Stufen hinunter und ging zu seinem Platz. Der Ton des Schofars [7] klang durch die Synagoge. Es war die letzte Predigt des Raws gewesen." Das jüdische Versöhnungsfest fällt in den Herbst, meist in den Oktober. Einige Wochen darauf, im Dezember, erkrankte Samson Raphael Hirsch. Hermann Schwab: „Am Abend des 27. verließ mein Vater das Haus, und meine Mutter sagte uns, daß der Raw sehr krank wäre. Die Gemeinde hatte sich versammelt um Tefillim (Abschied) zu sagen. Am nächsten Morgen hörten wir, daß der Vater erst spät nach Hause gekommen war, und obwohl wir Ferien hatten, wagten wir nicht, laut zu sprechen. Über unserm Haus lag Schweigen. Als

4 Gebetsgewand.
5 Totengebet.
6 Gemeinde.
7 Widderhorn.

wir in den trüben Dezembermorgen hinaustraten, erfuhren wir dann, daß der Raw gestorben war...

Vierundzwanzig Stunden später standen die Schüler unserer Schule zwischen Tausenden, die von Frankfurt und anderen Städten Deutschlands gekommen waren, vor dem Haus des Rabbiners."

Das medizinische Drama um Friedrich wird bis ins nächste Jahrhundert hinein seine Auswirkungen haben; während Rahel Hirsch auf ihre Laufbahn als Wissenschaftlerin an der Charité zusteuert, werden im Reich die Ingredienzen gemischt, die später zur Katastrophe führen.

„Es gab eine Zeit", schreibt Leon Poliakov in Band VII der Geschichte des Antisemitismus, „in der man in den einflußreichen Kreisen Europas zu dem Glauben neigte, daß eine nahe oder doch fern liegende Herrschaft der Juden im Westen doch recht wahrscheinlich sei." Juden waren zu der Zeit durchaus noch nicht überall gleichgestellt. Ein F. Lassar, der im Krieg 70/71 das erste französische Geschütz erobert hatte und später einmal Kollege von Rahel Hirsch an der Charité sein wird, konnte es trotz seiner Heldentat nur bis zum Unteroffizier bringen – weil er Jude war. Zwar gab es bereits etliche hervorragende Persönlichkeiten in Naturwissenschaft und Medizin, die jüdisch waren, aber eine Kanzel, also ein Lehrstuhl, wurde in Deutschland immer noch abhängig von der „Länge der Nase vergeben", d.h. nicht so gerne an Juden. Es war also gerade eben so, daß Juden wenigstens dem Gesetz nach nicht mehr Bürger zweiter Klasse waren, da begannen die Deutschen schon ihren Untergang zu fürchten. Es gab judenfeindliche Bestrebungen, unter anderem an den Universitäten, wo die Studenten ja frühzeitig von „Verjudung" und „Vordrängeln" redeten – möglicherweise gerieten diejenigen unter ihnen, die sich mehr dem Verbindungsleben als der Wissenschaft widmeten, ins Hintertreffen gegenüber den ernsthafter studierenden. Der sogenannte „Historiker-Streit", die antijüdischen Reden des Historikers Treitschke von den „Scharen hosenverkaufender Jünglinge", die angeblich aus dem Osten her ins Land strömten, ist bekannt. Es waren mehr oder weniger verbale Angriffe, die immerhin auch Gegenbewegungen hervorriefen. So distanzierte sich ein großer Teil der Studentenschaft mit Unterschriften von Angriffen gegen Juden. Aber es wurde der Begriff des „Antisemitismus" geprägt, den es bis dahin nicht gegeben hatte. Es war der Journalist Wilhelm Marr, dem die Urheberschaft dieses Wortes gebührt. Im übrigen schrieb er in seinem „Sieg des Judentums über das Germanentum": „Kein Vorwurf deshalb dem Judentum... Es ist der Schmerz eines unterdrückten Volkes, welches unter Eurer Herrschaft heute seufzt, wie Ihr unter unserer Herrschaft geseufzt, aber das Ihr im Laufe der Zeit schrittweise zu Boden geworfen habt. Ihr seid die Herren, wir die Knechte... Finden wir uns in das Unvermeidliche, wenn wir es nicht ändern können. Es heißt: Finis Germaniae." Wer bliebe da unbewegt! Den Germanen drohte der Untergang! Wohlgemerkt, zu Zeiten der Reichsgründung, als Rahel Hirsch gerade in die Schule ging, existierte zum Beispiel noch der „Judeneid" vor Gericht: Nach dem im Sachsenspiegel genau vorgeschriebenen Procedere mußte der schwörende Jude auf einer blutigen Schweinshaut stehen, die von einer gerade säugenden Sau stammte; der Jude mußte auf den Zitzen stehen. Erst am 30. Januar 1877 wurde der „Judeneid" durch die Zivilprozeßordnung für das Deutsche Reich abgeschafft. Es ist leicht einzusehen, daß von der Abschaffung dieser demütigenden Prozedur bis zur Vorherrschaft der Juden nur noch ein kleiner Schritt ist.

Um die Jahrhundertwende hatte der Sproß einer Hamburger Bankiersfamilie, Max Warburg, den Ehrgeiz, Offizier zu werden. Er mußte bitter enttäuscht zur Kenntnis nehmen, daß man gegen seine Aufnahme in das Offizierskorps stimmte. Soweit zum Einfluß der Juden.

Die Angst vor den Juden kann nur als Ausdruck der Selbstunsicherheit gedeutet werden. Der nicht dem Militär angehörende Deutsche schätzte sich nicht sehr hoch ein, der zum Militär gehörende Deutsche schätzte dafür seinen Wert sicherlich zu hoch ein – ohne Uniform allerdings war auch er nichts.

Auch wenn der Antisemitismus im Kaiserreich sicher nur eine Strömung unter vielen anderen war, in die Seelen vieler Deutscher mit mangelndem Selbstvertrauen war ein verhängnisvoller Keim gelegt.

Es hatte sich allerhand zusammengebraut im ausklingenden Jahrhundert. Das wurde auch über die Jahrhundertwende mitgenommen. In das Berlin des Jahres 1903, in dem Rahel Hirsch ihre Zeit an der Charité beginnt.

8
Die junge Forscherin

Im Winter fällt die Dunkelheit früh. Rahel Hirsch steht am Fenster auf dem langen Flur der 2. Medizinischen Klinik und sieht zu, wie draußen das schwache Licht des Winternachmittags in den Abend übergeht und das kalte Schwarz der Bäume sich immer schwächer vom blassen Graublau des Himmels abhebt. Es ist Freitagnachmittag. Beginn des Sabbats, der von allen frommen Juden in dem Moment begrüßt wird, da der Tag scheidet. Überall zünden die Ehefrauen und Mütter zur gleichen Zeit die Sabbatkerzen an. „Würde man die Dächer öffnen, dann erschiene unser Städtchen in einem Meer von flackernden Kerzen", schreibt Lea Fleischmann in ihrem Buch „Dies ist nicht mein Land" über den Sabbatbeginn in einem Städtchen im Osten. Es ist etwas Besonderes um den Sabbat, auch Rahel Hirsch spürt das jeden Freitag wieder, den sie in Berlin verbringt, fern von ihrer Familie in Frankfurt. Natürlich könnte sie sowieso nicht daran denken, den Sabbat zu begehen hier in der Charité. Sie könnte doch nicht am Freitagabend die Krankenakten weglegen und bis zum Sonnenuntergang des nächsten Tages nichts tun. Die Volontärärzte und Assistenten hier kennen kaum Feierabend und Sonntag, geschweige denn Sabbat. Aber oft bleibt Rahel Hirsch am Abend des Freitags, in der Stunde, da die Dämmerung fällt, irgendwo in einem stillen Winkel stehen, ruht einen Moment aus, denkt an zu Hause, an Großvater und Vater, die nun beide schon tot sind, und an die Mutter, wie sie die Vorbereitungen zum festlichen Empfang des Sabbats traf.

„Heute ist Freitag, und als ich aufwache, steht die Mutter schon am Herd und kocht. Die Challes sind im Ofen, und der warme Duft des backenden Teigs durchzieht das Zimmer. Jeden Freitag wird das gleiche gekocht: gefillte Fisch, Challes, Hühnerbrühe, Nudeln, Kompott und Kuchen. Ich kann den Freitag am Geruch erkennen."[1] Das Haus oder die Wohnung wird geputzt, der Tisch mit einer weißen Damastdecke

1 L. Fleischmann, Dies ist nicht mein Land, S. 8.

8 Der Beginn des Sabbats. Die Hausfrau entzündete die Sabbatlichter.

bedeckt, silberne Leuchter werden darauf gestellt, der Kiddusch-Wein bereitgehalten, die Kinder werden gewaschen, bekommen ihre schönsten Kleider an. Die Stuben verwandeln sich, alle Juden verwandeln sich jeden Freitag. In der Woche herrscht lautes Leben und Treiben in den jüdischen Vierteln, es wird diskutiert, gehandelt und verhandelt, gelacht und auch geschimpft, am Freitag wird der geheiligte Sabbat erwartet, sonst nichts. „Auf mein Freund, der Braut entgegen, Königin Schabbat wollen wir empfangen."[2]

Der Sabbat hat eine Faszination, der sich kaum ein Jude entziehen kann, ob er nun gläubig ist oder nicht, ob er nun den Sabbat hält oder nicht. Auch Spötter und Feinde können sich dem nicht verschließen. Im ausgehenden Mittelalter gab es einen Mann namens Margaritha, Enkel eines Talmudgelehrten und Sohn eines Rabbiners, der sich vom Judentum abwendete und es dann wütend bekämpfte. Er schrieb ein Buch gegen die Juden, in dem er alle bösen Vermutungen und Vorurteile der Christen über die teuflischen Juden bestätigte. Doch wie er den Sabbat beschreibt, da kann er es nicht verhindern, daß bis zu dem heutigen Leser die leise Sehnsucht aus seinen Zeilen klingt, wenn er versucht, den Moment festzuhalten, an dem der Sabbat beginnt: „Wenn es schier dunkel werden will, das ist, wenn die Sonne noch auf den Bäumen liegt..." Auch er kann sich dem Zauber und der Wehmut dieser Stunde nicht verschließen. Die Feiertagskleider werden herausgelegt, die Lichter entzündet, und nach der Überlieferung des Rabbi Jose – so erzählt Margaritha – geben zwei Engel jedem Juden das Geleit von der Synagoge nach Hause zurück, ein guter und ein böser. Und wenn im Hause alles gut vorbereitet ist, dann muß der böse dem guten nachgeben – und nur der gute kommt mit in die Stube.

Es ist die Aufgabe der Frau, im Hause alles so gut vorbereitet zu haben, daß der böse Engel seines Weges ziehen muß. Das nehmen die patriarchalischen Juden als Beweis dafür, daß sie die Frau besonders ehren. Die emanzipierten Frauen, wie diese Bertha Pappenheim aus Frankfurt zum Beispiel, die im Jahre 1904 den „jüdischen Frauenbund" gegründet hat, die behaupten, daß die Juden die Frau mißachten, weil sie keine Aufgabe in der Gemeinde hat. Aber das ist eine böswillige

2 Ebenda, S. 9.

Auslegung. Die Frau ist doch die Hüterin des Hauses, die Bewahrerin des Friedens. Sie selber, Rahel Hirsch, gehört nicht zu den Frauen, die die guten Engel in die Häuser holen. Sie kämpft mit anderen Waffen gegen die bösen Engel. Sie sieht sie neben den Krankenlagern stehen. Sie dort zu vertreiben ist ihre Aufgabe.

In diese Gedanken versunken, schreckt Rahel Hirsch auf, als sie ihren Namen hört. Ihr Kollege Theodor Brugsch kommt den Flur herunter auf sie zu. Brugsch ist acht Jahre jünger als sie und hat auch an der Charité bei Kraus angefangen. Ein netter Kerl, ein bißchen flott, so wie die meisten Herren Ärzte der Charité. Ganz in dem Bewußtsein, zur Elite der Wissenschaft zu gehören. Brugsch will sie abholen ins Labor.

Man erwartet von den Assistenten der Charité, daß sie forschend arbeiten. Das ist überall so, denn die wissenschaftliche Arbeit soll den Ruhm der Klinik – und übrigens auch den ihrer Chefs – mehren. Man kann davon ausgehen, daß Rahel Hirsch, indem sie sich an die Charité bewarb, bereits vorhatte, forschend zu arbeiten. Daß sie, wie so viele, fasziniert ist von der Fülle der Entdeckungen, die in der Medizin gemacht werden und die versprechen, daß noch mehr zu entdecken ist. Wenn man einmal eine Bresche in die Festungsmauer geschlagen hat, sollte man die Gelegenheit ausnutzen und nachsetzen, bevor die Verteidigung die Lücke wieder geschlossen hat. Forschen und experimentieren müssen die Assistenten natürlich neben ihrer normalen Arbeit. Das stellt eine nicht unerhebliche Belastung dar, insbesondere, wenn man noch sehr gewissenhaft mit seiner Stationsarbeit ist.

Theodor Brugsch, ein ausgesprochen gutaussehender dunkelhaariger Mann mit einem markanten Profil, kann die neue Ärztin recht gut leiden, sie ihn wahrscheinlich auch. Brugsch ist nicht so von oben herab wie manche der anderen Assistenten. Brugsch arbeitet gerne mit Frauen zusammen. Er schätzt die Arbeit der Kolleginnen.

In seinen Erinnerungen berichtet er von zwei Ärztinnen, „...die beide der Klinik uneigennützig ihre ganze Zeit zur Verfügung stellten. In dieser Beziehung sind Frauen uneigennütziger als Männer."[3] Das hat er gut erkannt. Frauen sind nicht immer zuerst auf ihre Karriere bedacht, sondern sie tun die Arbeit, von der sie annehmen, daß sie ge-

---

3 T. Brugsch, Arzt seit fünf Jahrzehnten, S. 185.

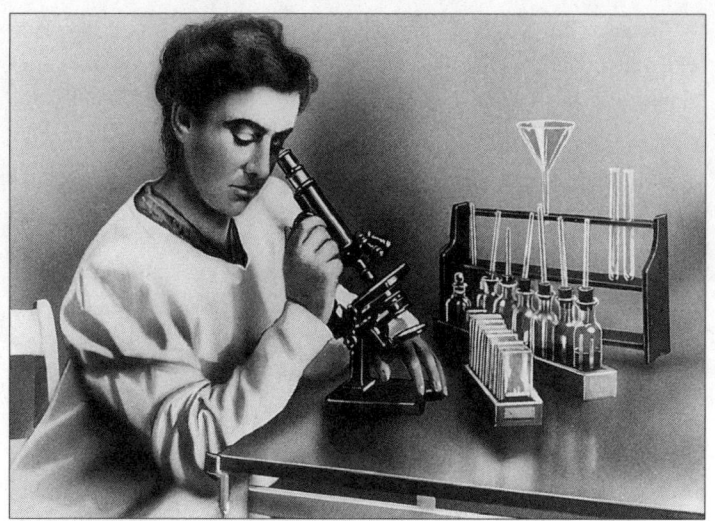

9 Die junge Forscherin Rahel Hirsch vor dem Mikroskop.

macht werden muß. Die meisten Frauen glauben ganz naiv, man müsse nur fleißig arbeiten, dann kämen irgendwann auch Erfolg und Anerkennung.

Ein Klinikchef, der eine Frau einstellt, bekommt damals wie heute eine Mitarbeiterin, die unermüdlich bis zur Selbstverleugnung ist, weil über ihrem Haupt immer das Damoklesschwert der „weiblichen Schwäche" steht. Mit völliger Unbekümmertheit gehen die männlichen Kollegen nach einem anstrengenden Nachtdienst „Briefe diktieren" auf ihr Dienstzimmer, legen sich ein Stündchen aufs Ohr und verschaffen sich so kleine Verschnaufpausen in dem verschleißenden Klinikalltag. Nie kämen sie auf die Idee, eine „männliche Schwäche" zu haben, nur weil es ihnen gelingt, schlau ein paar Stunden von der Station zu schleichen und zu schlafen. Eine Ärztin würde sich das nicht trauen, einfach aus Angst, damit einen Beweis für ihre geringe Belastbarkeit zu geben.

Da bleibt oft nur so ein Moment des Ausruhens, des Träumens am Fenster, wie dieser, aus dem Brugsch gerade seine Kollegin wieder in die Gegenwart geholt hat.

Theodor Brugsch und Rahel Hirsch beschäftigen sich mit den Auswirkungen von Hunger. Theodor Brugsch, der, bevor er 1905 als Assistenzarzt in die Charité eintrat, zwei Jahre in Altona gearbeitet hatte, untersuchte dort bereits den Stoffwechsel eines Hungerkünstlers[4]. Jetzt prüfen die beiden Kollegen, welche Stoffe im Blut bei Nahrungsentzug ansteigen. Sie arbeiten gut zusammen. „Gesamt-N und Aminosäurenausssscheidung im Hunger" erscheint 1906 in der „Zeitschrift für experimentelle Pathologie und Therapie". Nach diesem gemeinsam erarbeiteten Aufsatz wenden sie sich jedoch unterschiedlichen Themen zu. Wahrscheinlich geschieht das zufällig. Forschung ist damals nicht immer systematisch. Es ist auch nicht so wie heute, daß sich ein Nachwuchswissenschaftler so früh wie möglich auf ein Gebiet spezialisiert und dann möglichst sein ganzes Arbeitsleben lang dabei bleibt. Insbesondere Theodor Brugsch hat sein Leben lang nach dem „enzyklopädischen Ideal" in der Medizin gestrebt, er wollte zu so vielen Themen wie möglich etwas beitragen, sich nicht die Scheuklappen des Spezialistentums anlegen, sondern universell forschen. Das ist ihm auch gelungen.

Nach der Arbeit über den Hungerkünstler wendet er sich also anderen Themen zu. In der „Zeitschrift für Heilkunde" erscheint 1907 ein Aufsatz von ihm mit dem Titel „Zur Frage der Schwanzbildung beim Menschen", aber das ist mehr ein Kuriosum. Brugsch beschäftigt sich mit Fragen der Hämatologie, des Leberstoffwechsels, und später fasziniert ihn die Konstitutionslehre. Er arbeitet auf vielen Gebieten der Medizin und leistet Hervorragendes, schreibt mehrere Lehrbücher und gibt sie heraus – an denen auch immer mal wieder Rahel Hirsch als Autorin beteiligt wird – und macht eine steile Karriere. Mit nur 31 Jahren wird Theodor Brugsch Professor, einer der jüngsten in Deutschland zu jener Zeit. Und am Ende seiner Laufbahn ist er einer der bekanntesten Mediziner des Landes und über die Landesgrenzen hinaus.

Auch Rahel Hirsch beschäftigt sich nach der Untersuchung über den Hunger mit anderen Themen, geht andere Wege. Es gibt so viel zu entdecken, immer wieder ergeben sich überraschende Erkenntnisse,

---

4 Die Kunst des Hungerns wurde früher öffentlich, z.B. auf Jahrmärkten, ausgeübt. Menschen ließen sich dabei bestaunen, wie sie keine Nahrung zu sich nahmen, und hofften dafür auf einen Obolus.

dort, wo man sie gar nicht erwartet hat. Auch lohnt es sich, alte Veröffentlichungen noch mal zu lesen und zu überprüfen. So ist Rahel Hirsch bei dem Literaturstudium über den Hungerstoffwechsel zufällig auf eine Arbeit von dem Mediziner Gustav Herbst gestoßen, die ihre Aufmerksamkeit geweckt hat. Herbst hat über Stärkekörner im Organismus geschrieben. Stärke wird von Pflanzen gebildet und ist ein sehr verbreiteter Nahrungsbestandteil, sie findet sich unter anderem in Kartoffeln, Weizen und Reis. Die Stärkekörner als kleinste Einheit dieses Nahrungsmittels sind relativ groß. Was geschieht mit so großen Teilchen im Verdauungsapparat, können sie überhaupt als Ganzes in den Organismus gelangen? Weiß man darüber wirklich schon alles? Das fasziniert sie. Brugsch in seiner lockeren Art hat gleich gesagt: „Das interessiert doch keinen, da läßt sich kein Blumentopf mit gewinnen." Aber sie ist hartnäckig. Sie beschließt, sich näher mit diesem Thema zu beschäftigen, und arbeitet sich zunächst durch die Literatur – die allerdings spärlich ist – hindurch:

Die Geschichte beginnt mit einer uns eher sinnlos erscheinenden Brutalität, zumal wenn man bedenkt, daß sich bis heute so recht niemand um die Ergebnisse dieses Versuches kümmern will.

Am 31. Dezember 1843 – weiß der Himmel, warum gerade an Silvester – flößte der Göttinger Kliniker Gustav Herbst einer sechsjährigen Bauernhündin eine dickliche Brühe aus Stärkemehl und Wasser ein. Nachdem man das Tier getötet hatte, fand sich in den Lymphgefäßen in Brust und Halsbereich eine milchgraue Masse, die wie gut gekochter Kleister aussah – Stärkekörner waren in den Körper des Tieres übergetreten. Als man die milchige Masse aus dem Milchbrustgang[5] des Tieres mit Jodtinktur vermischte, bildete sich die für Stärke so charakteristische blaue Farbe. Unter dem Mikroskop konnte Herbst dann die Stärkekügelchen direkt sehen. Das, was zunächst wie eine typische Eingebung eines Altjahrsabends aussah, erbrachte den Beweis, daß die Stärkepartikel direkt in die Lymphbahn des Tieres übergegangen waren.

Das war deshalb etwas Bemerkenswertes, weil es der damaligen Auffassung völlig zuwiderlief, daß solche Teilchen als Ganzes in den Körper gelangen konnten. Deswegen klingt auch aus den anderen, spä-

5 In der Brusthöhle verlaufendes Lymphgefäß (Ductus thoracicus).

teren Forschungsberichten immer wieder vor allem Verwunderung. Als nächster schrieb ein Mediziner namens F. Oesterlen im Jahre 1846 „ueber den Eintritt von Kohle und andern unlöslichen Stoffen vom Darmcanal aus in die Blutmasse": „Es bedarf wohl vor Allem einer Entschuldigung, daß ich überhaupt an die Möglichkeit eines Übergangs fester, ungelöster Stoffe von der Intestinalschleimhaut (Darmschleimhaut) aus in die Blutmasse, ins Innere der Oeconomie denken und sogar Versuche darüber anstellen mochte. In der That sind die entgegenstehenden Ansichten so allgemein und gleichsam zum Axiom geworden, daß ich um Entschuldigung bitten muß, wenn ich hier Dinge zur Sprache bringe, die ohne einige Beschwerde mit den gangbaren Ansichten sich nicht vereinigen lassen." [6]

Er hat Kaninchen, Kätzchen und „junge Hahnen" mit Holzkohle gefüttert, denn über das „Nichtgelöstwerden von Holzkohle im Darmtractus" bestand seiner Meinung nach nun überhaupt kein Zweifel. Dennoch fand er anschließend Kohlepartikel im Inneren der Tiere. Die „blieben gesund, bis ich sie durch Erdrosseln tötete". Nun ja, das ist das Schicksal von Versuchstieren. Aber wie es sein konnte, daß sich die Kohlepartikel plötzlich als Ganze im Blut der Versuchstiere befanden, das blieb ihm ein Rätsel. „Ueber den Mechanismus dieses Übergehens steht mir bis jetzt kein Urteil zu..."

Ob die Kohleteilchen sich einfach zwischen den Zellen der Darmwand „hindurchgemogelt" haben oder ob sie durch zerrissene Oberflächen durchtreten konnten, blieb offen.

Wieder nur einige Jahre später, 1851, nahm ein weiterer Wissenschaftler einen ähnlichen Versuch vor. Auch er mußte, genau wie Oesterlen, zu seinem Erstaunen feststellen, daß „feste Stoffe unverändert in die Blutmasse durch Darm und Haut gelangen können". Wie das geschieht, so vermutete er, würde noch viele Forscher nach ihm beschäftigen.

Damit hatte er recht. Frans Cornelius Donders, ein holländischer Ophthalmologe (Augenarzt), der sich auch mit Sinnesphysiologie beschäftigte und von dem überliefert ist, daß ihm „das Lehren eine Lust,

6 Aus: Das Phänomen der Persorption – Historie und Fakten. Vorlesung Gerhard Volkheimer 11. November 1992.

nie eine Last" war, traktierte im selben Jahr Kaninchen und Frösche mit Quecksilberkügelchen, Pflanzenkohlepulver und Stärkemehl. Da weder Kaninchen noch Frösche so artig wie Hunde pappigen Stärkemehlbrei fressen, hatte man ihnen diese ungewöhnlichen Speisen mittels eines Magenschlauches beigebracht. Und siehe, wieder fand man alle Arten von Partikeln – also solide, feste, ungelöste und unverformte Teilchen – an allen möglichen Orten des Körpers – in unveränderter Form!

Zwei weitere Forscher Marfels und Moleschott, auch Holländer, kamen daraufhin 1854 zu dem Schluß: „In ganz ähnlicher Weise, wie die älteren Scheidekünstler den nunmehr widerlegten Satz behaupteten, daß nur gelöste Stoffe auf einander einwirken sollten, hat die Naturlehre des thierischen Körpers eine geraume Zeit geglaubt, daß Nahrungsstoffe aus dem Darmkanal, nur sofern sie in den Verdauungssäften gelöst sind, in das Innere der Milchsaft-[7] und Blutgefäße gelangen könnten. Wir müssen auch diesen Glauben als einen Irrwahn aus der Wissenschaft streichen."

Da haben wir den springenden Punkt: Man war damals davon *überzeugt,* daß nur gelöste Stoffe vom Darm aufgenommen werden könnten. Das heißt, man hatte von den Stärkekörnern erwartet, daß sie sich in ihre Moleküle auflösen und dann erst in den Körper gelangen. So ist es vielleicht auch zu erklären, daß diese Ergebnisse immer wieder in Vergessenheit geraten sind. Man hatte sie staunend zur Kenntnis genommen, sie nicht so recht geglaubt, und dann war wieder lange Zeit Schweigen in der Medizin.

Nun, sechzig Jahre nach Donders und fünfzig Jahre nach dem denkwürdigen Satz von Marfels und Moleschott, ist Rahel Hirsch auf dieses Problem gestoßen. Sie beschließt, diese Ergebnisse, die, wenn sie denn stimmen, erstaunlich sind, nachzuprüfen.

Die Experimente sind mühsam und aufwendig. Sie verbringt Tage und Wochen im Labor bei ihren Hunden und füttert sie mit Stärkebrei. Da die Versuchstiere glücklicherweise nicht unbedingt nach jedem Versuch getötet werden müssen, sondern eine einfache Blutabnahme reicht, um der Wissenschaft Genüge zu tun, lassen sich die Versuche auch auf Menschen ausdehnen. Opferbereite Kollegen und Studenten

7 Hier sind die Lymphbahnen gemeint.

nehmen – nachdem sie sich strikt einige Tage stärkefrei ernährt haben – die Stärke in Kaffee oder aber auch nur in kaltes Wasser gerührt zu sich. Und wieder finden sich ganze, unversehrte Stärkekörner dort, wo niemand sie vermutet: in der Blutbahn, in den Lymphgefäßen und dann sogar im Urin, ausgeschieden als ganze, unveränderte Partikel. Unter den Versuchspersonen ist übrigens auch wieder eine Hungerkünstlerin, offenbar war das damals eine häufiger ausgeübte Tätigkeit. Ob es so attraktiv war, zum Staunen der Bevölkerung öffentlich überwacht zu hungern, weil damit auf Jahrmärkten genug Geld zu verdienen war, oder ob es nur deshalb lohnend war, weil die Lebenshaltungskosten für die Zeit des Hungerns ja nur sehr gering waren, ist nicht überliefert. Die Hungerkünstlerin hungert fünfzehn Tage hindurch und „futtert" am sechzehnten Tag als erste Mahlzeit nach dieser Tortur einen Stärkebrei. Bei ihr finden sich noch mehr Stärkekörner an den falschen Orten als bei den anderen. Rahel Hirsch modifiziert nun die Bedingungen des Versuches, so wie man es immer macht, wenn man die Ursachen für ein Phänomen einkreisen will. Liegt es an dem Stoff, oder liegt es an der Person? So werden verschiedene Stärkearten verwendet und unterschiedliche Personen getestet. Kann es an der Tageszeit liegen, oder hat die Art der Verabreichung den entscheidenden Einfluß? Deswegen werden die kleisterigen Mahlzeiten zu unterschiedlichen Tageszeiten verabreicht, und es wird zu verschiedenen Zeitpunkten nach der „Mahlzeit" Blut abgenommen. Wie sehr sie die Versuchsbedingungen auch verändert, es finden sich immer wieder Stärkekörner in der Blutbahn und im Urin

Es muß also so sein, daß die Stärkekörner unaufgelöst durch die Darmschleimhaut zu dringen vermögen. So oft sie es auch nachprüft, erhält sie die gleichen Ergebnisse. Rahel Hirsch ist damit die erste, der der Nachweis gelingt, daß Teilchen wie Stärkekörner als Ganzes aufgenommen und durch die Nieren ausgeschieden werden können.

„Nur die immerwiederkehrende Erscheinung, welche unter Ausschließung jeder Verunreinigung die Versuche stets in der gleichen Weise zeigten, mußte das gewohnte physiologische Denken der nicht mehr anzuzweifelnden Thatsache gegenüber beugen." Sie weiß also wohl, welche Unbequemlichkeit im Denken ihre Entdeckung hervorrufen wird. Sie ahnt, auf welche Skepsis sie mit ihrer Entdeckung stoßen wird.

Deswegen ist sie in der Wiederholung der Experimente nicht nur unermüdlich, sondern auch peinlichst genau. Es wird in Räumen gearbeitet, in denen niemals auch nur ein Körnchen Stärke gelagert wurde. Sorgfältig und akribisch zu arbeiten hat sie ja schon bei ihrer Doktorarbeit gelernt.

Die Arbeit ist auch deswegen eine sehr aufwendige, weil es nicht immer leicht ist, die Stärkekörner in den Präparaten zu finden – hat man sie aber einmal gefunden, sind sie nicht zu verwechseln –, oft muß sie viele Präparate durchsuchen, um nur zwei oder drei der Stärkekörner zu entdecken, aber sie findet sie.

Wenn die Stärke unverändert in den Körper hineingelangen und ihn ebenso wieder verlassen kann, müßte bewiesen sein, daß es Partikeln, also Fremdkörpern mit einem wesentlich größeren Durchmesser, als man bisher annahm, gelingen kann, in den Körper einzudringen.

Erst, als sie sich ganz sicher ist, beschließt sie, diese ihre Ergebnisse zu veröffentlichen.

Ihre Arbeit „Über das Vorkommen von Stärkekörnern im Blut und im Urin" erscheint 1906 in der „Zeitschrift für experimentelle Pathologie und Therapie", löst aber nur zurückhaltendes Kopfschütteln aus.

So arbeitet sie noch einmal eine Reihe von Versuchen aus und stellt ihre Ergebnisse in einem Vortrag vor der Gesellschaft der Ärzte der Charité vor.

9
VON DER SCHWIERIGKEIT
DER ERKENNTNIS

Die Abende in den medizinischen Gesellschaften waren das Herzstück des wissenschaftlichen Lebens der damaligen Zeit. Hier wurden die aktuellen Forschungsergebnisse ausgetauscht und auch verbreitet. Die Gesellschaften mit ihren berühmten und geachteten Vorsitzenden hatten durchaus die Autorität einer Jury, die die medizinische Welt in Scharlatane und ernsthafte Wissenschaftler zu teilen vermochte. Die Berliner Ärztegesellschaften zumal waren tonangebend in der wissenschaftlichen Welt. Berühmt waren die Zusammenkünfte der „Berliner Medizinischen Gesellschaft" – BMG – unter dem Vorsitz Rudolf Virchows jeden Mittwoch. Später folgte Ernst von Bergmann als der geachtetste Mediziner seiner Zeit Virchow auf diesem Posten. Alle epochemachenden Entdeckungen der letzten Jahrzehnte wurden hier zuerst vorgestellt und diskutiert, wurden entweder von der Ärzteschaft angenommen oder abgelehnt.

Im September 1894 zum Beispiel ging es um die neue Diphtherie-Impfung Emil von Behrings. Mit großer Spannung warteten die versammelten Ärzte auf das, was der Vorsitzende, Rudolf Virchow, der große Papst der Medizin, sagen würde. Die Impfung war zu diesem Zeitpunkt umstritten. Es war keine leichte Entscheidung, ein bis dahin nur am Tier erprobtes Mittel nun am Menschen anzuwenden, nicht alle Berliner Krankenhäuser konnten sich dazu entschließen. Andererseits raffte die Diphtherie, die Halsbräune, wie sie damals meist noch genannt wurde, in jenen Jahren manchmal Tausende von Kindern dahin. Im Jahre 1892 sollen es allein fünfzigtausend Kinder gewesen sein, die an dieser tückischen Krankheit starben, während die Ärzte nichts anderes tun konnten, als mit Höllenstein zu pinseln und daneben zu sitzen oder in größter Not einen Luftröhrenschnitt zu versuchen, der aber längst nicht immer den tödlichen Ausgang abwenden konnte. Die ersten Erprobungen waren nicht ermutigend – das Serum war zu schwach. Erst unter Mitarbeit von Paul Ehrlich gelang es, ein zuverlässig starkes Serum herzustellen. Dennoch lehnten einige Kliniken es ab, das Serum zu verwenden. In anderen Kliniken wieder, von denen die Bevölkerung wußte, daß es dort eingesetzt wurde, drängten sich die Mütter, um ihre kranken Kinder aufnehmen zu lassen. Es hat Zwischenfälle gegeben. Professor Langerhans, der Bruder jenes Langerhans, der die insulinproduzierenden Zellinseln in der Bauchspeicheldrüse entdeckt hat, mußte zusehen, wie sein knapp zweijähriger Sohn starb, kurz nachdem er ihn eigenhändig gegen Diphtherie geimpft hatte. Wahrscheinlich starb der Junge an einem Schock auf das tierische Eiweiß, denn das Serum stammt ja aus dem Blut von Schafen und Ziegen – heute eine bekannte mögliche Impfkomplikation, die man inzwischen meist zu vermeiden versteht. Der unglückliche Vater beschuldigte die Behringsche Impfung, seinen kleinen Ernst auf dem Gewissen zu haben.

Was nun wird Virchow sagen? Weiß man doch auch, daß er Behring nicht übermäßig wohlgesonnen ist.

Nachdem einige Ärzte das Wort ergriffen und die Impfung kritisiert haben, steht Virchow auf, berichtet von den eigenen Erprobungen, nennt Zahlen: „523 Fälle wurden insgesamt behandelt, von diesen 303 mit Serum gespritzt..." Ein Vergleich der Kinder, denen das Serum gegeben wurde, zu denen, die ohne dieses Serum behandelt wurden, zeigt, daß die Sterblichkeit nach der Serumgabe von 47,8 auf 13,2 Prozent zurückging: „Angesichts der brutalen Macht dieser Zahlen", fährt Virchow mit leiser Stimme fort, „erachte ich es für die Pflicht eines jeden Arztes, das Mittel in Anwendung zu bringen, wenn es auch vielleicht das eine oder andere Mal eine schädliche Nebenwirkung gehabt haben mag..."[1]

Was mag in den Eltern, deren Kinder gestorben waren, vorgegangen sein, als sich herausstellte, daß das Behring-Serum ein wirksames Mittel gegen die Diphtherie darstellte? Ihre Kinder hatten es nicht bekommen. Um ein Mittel in der Wirksamkeit überprüfen zu können, muß immer eine Gruppe ohne das Mittel behandelt werden – es gibt immer einige in der Medizin, die sterben müssen, damit den anderen ruhmreich das Leben gerettet werden kann. Die Eltern damals werden kaum darüber nachgedacht haben, denn daß Kinder an Diphtherie starben, war zu

1 G. Jaeckel, Charité, S. 425.

jener Zeit das erwartete Schicksal, daß sie gerettet werden konnten, das Wunder. Man konnte von Ärzten keine Wunder einklagen. So ist in der Berliner Medizinischen Gesellschaft letztlich die Entscheidung darüber gefallen, daß von nun an alle Kinder, soweit sie erkrankt sind, mit dem Serum behandelt oder aber zur Vorbeugung geimpft werden sollen. – Seitdem hat die Diphtherie-Erkrankung in Ländern, in denen eine lückenlose Impfung der Kinder durchgeführt wird, ihren Schrecken verloren.

Natürlich gab es nicht jede Woche eine epochemachende Entdeckung über die gesprochen werden konnte, viele Vorträge dienten vor allem der Fortbildung und hatten Themen aus dem damaligen medizinischen Alltag zum Gegenstand. So stand an einem Abend die Auswirkung sportlicher Betätigung auf Mädchen auf der Tagesordnung. Es läßt sich denken, daß die Ärzte um die Jahrhundertwende noch die schrecklichsten gesundheitlichen Folgen fürchteten. Die Berliner Medizinische Gesellschaft war allerdings in diesem Punkt recht modern. Schon in den sechziger Jahren des 19. Jahrhunderts hielten die Berliner Ärzte positive Einflüsse von körperlicher Ertüchtigung für möglich. Es gab einen Vortrag über die Eichung von Fieberthermometern oder darüber, daß Milch von „perlsüchtigem Vieh" nicht für den menschlichen Gebrauch verwendet werden sollte, weil man beobachtet hatte, daß diese Milch die Tuberkulose übertragen konnte – denn das „perlsüchtige" Vieh war nichts anderes als tuberkulosekranke Kühe. Und wenn der Vortrag nicht so lange dauerte oder aber das Thema nicht so spannend war, daß es die Ärzte lange im Saal gehalten hätte, blieb um so mehr Zeit, sich dem geselligen Leben Berlins zuzuwenden. So wußte man in den umliegenden Restaurants und Varietés, schon bald: Mittwochs kommen die Ärzte.

Rahel Hirsch hatte nicht die Ehre, vor der Berliner Medizinischen Gesellschaft zu sprechen, die fing erst 1908 an zu überlegen, ob Frauen überhaupt Mitglied werden durften, und solange der alte bärbeißige von Bergmann, der 1907 starb, Vorsitzender war, hätte bestimmt keine Frau vorne am Rednerpult stehen dürfen. Sie hielt ihren Vortrag vor der Gesellschaft der Charité-Ärzte – aufregend genug, und vermutlich war es das erste Mal, daß eine Frau vor den Kollegen der Charité sprach.

Es ist etwas Besonderes im ärztlichen Berufsleben, die Ergebnisse der eigenen Forschung einem Forum von Kollegen vorzustellen, es ist

Höhepunkt und Feuerprobe. Neue Erkenntnisse gelten erst dann etwas in der wissenschaftlichen Welt, wenn sie veröffentlicht werden, und dazu gehört auch ein Vortrag auf einem Kongreß oder vor einer Fachgesellschaft. So hat Rahel Hirsch Herzklopfen, während sie an diesem Nachmittag des 7. November 1907 den Vorträgen ihrer Kollegen lauscht. Sieben Referate sind für diese Sitzung angemeldet. Ihres ist das vorletzte. Als ihr Kollege und Landsmann aus Frankfurt, Mohr, über einen Fall von Hämoglobinurie spricht, „…die interessante Tatsache, daß eine richtige Hämoglobinurie[2] durch Kochsalzdarreichung beseitigt wird...", kann sie schon kaum mehr zuhören. Endlich hat er seinen Vortrag beendet. Sie tritt vor, räuspert sich die Kehle frei und beginnt etwas zaghaft: „Dass Fett physiologischerweise zur Ausscheidung gelangt, wenn man den Organismus damit überschüttet, ist eine Tatsache..." Sehr schnell aber gewinnt ihre Stimme die gewohnte kühle Sicherheit... „Was nun die corpuskulären Elemente anbetrifft, so habe ich konstatiert, dass, wenn man den Organismus damit überschwemmt, unveränderte Stärkekörner mit dem Harne ausgeschieden werden. Diese Beobachtung, die ich vor ca. 1½ Jahren in der Zeitschrift für experimentelle Pathologie und Therapie mitgeteilt habe, erfreut sich bis jetzt zwar keiner Bestätigung, dafür um so grösserer allgemeiner Skepsis." Um diese Skepsis abzubauen, hat sie Präparate, die das Vorhandensein von Stärkekörnern im Urin beweisen, aufgestellt. Es ist zwar – wie sie wieder betont – mühsam und dauert oft lange, bis man ein Stärkekorn im Blut gefunden hat – im Urin ist das etwas einfacher –, aber wenn man einmal eines aufgespürt hat, gibt es gar kein Vertun. Denn Stärkekörner sehen unter dem Mikroskop ganz typisch aus. Mit Jod blau gefärbt, sind sie wunderschön anzusehen. Unterm Polarisationsmikroskop zeigen sich Stärketeilchen charakteristisch als dunkle Kreuze, die aussehen wie Malteserkreuze, jedes Kind würde sie jederzeit wiedererkennen. Und so schließt Rahel Hirsch mit den Worten: „Das Erkennen dürfte hier weit weniger schwierig sein als das Bekennen."

Es ist zunächst still im Raum, als sie geendet hat. Dann geht ein unwilliges Raunen durch den Raum, ach, eigentlich ist es noch weniger als ein Raunen, es ist die ablehnende Stimmung, die greifbar zu spüren ist.

2 Das ist das Auftreten von rotem Blutfarbstoff im Urin.

Rahel Hirsch hat eine Handbewegung zu den Fensterbänken mit den sorgfältig hergestellten Präparaten gemacht, in denen die Malteserkreuze sofort zu sehen wären, wenn man mit dem Mikroskop die richtige Betrachtungsebene einstellen würde, aber ihre stumme Aufforderung, sich doch die Ergebnisse ihrer Arbeit wenigstens anzusehen, wird zu einer Geste der Resignation. Sie spürt, sie ist mit ihrem Vortrag durchgefallen. Sie konnte die Kollegen nicht überzeugen. Allerdings vor allem deshalb, weil sie sich nicht überzeugen lassen wollten.

Es fällt Menschen allgemein, aber Wissenschaftlern noch viel mehr, äußerst schwer, Dinge anzuerkennen, die ihrer Überzeugung zuwiderlaufen. Mit *neuen* Erkenntnissen ist es etwas anderes. Jeder Mediziner ist darauf aus, etwas Neues zu entdecken. Neue Erkenntnisse sind ja sozusagen der Sinn der Wissenschaft überhaupt. Forscher und Wissenschaftler sind daher jederzeit darauf gefaßt, auf etwas Neues zu stoßen. Etwas aber, was alten, bereits erfaßt geglaubten Zusammenhängen widerspricht, ist so unangenehm wie der Angelhaken für den Fisch – wer würde schon freiwillig auf einen Widerhaken beißen?

Das mag damit zusammenhängen, daß es ja gar nicht so leicht ist, immer alles zu verstehen. So ein Satz, daß nur gelöste Stoffe aufgenommen werden können, klingt ganz glatt und locker, aber bis man – ein Forscher oder auch nur ein einfacher Student der Medizin – dahin gekommen ist, diese Tatsache als gegeben und selbstverständlich zu betrachten, sie in seinem Kopf so geläufig zu gebrauchen wie die feststehende Folge der Wochentage, bis dahin braucht es ja oft lange Stunden des geistigen Schwitzens, des Verzweifelns an den eigenen Verstandesgaben und des Ringens mit physiologischen Zusammenhängen, mit Zellvorgängen, Zellmembran, Ionengleichgewichten und so weiter. Wenn nun der Forscher – anfänglich ist er ja noch der Student – dies endlich in seinem Kopf an festen Plätzen eingeordnet hat, von denen er sie stets bei Bedarf sicher und routiniert abrufen kann, um sich dann dem zuzuwenden, was er anstrebt, nämlich dem Neuen, dem Unerforschten – dann ist es natürlich äußerst unbequem für das Gehirn, so einen Baustein wieder verwerfen zu müssen. Unter Umständen bricht das ganze Gefüge in dieser Stube des Gehirns zusammen. Wenn der eine Baustein nicht mehr stimmt, ja dann kann man die, die auf ihn aufbauen ja auch nicht mehr gebrauchen, oder?

Daher haben es Menschen, die etwas entdecken, das Altbekanntes in Frage stellt, oft so schwer, sich damit durchzusetzen – die Kollegen, die das ablehnen, sind eigentlich gar nicht bösen Willens – es ist wahrscheinlich nur so, daß ihre Gehirne „Gewohnheitstiere" sind, sie können nur schwer von der Bahn abweichen.

An diesem Novembernachmittag, an dem das matte Winterlicht durch die hohen gotischen Scheiben des Charité-Saales dämmert, bricht nun eine Stimme das betretene Schweigen: „Der ist wohl die Puderquaste in den Nachttopf gefallen." Gelächter, das lange nicht abebbt. Die Herren sind heiter. So wird es gewesen sein. Wenn eine Frau schon mal forscht. Wie sollen denn die Stärkepartikel in den Urin kommen, das geht doch gar nicht.

Auch wenn die Kollegin Hirsch bisher nie durch damenhafte Allüren aufgefallen ist, meint der Zwischenrufer sie ohne weiteres von der Wissenschaftlerin zur putzsüchtigen Frau degradieren zu dürfen.

Was ihr geschieht, ist an sich nichts Ungewöhnliches, die Diskussionen in den ärztlichen Gesellschaften sind nicht selten von ätzender Schärfe und beißender Ironie durchsetzt. Es gibt viele Kollegen, die zu rhetorischer Hochform auflaufen, wenn sie die Genugtuung wittern, einem Kollegen einen Irrtum nachweisen zu können. Und nicht selten haben die Ärzte sich mit ihrem Urteil – Ablehnung sowohl wie Zustimmung – böse blamiert.

So haben sie das Tuberkulin, das angebliche Heilmittel gegen die Tuberkulose, von Robert Koch entwickelt, enthusiastisch gefeiert. Robert Koch selbst war etwas zögerlich gewesen, über das Tuberkulin überhaupt zu sprechen. Er war damit über Meerschweinchenversuche noch nicht hinausgekommen. Aber er ließ sich dann doch überreden, auf einem Kongreß in Berlin seine ersten, vielversprechenden Versuche zu erwähnen. Das nahmen die Kollegen begeistert auf, feierten noch am selben Abend den Sieg über die Tuberkulose und verbreiteten hochgestimmt, daß man Tuberkeln nun bald nur noch im Museum betrachten könne. [3] Wenn der große Robert Koch, der Entdecker des Tuberkelbazillus, etwas anfaßte, mußte es ein Erfolg sein. Man wollte sich so gerne an einer medizinischen Sensation berauschen. Die Zeitungen griffen

3 Nach G. Jaeckel, Charité, S. 406.

die Meldung auf – wie Presse so ist: mehr das Spektakuläre heraus-
streichend als vorsichtig abwägend –, und nun brach in Berlin die Hölle
los. Aus aller Welt strömten Tuberkulosekranke in die Stadt, um sich mit
diesem Tuberkulin, der „Kochschen Lymphe", behandeln zu lassen.
Theodor Brugsch beschreibt in seinen Erinnerungen, wie beeindruckt er
als zehnjähriger Junge war, als in der Nähe der elterlichen Wohnung ein
großes neues Haus gebaut und dann bis oben hin mit Tuberkulosekran-
ken belegt wurde. Auch andernorts in Berlin schossen Privatsanatorien
aus dem Boden, die bald keine Betten mehr frei hatten, so viele Patienten kamen nach Berlin. Selbst in den Hotels war kein Zimmer mehr zu
bekommen. Aber es stellte sich dann heraus, daß die meisten der Patienten ihr Domizil im Leichenwagen wieder verlassen mußten statt im
Zug oder Auto, so wie sie gekommen waren. Das Tuberkulin erwies
sich als ein Versager – es kam bei vielen Patienten zu kurzfristiger Bes-
serung, aber dann brach die Tuberkulose eines Tages doch wieder auf,
und die Patienten starben. Dieser Reinfall war sicher ein Grund, warum
die Berliner Ärzteschaft anschließend so skeptisch gegen Behrings
Diphtherie-Serum war.

Aber auch sonst haben manche Wissenschaftler, deren Namen später in die Medizingeschichte eingegangen sind, eine Abfuhr erlitten.

Da gab es zum Beispiel einen Mann namens Richard Schaudinn, Re-
gierungsrat und von Haus aus Zoologe, der sich mit der Erforschung der
Protozoen, der einzelligen Lebewesen, einen Namen gemacht hatte. Auf
einer Sitzung der BMG im Jahre 1905 machte er sich daran, den skeptisch lauschenden Ärzten den von ihm gefundenen Erreger der Syphilis
vorzustellen. Nach diesem Übeltäter hatten zu der Zeit schon viele ver-
geblich gefahndet. Was heute leicht erscheint und jedem Studenten der
Medizin möglich ist, nämlich die Erreger der verschiedensten Erkrankungen unter dem Mikroskop zu finden, war damals nicht so einfach. Denn
wenn man nicht weiß, wie das, was man sucht, aussieht, ist es schwer zu
erkennen. Wie zum Beispiel sollte es einem gelingen, auf einer blühen-
den Waldwiese Löwenzahn zu finden, wenn man überhaupt keine
Ahnung hat, wie dieser aussieht, außer vielleicht, daß er gelb blüht. Man
war zwar nun so weit fortgeschritten, daß man die Welt der Bakterien als
Verursacher von Krankheiten ausfindig gemacht und sie unters Mikroskop gezwungen hatte. Aber wie sollte man in dieser unendlichen Viel-

falt die Erreger der einzelnen Krankheiten identifizieren? Ganz besonders intensiv suchte man nach dem Bazillus, der die Syphilis verursachte, denn die Krankenhäuser der damaligen Zeit waren voll von Bedau-
ernswerten, die genossene – meist kurze – Freuden mit den gräßlichen
Spätstadien dieser unheilbaren Krankheit büßten. Schon oft hatte ein
Forscher geglaubt, das Bakterium entdeckt zu haben – aber jedesmal
war es ein Fehlschlag gewesen.

Ein Problem bei der Erregersuche ist es, sie sichtbar zu machen. Wer
einmal ein ungefärbtes, natürliches Präparat unter dem Mikroskop be-
trachtet hat, weiß, daß es so schwer ist, darin überhaupt etwas zu erkennen, wie wenn man ins Meer guckt, um Fische oder Quallen darin zu
entdecken. Sie sind oft so wenig von ihrer Umgebung zu unterscheiden, nur ein zufällig einfallender Sonnenstrahl hilft manchmal, etwas zu
erkennen. Paul Ehrlich war auf die Idee gekommen, die Präparate, bevor man sie unters Mikroskop legt, anzufärben und damit die Struktu-
ren kontrastreicher und besser sichtbar zu machen. Natürlich hieß das
nicht, daß eine einzige Art von Färbung für alle Bakterien gleich gut
geeignet war. Schaudinn war es nun gelungen, mit einer besonderen
Vergrößerung und mit spezieller Färbung ein eigenartiges Bakterium
darzustellen: eine schraubenförmige Bazille, eine Spirochäte. Sie war,
seiner Meinung nach, verantwortlich für die so gefürchtete Lustseuche.
Die wollte er nun der Berliner Medizinischen Gesellschaft vorführen.
Auch er hatte sorgfältig hergestellte Präparate mitgebracht, auf denen
dieses merkwürdig geformte, ziemlich blasse Ding zu erkennen war.
Die Kollegen waren nicht beeindruckt. Dann stand ein Arzt namens
Thesing auf und sagte unter dem höhnischen Beifall der Kollegen: das
sei überhaupt keine Bakterie, das sei einfach ein Artefakt, der beim Fär-
ben entstanden sei. Also nichts weiter als ein verirrter Klacks Farbe.
Schaudinn wurde damals ausgelacht, so wie Rahel Hirsch an diesem
7. November 1907. Der Vorsitzende der Gesellschaft, Ernst von Bergmann, beendete – so ist es in den Sitzungsprotokollen festgehalten und
auch literarisch beschrieben – den Tumult mit den Worten: „Damit ist
die Diskussion geschlossen, bis der hundertste Erreger der Syphilis unsere Aufmerksamkeit in Anspruch nimmt."[4] Auch hier beißende Ironie

4 G. Jaeckel, Charité, S. 455 ff.

97

und übermütiger, begeisterter Beifall für die scheinbar brillante Abfertigung eines Wissenschaftlers.

Schaudinn, auch das ist mehrfach beschrieben, hat es sich nicht verdrießen lassen, er blieb gelassen, weil er wußte, daß er recht hatte. Tatsächlich, der Nachweis, daß dieses komische schraubenförmige Gebilde allein die Syphilis verursachte, konnte kurze Zeit später zweifelsfrei geführt werden. Viele Ärzte mußten sich anschließend demütig unterm Mikroskop die schraubenförmigen Bazillen ansehen und lernen, daß diese bläßlichen, unscheinbaren Dinger eine der gefürchtetsten Krankheiten hervorzurufen imstande waren. Schaudinn starb kurze Zeit später. Sein Name jedoch ist untrennbar mit dieser Spirochäte verbunden geblieben.

Trotz solcher Erfahrungen ist man sich zwei Jahre später in der Gesellschaft der Berliner Charité-Ärzte wieder ganz sicher, die Kollegin auslachen zu dürfen.

Gegen die Heiterkeit ist nicht anzukommen. Diskutiert wird nicht. Der letzte Redner dieses Abends, Herr Hölker, will auch noch drankommen. „Dass bei der Länge des Programms die Zeit für mich heute sehr kurz werden würde, habe ich mir vorher denken können, dass sie aber so knapp werden würde, habe ich nicht geahnt." So muß er seinen Vortrag über eine Gehirnpunktion noch mehr raffen. Referentenschicksal.

Dann geht man auseinander. Man sagt ein paar freundliche Worte zu der Kollegin, tröstet sie über ihren Mißerfolg hinweg, denn eigentlich schätzt man diese Kollegin doch sehr.

Am nächsten Morgen läßt ihr Chef sie zu sich kommen. Geheimrat Friedrich Kraus ist ein angenehmer Chef. Einer seiner Mitarbeiter, Janos Plesch, zeichnet in seinen Erinnerungen ein Bild von ihm: „Zum ersten Mal sah ich ihn im Tor der alten Charité stehen, mit seinem Schlapphut, mit einem heiteren Lachen, das seine kleinen Augen zu einem Schlitz verengte. Eine breite, echt böhmische Nase und ein langer Spitzbart gaben ihm das Aussehen eines jener typisierten Gnome, die man aus Ton in kitschigen Kleingärten zu sehen bekommt... er hatte auch nicht das geringste Großtuerische eines Professors..."[5] Ein Mann, dem, wie Plesch außerdem schreibt, die Bonhomie ins Gesicht geschrieben stand und

5 J. Plesch, Ich Janos, S. 58 ff.

10 *Obwohl Rahel Hirsch vor der Gesellschaft der Charité-Ärzte ausge-*
   lacht wurde, arbeitete sie unermüdlich weiter.

der niemals versuchte, seine Assistenten in den Dienst seiner eigenen professoralen Ideen zu zwingen. Es hieß von ihm, er nähme nur solche Assistenten, die entweder auf ihrem Gebiet mehr wußten als er oder die eigene Ideen entwickelten. Wenn er Rahel Hirsch als Assistentin genommen hat, so kann als sicher gelten, daß es wegen ihrer Fähigkeiten war. Eine weibliche Assistentin aus purer Herablassung zu nehmen wäre ihm ebenso fremd gewesen wie platte Diskriminierung von Frauen. „Ich lerne mehr von meinen Assistenten, als sie von mir lernen", überliefert Plesch weiter.[6]

„Fräulein Hirsch", empfängt er sie, charmant wie immer, bietet ihr Platz an. „Nehmen Sie's nicht zu schwer. Sie wissen, wie die Kollegen sind", sagt er mit seinem gefälligen österreichischen Akzent. Wider Willen muß er schmunzeln bei dem Gedanken an die Bemerkung über die Puderquaste im Nachttopf. Dabei müßte er wissen, daß seine Assistentin Hirsch weder ihre Puderquaste – wenn sie denn eine haben sollte – in den Nachttopf fallen ließe, noch schlampig arbeiten würde. Er weiß, daß sie eine exakte Forscherin und eine brillante Denkerin ist, er möchte nicht, daß sie entmutigt wird, und er sagt ihr, wie sehr er ihre Mitarbeit schätzt: „...aber, Fräulein Hirsch, einen Rat gebe ich Ihnen: Wenn Sie Ihre akademische Laufbahn nicht völlig gefährden wollen: reden Sie nie wieder über Stärkekörner im Urin." Und das hat sie auch nie wieder getan.

Trotzdem haben noch viele Hunde Brei aus Stärkemehl fressen müssen.

6 Ebenda.

10
WARUM HUNDE NOCH MEHR STÄRKE
FRESSEN MÜSSEN

Es sind andere, die doch noch einmal von der Stärke reden. Ein paar Jahre später – am politischen Himmel gibt es schon vereinzelt Wetterleuchten, das auf die Katastrophe des Weltkriegs hindeutet, aber der Kontakt unter den Wissenschaftlern Europas funktioniert unabhängig von Politik, Grenzen und Nationenzugehörigkeit – ist der Physiologe Franz Tangl aus Budapest, Leiter des Instituts für allgemeine Pathologie und Physiologie, in Berlin zu Gast. Er besucht einen befreundeten Kollegen namens Zinn, der bei dem denkwürdigen Vortrag Rahel Hirschs dabei war. Man kommt auf Stärkekörner zu sprechen, und Zinn erzählt von den unwahrscheinlichen Ergebnissen der Kollegin – natürlich gibt er auch die Anekdote mit dem Puderquast zum besten, und sie lachen noch einmal darüber. Aber eigentlich, fügt der Kollege Zinn dann hinzu, sei die Kollegin Hirsch doch immer äußerst genau in ihren Versuchen, er könne sich nicht vorstellten, daß sie schlampig gearbeitet habe. Tangl fährt nachdenklich nach Budapest zurück. Das Thema interessiert ihn irgendwie. Er beauftragt einen seiner Assistenten, Friedrich Verzàr, damals schon ein bedeutender Physiologe, die Sache doch noch einmal nachzuprüfen. Verzàr paßt das gar nicht, er hat sich zwar schon mit der Darmschleimhaut und Fragen der Resorption befaßt, aber im Moment ist er mit ganz anderen Dingen beschäftigt. Er beforscht das Gebiet der Vitamine und der inneren Sekretion, und er bereitet eine Reise nach London vor. Aber wenn der Chef etwas anordnet, muß man das tun. Also macht er sich daran, die Versuche zu wiederholen. Verzàr ist äußerst mißtrauisch: „Ich muß bekennen, daß ich mich durchaus voreingenommen, und zwar von der größten Skepsis durchdrungen, an diese Frage machte. Ja, ich gestehe es, daß ich vollkommen von der Unmöglichkeit dieser Behauptung überzeugt war"[1], schreibt er eingangs seiner Arbeit. Er glaubt, daß sich die Ergebnisse, zu denen Rahel

---

1 Biochemische Zeitschr. 34 (1911), S. 86.

Hirsch gekommen ist, nur durch Verunreinigung erklären lassen. Auch er ist davon überzeugt, daß nur gelöste Stoffe den Durchtritt durch die Darmwand schaffen. Er überprüft nun jeden Schritt der Versuchsanordnung sorgfältigst auf Sauberkeit. Peinlich genau achtet er darauf, daß die feinstäubende Stärke nicht in die Präparate gelangen kann.

Nun, zu diesem Punkt hatte Rahel Hirsch sich bereits geäußert: „Um bei einem Ausgangsmateriale, wie es das leicht stäubende Stärkemehl repräsentiert, von dem Gedanken erfaßt zu werden, dass hier eine Verunreinigung einen physiologischen Vorgang vortäuschen könnte, dazu bedarf es wohl nicht erst eines erleuchtenden Momentes", hat sie den Kollegen damals in der Charité gesagt – aber das hat man geflissentlich überhört.

Verzàr findet, so sehr er auch zweifelt, die Ergebnisse Rahel Hirschs bestätigt. Stärkekörner werden unverändert aufgenommen und erscheinen anschließend im Urin. Sie hat also recht gehabt.

Das merkwürdige ist ja, daß man sie nicht nur ausgelacht hat, sondern, daß man dem von ihr entdeckten Phänomen überhaupt keine Beachtung geschenkt hat und bis heute nicht so recht schenkt. Wahrscheinlich, so äußert sich Verzàr, seien die Versuche wegen der großen Unglaubwürdigkeit nicht überprüft worden. Und so geraten auch seine Ergebnisse in Vergessenheit.

Es dauert über vierzig Jahre, fast alle der damals Beteiligten sind inzwischen gestorben, bis sich wieder jemand der Frage annimmt, was mit Stärkekörnern im Organismus geschieht. Etwa im Jahre 1956 stellt der Direktor der 1. Medizinischen Klinik der Charité in der Hauptvorlesung „Innere Medizin" eine nierenkranke Patientin vor und erzählt so nebenbei, über welche Ausscheidungsmöglichkeiten die Niere verfügt. Er erwähnt auch, daß vor fünfzig Jahren an der 2. Medizinischen Klinik der Charité die Ausscheidung von Stärkekörnern beobachtet worden ist. Der Assistent und Stationsarzt Gerhard Volkheimer, der mit im Hörsaal sitzt, da es seine Patientin ist, die da vorgestellt wird, horcht auf: Auch ihm erscheint, wie so vielen vorher, die Ausscheidung von so großen Partikeln durch die Niere unglaubhaft und unmöglich. Das, was sein Chef da erzählt hat, läßt ihm keine Ruhe, aber erst drei Jahre später – sein Chef ist inzwischen in Pension gegangen – ruft er ihn zu Hause an und fragt, wo man darüber Literatur finde. Die Antwort des Chefs:

„Herr Volkheimer, gehen Sie in die Bibliothek neben dem Hörsaal, machen Sie die Türe zu und gehen Sie drei Schritte nach rechts. Sie sind doch etwa so groß wie ich: greifen Sie ganz nach oben, dort ist die ‚Zeitschrift für experimentelle Pathologie und Therapie'. Im Band 3 finden Sie in der Weihnachtsnummer von 1906 auf Seite 390 eine ganz kurze Arbeit meiner alten Freundin Rahel Hirsch. Da steht alles drin."[2]
Volkheimers Chef war kein anderer als der ehemalige Kollege von Rahel Hirsch, Theodor Brugsch.

Brugsch war seinerzeit im Jahre 1927, als auch Friedrich Kraus die Charité verließ, einem Ruf nach Halle gefolgt. Als die Nazis an die Macht kamen, wurde er aus der Universität verdrängt, weil er den Machthabern ein unliebsamer Zeitgenosse war. Schon in den zwanziger Jahren war er unangenehm aufgefallen, nicht nur war sein „Bedarf an Krieg... rein persönlich durchaus gedeckt"[3], er hatte diese Einstellung auch noch geäußert. Unter anderem hatte er sich bemüht, den als Pazifisten und Deserteur geschmähten Physiologen Friedrich Nicolai – von dem noch zu reden sein wird – nach dem Weltkrieg vor randalierenden Studenten in Schutz zu nehmen. Das trug ihm die üble Bemerkung, er sei „jüdisch versippt", und die Feindschaft der Nationalsozialisten ein. Nachdem er die Universität Halle verlassen hatte, ging er zurück nach Berlin, hatte dort eine private Praxis, ohne damit sehr glücklich zu sein. Nach dem Zweiten Weltkrieg waren es die Sowjets, die dafür sorgten, daß die Universitäten schnell wieder ihre Arbeit aufnehmen konnten, während die Amerikaner in diesem Punkt noch zögerten. Die Sowjets boten Theodor Brugsch an, wieder an die Charité zu kommen, und so wurde er Chef der 1. Medizinischen Klinik. Er gab Gerhard Volkheimer den Anstoß, das Problem großer Partikel im Organismus zu untersuchen, der dabei Rahel Hirschs Arbeiten kennenlernte und sie aus der Vergessenheit holte.

Gerhard Volkheimer untersucht das Phänomen gründlich und auf breiter Basis. Es geht ja nicht eigentlich um die Stärkekörner, sondern um Partikel einer bestimmten Größenordnung, die sozusagen als „Fremdkörper" in den Organismus gelangen. Entweder eindringen oder

2 Persönliches Gespräch mit Volkheimer.

3 T. Brugsch, Arzt seit fünf Jahrzehnten, S. 222.

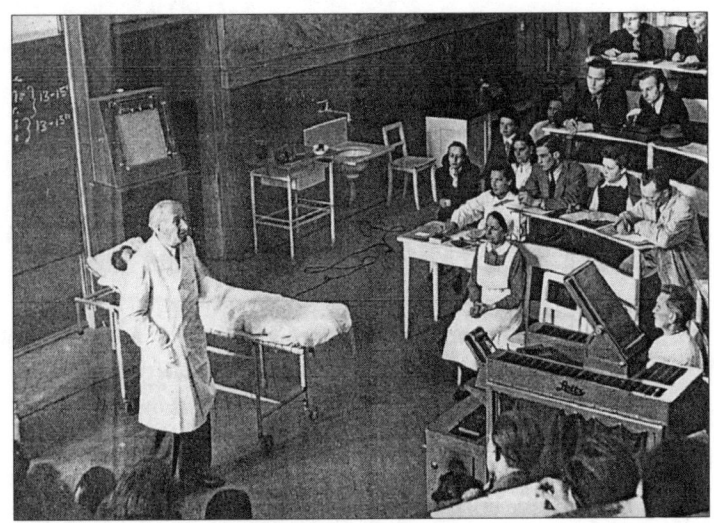

11 Theodor Brugsch bei einer Vorlesung. Hier hörte Gerhard Volkheimer erstmals etwas von dem Vorkommen von Stärkekörnern im Urin.

hineingelassen werden. Volkheimer untersucht alle möglichen Arten von Teilchen. Schon in der Arbeit von Oesterlen war ja die Rede von verfütterter Kohle gewesen. Er nimmt Holzschliff, Pollen, Sporen, Pflanzenzellen, Kieselalgen, gefärbte Zellulosepartikel, zermörserte Krebs- und Hummerschalen, Fisch- und Knochenmehl, PVC-Partikel, Eisenpulver und Parasiteneier[4], kurz alles, was sich irgendwie zermahlen und dann verspeisen läßt oder aber im Darm vorkommen kann, wie z.B. Parasiteneier, immer aber feste, solide Partikel, deren Größe etwa zwischen fünf und hundertfünfzig Mikrometer liegt.[5]

Er nennt das Phänomen „Persorption", da es sich von dem Vorgang, der normalerweise im Darm stattfindet und den man Resorption oder Absorption nennt, deutlich unterscheidet. Er forscht nach, auf welchen

4 Vgl. Literatur Volkheimers zu diesem Forschungsgebiet (u. a. Persorption), Lit. bei der Autorin.

5 1 Mikrometer = 1/1000 Millimeter.

Wegen diese Teilchen im Organismus transportiert werden. Wie sie aus dem Darm abtransportiert werden – nämlich sowohl über die Lymphgefäße als auch – vornehmlich die kleineren Partikel – über die Pfortader – und wie sie den Körper wieder verlassen – nämlich über die Niere. Er sorgt dafür, daß das Phänomen der Ausscheidung über die Niere als „Hirsch-Effekt" in den medizinischen Sprachgebrauch Eingang findet. Nach seiner – allerdings ziemlich groben – Schätzung gelangt ungefähr eines von 50.000 Teilchen auf diese Weise in den Körper. Aber welche Folgen hat das für den Organismus – von denen wir vielleicht noch gar nichts ahnen? Volkheimer habilitiert sich mit seinen Beobachtungen. Es ist nun gar nicht mehr bestreitbar, daß es sich um Tatsachen handelt, aber in gewisser Weise geht es ihm ähnlich wie Rahel Hirsch: Niemand nimmt so recht Notiz von seiner Arbeit. Da sie in keinem unmittelbaren, erkennbaren Zusammenhang mit einer der großen Krankheiten wie Krebs oder Herzinfarkt stehen, da sie nicht nahtlos zur Heilung irgendwelcher vorher unheilbar geglaubter Erkrankungen führen, stoßen die Ergebnisse auf keine größere Resonanz.

Das Phänomen scheint eine Merkwürdigkeit darzustellen, deren Bedeutung einfach noch nicht abzuschätzen ist.

Dennoch arbeitet Volkheimer weiter an diesem Thema, widmet einen großen Teil seiner Lebensarbeit der „Persorption", und er forscht nach dem Leben Rahel Hirschs. Persorption ist abhängig von der Menge der angebotenen Teilchen, aber auch von der Darm-Motorik, d.h. von der Intensität der Darmarbeit. Stoffe, die die Tätigkeit des Darms anregen, z.B. Coffein, führen zu einer erhöhten Persorptionsrate. Diese ist außerdem unterschiedlich zu verschiedenen Tageszeiten, ebenfalls abhängig von körperlichen Zuständen, zum Beispiel von der Menses, und sie kommt nur dort im Darm vor, wo der Verdauungstrakt mit einer einschichtigen Zellwand ausgekleidet ist, das ist vom Mageneingang bis zum After der Fall. Volkheimer kann sogar mikroskopisch nachweisen, wie solche Einzelpartikel zwischen den Zellen hindurch die Schleimhaut passieren. Die Teilchen werden sowohl auf dem Lymphweg als auch mit dem Blutstrom abtransportiert, wonach sie im großen Blutkreislauf zirkulieren. Sogar in der Rückenmarksflüssigkeit kann man solche Nahrungspartikel finden. Auch ihr Übergang durch den Mutterkuchen in die Leibesfrucht konnte nachgewiesen werden.

Was kann das für Konsequenzen haben, daß sozusagen „Fremdkörper" in den Organismus eindringen? Können wir von innen verstauben? Natürlich, von Viren oder Bakterien wußten wir schon früher, daß sie in den Körper einfallen, das löst ja gerade die Erkrankung aus. Aber daß größere Teile – die ja schon im sichtbaren Bereich liegen – als Ganzes in den Körper gelangen, durch die Schleimhaut hindurch in die Blutbahn dringen, das könnte Folgen haben, die wir heute vielleicht noch gar nicht als solche erkennen können.

Anscheinend verträgt der Körper solche Teilchen. Nicht nur Stärke-, sondern auch Kalk- oder sonstige Mehle und Kohle. Oder verträgt er sie gar nicht? Liegt hier ein Schlüssel zum Verständnis von Immunvorgängen, Abwehr und Allergien? In Volkheimers Versuchen wurden ja zum Beispiel auch Pollen durch die Darmwand geschleust – wird hier eines Tages die Antwort auf die Frage zu finden sein, warum wir auf Nahrungsmittel allergisch werden?

Auch könnte es sein, daß diese Teilchen sich unter Umständen in den kleinsten Gefäßen des Körpers, den sogenannten Haargefäßen, ansammeln und sie dadurch verstopfen. Durchblutungsschäden könnten eine mögliche Folge sein.

In einem Versuch gelang es Volkheimer sogar, gefriergetrocknete Muskelzellen vom Pferd – sogenannte lyophilisierte Muskelzellen – in den Körper einzuschleusen. Wird dieses Phänomen uns vielleicht eines Tages den Weg weisen, wie Krankheitskeime, die in Tierzellen eingeschlossen sind, auf andere Tiere oder sogar auf den Menschen übertragen werden können? Wie eine Tierseuche, wie BSE zum Beispiel, ihren Weg über die Nahrung in den Menschen findet?

Das sind heute noch reine Spekulationen. Sicher aber ist, daß der Darm im Immunsystem eine weitaus größere Rolle spielt, als man bisher angenommen hat. Und möglich ist es, daß das Phänomen, das Rahel Hirsch beobachtet hat, noch einmal als Geburtsstunde einer neuen Theorie über Krankheitsgeschehen erkannt werden wird.

Gerhard Volkheimer ist es, der dafür gesorgt hat, daß Rahel Hirsch und ihr Anteil an der Geschichte aus dem Vergessen hervorgeholt und ins rechte Licht gerückt wurden. Er setzte es durch, daß der „Hirsch-Effekt" in den Pschyrembel – eine Art Bibel für Mediziner – aufgenommen wurde, und er hat als erster versucht, nach so vielen Jahren, den

Lebensspuren von Rahel Hirsch nachzugehen. Fasziniert von der Persönlichkeit dieser Forscherin, die so mutig nur ihrem eigenen Urteil geglaubt hat.

Auf seine Anregung hin entstand 1965 an der Charité eine Dissertation mit dem Titel: „Medizinhistorische Betrachtungen zum Hirsch-Effekt" von Adelheid Winkelmann, und ihm gelang es, daß Rahel Hirsch in Jerusalem in die Galerie berühmter jüdischer Ärzte aufgenommen wurde. Auch dort, wie an so vielen Orten, kannte man zwar Samson Raphael Hirsch, den berühmten Rabbi, aber daß er eine so herausragende Enkeltochter gehabt hatte, das war – wie so oft – untergegangen.

Die Bedeutung der Entdeckung, ist also immer noch unklar. Ebensowenig weiß man bis heute, ob dieser „Persorption" genannte Vorgang für den Menschen Vor- oder Nachteile bringt – oder ob er bedeutungslos ist. Das zeigte sich auch an den Reaktionen einer Firma, die Frühstücksflocken herstellte: Volkheimer hatte für einen Teil seiner Versuche das Körner-Frühstück einer bekannten Firma verwendet. Dort wollte man sofort gerichtlich gegen ihn vorgehen, ihm die Veröffentlichung seiner Ergebnisse untersagen, weil man die Tatsachen zunächst als negativ empfand – sollte das heißen, daß ihr Frühstück vielleicht unverdaulich war? Dann überlegte man sich die Sache. Ließen sich die Forschungsergebnisse nicht vielleicht auch so deuten, daß die Nährstoffe genau dieser bestimmten Frühstücksflocken besonders gut vom Körper aufgenommen wurden? Ließe sich vielleicht gar Reklame damit machen, daß das Frühstück genau dieser Firma die „Persorption" völlig unversehrter Vitamine garantiere?

Man sieht schon: Es sind noch viele Fragen über das Phänomen der „Persorption" offen geblieben. Es werden wahrscheinlich noch viele Hunde Stärkebrei fressen müssen. Vielleicht schmeckt er ihnen ja sogar.

11
WARUM MÄDCHEN NICHT
AUF BÄUME KLETTERN

Es ist nicht so, daß Rahel Hirsch ihre Laufbahn hätte aufgeben müssen oder wollen, nur weil niemand ihren Erkenntnissen über Stärke Glauben schenkte. Sie ist auch nach dem Desaster in der Charité aktiv und kreativ und betätigt sich neben ihrer Arbeit in der Klinik wissenschaftlich. Ihr liegt das Schreiben. Im Gegensatz zu ihrem Chef, Friedrich Kraus, der die Überfülle seiner Gedanken nicht immer verständlich niederschreiben kann, versteht sie es, Dinge klar und prägnant darzustellen. Sie veröffentlicht eine Reihe von Arbeiten, in den Charité-Annalen sind regelmäßig Beiträge von ihr verzeichnet. Sie hält Vorträge auf Kongressen, und sie arbeitet auch an der „Speziellen Pathologie und Therapie innerer Krankheiten" mit, die von Brugsch und Kraus herausgegeben wird.

In den Jahren 1913 und 1914 erscheinen zwei kleine Bände von ihr: „Körperkultur der Frau" und „Unfall und innere Medizin". Der eine Band ist nach Vorträgen entstanden, die sie auf dem ersten Sportkongreß in Oberhof im September 1912 und über die Frau im Sport im Rathaussaal zu Charlottenburg im Januar 1913 gehalten hat, der andere ist eine Zusammenfassung ihrer Arbeit als Gutachterin an der Klinik.

Über den Vorteil körperlicher Ertüchtigung von Mädchen kann sie eine ganze Menge sagen. Sie hatte schon im Frankfurter Elternhaus kennengelernt, wie angenehm und befreiend das ungehinderte Toben und Spielen sein kann. Durfte sie doch als Kind – ebenso wie ihre Schwestern – selbstverständlich mitmachen, wenn mittags die Jungs aus der Schule zum Essen kamen und vom langen Stillsitzen und Lernen kribbelig und unruhig waren und allerlei wilde Spiele anfingen.

Wie gut kann sie sich noch daran erinnern, wie ihr Vater sie einmal beiseite genommen hat. Das war, nachdem Nachbarn sich kopfschüttelnd und mißbilligend geäußert hatten, weil die kleine Rahel, damals sechs Jahre alt, an den Mainwiesen versucht hatte, auf eine der kurzen Kopfweiden zu klettern. Mendel Hirsch hatte sie ermahnt. Halbherzig nur, geschimpft hat er auf keinen Fall, denn es widerstrebte ihm stets, mit Kindern zu strenge zu sein, und wenn es um seine Töchter ging, war er noch nachsichtiger. Die würden schon alles richtig machen im Leben, und die kleine zielstrebige Rahel vor allem. Aber wenn Nachbarn sich verwundert oder gar ärgerlich geäußert hatten, ja wenn sogar Spaziergänger am Mainufer stehengeblieben waren und sich empört gezeigt hatten ob des Schauspiels, wie ein kleines Mädchen ungeachtet des Schadens, den Schuhe und Strümpfe nehmen konnten, die rissige Borke der Weiden hinaufkletterte, da mußte er vielleicht etwas sagen. Man will ja nicht auffallen und kein Ärgernis erregen, wer weiß was daraus werden kann.

„Und warum sollen Mädchen nicht toben und nach einem Ball treten und Jungs doch?" fragte Rahel, nachdem er ihr davon abgeraten hatte, fürderhin noch weiter auf Bäume zu klettern, weil sich das nicht schicke.

„Hmm, nun ja, Mädchen sollen sich gesittet und anständig betragen."

„Was ist gesittet?"

„Eben ordentlich – und ruhig. Mädchen müssen besonders artig sein, nicht wild – na, sie sollen sich eben nicht wie die Jungs betragen."

„Warum?"

„Tja, das ist eine schwere Frage, vielleicht weil man sie dann besser unterscheiden kann."

„Aber mittags, wenn die Jungs zum Essen kommen, dann toben wir mit ihnen herum und spielen mit dem Ball und üben übern Zaun springen."

„Sooo? Und das erlaubt die Mutter?"

„Wir fragen sie nicht."

„Das ist klug."

Denn natürlich durften die Mädchen von Mendel Hirsch gegen kein elterliches Gebot verstoßen, aber wo kein Gebot erlassen wurde, gab es auch keinen Verstoß.

Sie hatte von diesem Tage an begriffen, daß es viele Dinge gab, die sich für Mädchen und Frauen nicht schickten, die sie aber trotzdem tun konnte, wenn sie nicht um Erlaubnis fragte.

Sie hatte also als Kind ziemlich unbekümmert mit den Knaben zusammen herumgetobt, Laufen und Springen geübt. Und ihre Eltern hatten es auch nicht unterbunden, wenn die Kinder Sport treiben wollten, egal ob Radfahren, Schwimmen oder Gymnastik. Die positive Wirkung blieb nicht aus. Bleichsucht und Ohnmachtsanfälle, die andere Mädchen durchs Leben begleiteten, sind ihr fremd geblieben.

Junge Mädchen jener Zeit fristeten ihr Leben oft als blutleere Schattenpflanzen, denen die Freude körperlicher Anstrengung, allein auf Grund der ihnen zugewiesenen Rolle, zeitlebens fremd blieb. Infolgedessen waren sie keiner Anstrengung fähig und fielen bei der geringsten Aufregung in Ohnmacht. Es liegt auf der Hand, daß viele darauf verfielen, diese Schwäche zu kultivieren, war das romantische Dahinsiechen an einer Krankheit doch das einzige Abenteuer, das sich für junge Mädchen schickte.

Rahel Hirsch dagegen hat eine vorzügliche Konstitution, die ihr in ihrem Beruf sehr zugute kommt, wird Ärzten doch höchster körperlicher Einsatz abverlangt. Der Dienst geht stets so lange, bis alle Kranken versorgt sind, und so weit haben auch die Kräfte zu reichen. Das war zu keiner Zeit anders.

Aber nicht nur als Ärztin, sondern in *jedem* Beruf, schreibt Rahel Hirsch, käme der Befreiung der Frau von ihrer körperlichen Schwäche eine fundamentale Bedeutung bei. Und nicht zuletzt Mütter, so Rahel Hirsch weiter, könnten ihre Aufgabe besser erfüllen, wenn sie seelisch und körperlich gefestigter seien. „Das Wohl der Familie hängt von der psychischen und physischen Konstitution der Mütter ab!" appelliert sie an die zuhörenden Frauen ebenso wie an die Männer. „Gesunde Mütter sind aber die Grundlage für einen gesunden Staat." Hier spiegelt sich die obrigkeitsgläubige, positive Haltung gegenüber dem Staat der konservativen und national gesinnten Kreise wieder, aus denen Rahel Hirsch kam und denen sie wahrscheinlich auch zeitlebens verbunden blieb. Allerdings ist es vor einer wilhelminischen Öffentlichkeit auch naheliegend, die Zuhörer dadurch zu gewinnen, daß man seine Sorge um die „Volksgesundheit" – die ja damals noch keinen nationalsozialistischen Beigeschmack hat – kundtut. Sie legt Zahlen aus den verschiedenen Berliner Stadtteilen vor, nach denen ein großer Teil der Schulanfängerinnen bereits Haltungsschäden aufweist und ein erheblicher Teil als nicht schulreif eingestuft werden muß.

Der Circulus vitiosus beginnt in jener Zeit meist dann, wenn jungen Mädchen wegen eines Schwächeanfalles ärztlicherseits auch noch äußerste Schonung anempfohlen wird. Das war damals die Regel. Die Ergebnisse dieser Therapie waren katastrophal. Wenn Mädchen sich nicht erproben dürfen, ihre Muskeln überhaupt nicht gebrauchen sollen, ist es schließlich kein Wunder, wenn sie kränklich und bleichsüchtig werden und das ihr ganzes Leben lang bleiben. Zusammenhänge, die uns selbstverständlich sind, damals aber durch die Scheuklappen der Rollenerwartung der Erkenntnis verborgen blieben.

Solchen schwächlichen Mädchen würde Rahel Hirsch einen vernünftigen Sport verschreiben, wie Radfahren, Reiten, Tennisspielen. Das sei, sagt sie, „für junge Mädchen ebenso gesund wie für junge Männer", und es sei nur bedauerlich, daß vielen Mädchen diese Sportarten verschlossen blieben. „Die physische und psychische Schwäche der Frau ist nicht ihr physiologischer, d. h. der ihrer Natur gemäße Normalzustand", konstatiert sie nüchtern, „sondern sie ist vielmehr das Resultat schlechter Erziehung!"

Ein schwächlicher Körper sei außerdem nicht mit dem Schönheitsideal zu vereinbaren. Schlaffe Muskeln beeinträchtigen die Haltung. Grazie sei, so führt sie aus, einfach die zweckmäßige Benutzung der Muskelgruppen. Die Ebenmäßigkeit klassischer Gestalten sei Ergebnis der körperlichen Ertüchtigung, denn nur die Unterfütterung des Fettgewebes mit Muskulatur führe zu jenen Gliedmaßen, die unseren Anspruch an Schönheit erfüllen. Diese These belegt sie mit Abbildungen antiker Figuren in ihrer Abhandlung. Die Verehrung des klassischen Altertums, der Griechen und der humanistischen Gedankenwelt war damals die Grundlage der Bildung und entsprach den Idealen, denen sich die Ärzte um Friedrich Kraus verbunden fühlten. Manche Menschen, sagt sie, seien zur Grazie geboren, aber das sei so selten wie ein Genie. Dem Rest bliebe nur eines: Sie müßten üben. Rahel Hirsch lobt Gymnastik als Mittel, den Körper dem klassischen Schönheitsideal nachzubilden, ebenso wie das Geräteturnen, das sie nicht aus den Mädchenschulen verschwinden sehen möchte. Ihr besonderer Enthusiasmus aber gilt dem Tanz. Natürlich meint sie damit nicht den profanen Gesellschaftstanz, sondern den Ausdruckstanz. Zu jener Zeit löst die amerikanische Tänzerin Isadora Duncan mit ihren Tanzdarbietungen Stürme der Begeisterung beim europäischen Publikum aus. Aber auch Ablehnung. Der ungehemmte Tanz auf der Bühne, die Darstellung der

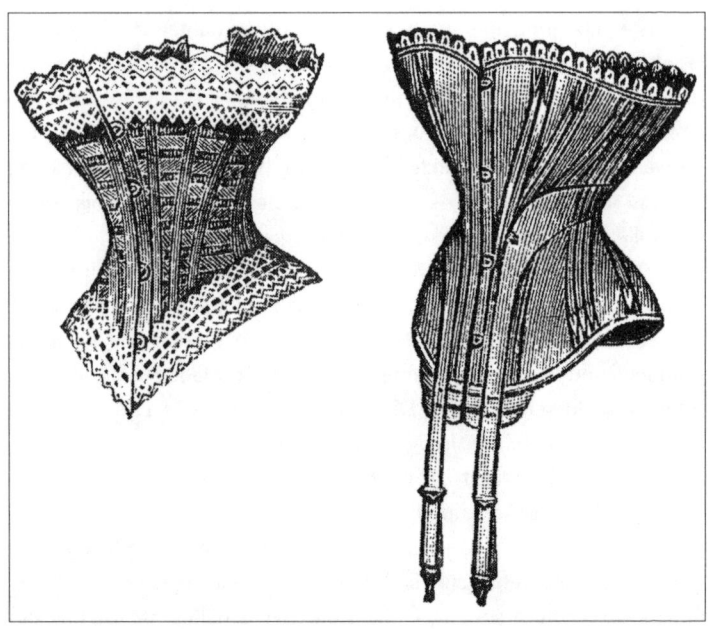

12 Die Korsette, wie sie noch Anfang des 20. Jahrhunderts getragen
wurden, schnürten den Körper ein.

Freude am eigenen Körper verletzt das Moralempfinden der wilhelminischen Bevölkerung. Rahel Hirsch würdigt Isadora Duncan als Künstle-
rin, die zeige, daß Tanz mehr sein könne als bloßes Gesellschaftsspiel.
Für sie ist rhythmische Bewegung zur Musik etwas Ästhetisches und
eine der besten Möglichkeiten, den Körper zu formen und zu fördern.
Und was der Gesundheit so zuträglich sei, sei sicher keine moralische
Gefährdung. Isadora Duncan hat übrigens später noch einen hohen Tri-
but an die Ästhetik gezahlt, als sich nämlich 1924 ihr um den Hals ge-
schlungener Schal, der bei einer Fahrt im offenen Kabrio elegant im
Winde hätte flattern sollen, in den Speichen eines Rades verfing und sie
erwürgte.

Es ist nicht anders zu erwarten, daß Rahel Hirsch auch über das Korsett spottet.

„Anfangs wollt ich fast verzagen,
Und ich glaubt' ich trüg es nie;
Und ich hab es doch getragen,
Aber fragt mich nur nicht wie."

zitiert sie einen Vierzeiler, den Heinrich Heine angeblich über seine neuen Schuhe geschrieben haben soll, den er aber ohne weiteres auch auf das Korsett gedichtet haben könnte – wenn er jemals eines hätte tragen müssen. Zusammenfassend bezeichnet sie das Tragen eines Korsetts schlicht als Mißhandlung des eigenen Körpers.

Da ist sie Mitstreiterin anderer Ärztinnen ihrer Zeit. Zum Beispiel erscheint um die Jahrhundertwende der Bestseller „Die Frau als Hausärztin" von Anna Fischer-Dückelmann, die für Lebensreform und Naturkost eintritt. Dazu gehört auch die weiche, fallende Kleidung, zu jener Zeit aufregend skandalös, aber ohne Zweifel bequem.

Rahel Hirsch kann aber ihren Vortrag nicht beenden, ohne auch auf die bange, unausgesprochene Frage ihrer Zuhörerinnen einzugehen, nämlich: „Birgt der Wille zur Selbständigkeit eine Glücksgefahr für die Frau? Ist durch das Erwachen der Frau zu einem Eigendasein das Glück des Mannes bedroht?" Denn das ist es natürlich, was Frauen und auch Männer argwöhnen.

„Nie und nimmer!" gibt sie die Antwort. Der Zugewinn der Frau an Vitalität könne doch nur ebenfalls ein Gewinn für den Mann sein. Die geistig und körperlich ertüchtigte Frau sei doch erst die angemessene Gefährtin für den Mann. Warum sollen Frauen nur immer schwach, hilfsbedürftig und dumm sein und bleiben? Das kann doch nicht der Inhalt der sogenannten Weiblichkeit sein? Sie kann nicht glauben, daß ein Mann wirklich Interesse an einer untüchtigen, unselbständigen Frau hat:

„Was es im Kampf ums Dasein bedeutet, an eine Frau gebunden zu sein, deren einzige Waffe Tränen sind, weiß der Mann am besten selber."

Damit hat sie ihre Position im Feminismus klar umrissen. Sie wirbt um den Mann als Bundesgenossen im Kampf um Freiheit. Sie postuliert, daß die Frau durch bessere Ausbildung, sei es die körperliche, sei es die geistige, niemals ihre Weiblichkeit verlöre: „Nie und nimmer wird die körperliche und geistige Erstarkung der Frau dazu führen, daß das ‚Ewig-Weibliche' erlischt." Rahel Hirsch bezweifelt also nicht die besondere – vom Mann unterschiedene – Wesensart der Frau, aber: „Das Zarte und

Milde findet im starken, eigenen Ich erst den richtigen Klang, die gute Resonanz." Sie bestreitet nicht die Unterschiedlichkeit der Geschlechter, und sie bestreitet nicht das Vorhandensein besonderer Eigenschaften der Frau. Mutterschaft ist und bleibt für sie eine Aufgabe der Frau, aber nicht die einzige, es muß auch Frauen geben, die andere Aufgaben erfüllen können und sollen, ohne deswegen weniger weiblich zu sein. Die Möglichkeit, daß manche Männer dumme, unterlegene Frauen vorziehen, weil es ihnen gefällt, sich klug und überlegen zu fühlen, und es ihnen ihre Privilegien sichert, wird von Rahel Hirsch – ebenso wie von anderen Vertreterinnen der Frauenbewegung – einfach nicht gesehen.

Sie sieht nur die „philosophische" Seite der „Frauenfrage", getreu ihrer Herkunft, ihres Umfeldes, aber auch im Einklang mit wohl der Mehrzahl der Feministinnen. Rahel Hirsch, die sich nicht der offiziellen Frauenbewegung angeschlossen hat, aber ganz zweifelsohne für die Rechte der Frau eintritt, gehört zu jenen Frauen, die Männer *überzeugen* wollen. Für sie ist es schlichter Mangel an Denkvermögen, wenn Männer wie Ernst von Bergmann es ablehnen, Frauen zu ihren Vorlesungen zuzulassen. (Er soll sich übrigens angeblich darauf berufen haben, daß er nach dem Wortlaut noch des alten Königs Friedrich Wilhelm in seinem Anstellungspatent nur verpflichtet wurde „zur Erziehung der männlichen Jugend".) Als gälte es lediglich, den Irrglauben zu beseitigen, die Frau habe auf Grund ihrer Weiblichkeit verminderte Fähigkeiten. Daß es um manchmal ganz profane Interessen geht, kommt ihr nicht in den Sinn.

Wie viele ihrer Zeitgenossinnen mag sie nicht glauben oder sehen, daß es schlicht um Macht geht, die Männer nicht abgeben wollen. Kaum eine der Frauen jener Zeit wagt das zu sagen, ja wagt es überhaupt einmal wahrzunehmen. Außer vielleicht Hedwig Dohm, Frauenrechtlerin und Großmutter Katja Manns. „Ich hoffe, beweisen zu können", schreibt diese bereits 1874 in einem ihrer Aufsätze, „daß zwei Grundprinzipien bei der Arbeitsteilung zwischen Mann und Frau klar und scharf hervortreten: die *geistige* Arbeit und die *einträgliche* für die Männer, die *mechanische* und die *schlecht bezahlte* Arbeit für die Frauen."[1] Weiter schreibt sie: „Der maßgebende Gesichtspunkt für die Thei-

---

1 H. Dohm, Die Arbeitsteilung zwischen Mann und Frau, aus: Frauenarbeit und Beruf, hrsg. von Gisela Brinker-Gabler, S. 124.

13 Reformkleidung, wie von Rahel Hirsch gefordert, um 1903.

lung der Arbeit ist nicht das Recht der Frau, sondern der Vortheil der Männer... und daß der Kampf gegen die Berufsarbeit der Frau beginnt, wo ihr Tagelohn aufhört nach Groschen zu zählen."[2] Damit entlarvt sie die vielen Argumente von der Gefährdung der Frau durch „unweibliche Arbeit" früh als das, was sie sind: Scheinargumente zur Wahrung guter Pfründe. Diese Haltung Hedwig Dohms ist eine offene Kriegserklärung. Rahel Hirsch würde sie nicht teilen. Sie setzt auf Überzeugung – durch Argumente und mehr noch: durch Leistung. Sie möchte den Kampf mit den Männern gemeinsam führen – jedenfalls mit den klügeren von ihnen.

Erfährt sie doch Männer als väterliche Freunde, kameradschaftliche Helfer und als wohlwollende Kollegen. Deren Herablassung sie zwar stört, die sie aber lediglich für mangelnde Reife hält. Lebt sie doch an der Berliner Charité in einer Gesellschaft, in der der gedankliche Austausch blüht. Ihr Chef, Friedrich Kraus, der die Philosophie ebenso liebt wie die Medizin und dem es außerordentlich wichtig ist, mit seinen Assistenten im Gespräch zu bleiben, hat ihr schließlich die Chance gegeben, sich allein durch ihre Leistung zu bewähren. Daß dieser gewiß gute Wille nicht ausreicht, aus einer schiefen Ebene eine gerade zu machen, können die Beteiligten nicht sehen, und Rahel Hirsch würde es auch nicht so sehen wollen, nicht ihren verehrten Lehrer kritisieren oder gar angreifen wollen. Hat er sie doch schließlich nach Kräften gefördert. So ist es auch mit den Gutachten, zu denen er sie hinzuzieht und die er später immer öfter ihr überträgt.

Die meiste Zeit hat Rahel Hirsch als Volontärärztin ohne Gehalt gearbeitet, wie übrigens viele andere Ärzte auch, die oft darauf hofften, auf diese Weise eine freie reguläre Stelle zu bekommen, und bis dahin meist nur existieren konnten, wenn sie aus wohlhabenden Familien kamen. Es ist zu vermuten, daß auch Rahel Hirsch ab und an finanzielle Unterstützung von ihrer Familie bekam. Als sie dann ein Gehalt bezieht, eine Remuneration, wie es heißt, so ist dieses erbarmungswürdig gering, 1350 Mark – im Jahr (zum Vergleich, ihr Vater, Mendel Hirsch, bekam gegen Ende des 19. Jahrhunderts schon eine Pension von fast

2 Ebenda.

Der Minister
der geistlichen, Unterrichts- und Medizinal-
Angelegenheiten.

—

U I. Nr. 6647.

Berlin W. 64. den 5. Januar 1907.

Auf den Bericht vom 28. November v. Js. - G. 3163 -
genehmige ich, daß für die Zeit vom 1. Dezember v. Js.
bis einschließlich 31. März d. Js., während welcher der
Assistenzarzt Dr. M o h r vertretungsweise mit der Leitung der Medizinischen Poliklinik in Halle betraut ist,
die von dem Genannten in seiner hiesigen Stellung bezoge-
ne Jahresremuneration von 1350 M zur Entschädigung der
außeretatsmäßigen Assistentin Fräulein Dr. H i r s c h
an der zweiten Medizinischen Klinik der Charité verwendet
wird.

Im Auftrage.

An
die Königliche Charité-Direktion

h i e r .

----

14 Eine Entlohnung, wie sie Rahel Hirsch erst 1907 erhielt, war für Ärzte
dieser Zeit nichts Selbstverständliches.

7000 Mark jährlich, neben freier Dienstwohnung). Es sind meist lange Jahre unter schwierigen finanziellen Verhältnissen, die die hoffnungsvollen Jungärzte auf sich nehmen. Nur die Aussicht darauf, einmal als Dozent die Studiengebühren zu bekommen oder nebenher eine Privatpraxis betreiben zu dürfen, bietet einen Anreiz, diese Zeit durchzustehen. Den Militärärzten übrigens war das Ausüben einer Privatpraxis obendrein verwehrt, so daß sie allein auf ihren kärglichen Sold von vielleicht hundert Mark im Monat angewiesen waren – dafür hatten sie den Rang und die schönen Uniformen. Für männliche Ärzte war es fast nicht möglich zu heiraten und eine Familie zu gründen bzw. diese dann auch zu erhalten. Nur wer aus vermögenden Verhältnissen kam, konnte sich das überhaupt leisten. Von der kärglichen Remuneration mußten die Charité-Assistenten dann auch noch ihr Zimmer in der Charité bezahlen, und die Verpflegung war auch nicht so reichhaltig, daß sie über den geringen Verdienst hinweggetröstet hätte. Die Klagen der Assistenten spiegeln sich in einem Schreiben der Verwaltung wider, in dem es darum geht, daß die Charité-Ärzte gegenüber anderen Kliniken schlechtergestellt waren. Gab es doch an der Charité weder erstes noch zweites Frühstück, wie die Ärzte im königlichen Klinikum in der Ziegelstraße es genossen. Die bekamen auch „täglich mehr eine Flasche Bier und sonntags eine halbe Flasche Wein". Ob Ärztinnen damals auch ihre tägliche Flasche Bier bekommen haben, wenn sie am königlichen Klinikum arbeiteten? Jedenfalls wollte die Krankenhausverwaltung trotz der angestrengten Finanzlage nun dafür Sorge tragen, daß die Charité-Assistenten zumindest ein zweites Frühstück bekämen. In der Zentralküche sollten Schrippen geschmiert werden, die dann auf den Stationen verteilt würden. Getränke, heißt es kurz, entfielen. Aber es bleibt zu hoffen, daß auch damals schon die eine oder andere gutherzige Stationsschwester eine Tasse Kaffee oder Tee mehr für den Herrn Stationsarzt mitgekocht haben mag – wenngleich die Erfahrung von Ärztinnen, seit sie an Krankenhäusern Dienst tun, dahin geht, daß die Herren von den Schwestern stets ein kleines bißchen mehr verwöhnt werden als die Damen. Setzen Frauen doch wie selbstverständlich voraus, daß Frauen sich selber zu bekochen haben. So wird Rahel Hirsch meist ins Labor gegangen sein, dort ist immer ein Bunsenbrenner in Betrieb, da kann man auch schnell ein heißes Getränk drauf zubereiten.

Eine der wenigen Verdienstmöglichkeiten ergaben sich durch Gutachten. Die wurden für die damalige Zeit ganz gut bezahlt und waren ein willkommenes Zubrot. Friedrich Kraus hatte eine umfangreiche gutachterliche Tätigkeit, sowohl für Versicherungen wie auch für Gerichte. Er zieht Rahel Hirsch immer öfter hinzu, überträgt ihr viele der Gutachten und macht später mit ihr gemeinsam Obergutachten. So ist sie nach einigen Jahren eine sehr versierte Gutachterin. In dem Band „Unfall und innere Medizin" legt sie ihre gesammelten Erfahrungen nieder.

Friedrich Kraus schreibt ein kurzes Vorwort, in dem er für die Qualifikation von Rahel Hirsch eintritt: „...Rahel Hirsch hat viele Jahre mit mir gemeinsam Gutachten und Obergutachten verfaßt... sie hat sich dabei nicht bloß große Erfahrung auf dem Gebiete der Unfallheilkunde erworben, sondern auch die Literatur des Gegenstandes genau kennen und beurteilen gelernt."

In „Unfall und innere Medizin" entwickelt Rahel Hirsch eine bemerkenswerte Sicht des Krankheitsgeschehens. Schon die Wahl der Themen, die im Titel zusammengestellt sind, läßt Ungewöhnliches erwarten. Während der Unfall dem Chirurgen gehört, ist für die inneren Erkrankungen der Internist zuständig, das sind zwei Disziplinen, die sich heimlich immer noch streiten, welcher von beiden denn nun die Königswürde zuzuerkennen ist. Rahel Hirsch vertritt in dieser Abhandlung den Standpunkt, daß äußere und innere Prozesse in einem Zusammenhang stehen, daß letzten Endes das somatische Krankheitsgeschehen von mehr abhängig ist als nur von äußeren Ursachen, kurz, daß Leib und Seele sich gegenseitig beeinflussen. Auf das Unfallgeschehen bezogen sagt sie: „Daß innere Krankheiten traumatisch entstehen können, hat man immer schon gewußt..." Sie zitiert den Volksmund, der davon redet, daß die „Galle überläuft" und das „Herz... vor Schreck stillsteht". Unter dieser Prämisse macht sie sich daran, nachzuweisen, daß Unfälle und spätere innere Erkrankungen einen Zusammenhang haben. Für gutachterliche Tätigkeit ein geradezu delikater Blickwinkel, von dem man heute abgerückt ist. Könnte es für Versicherungen, Rententräger und Arbeitgeber doch bedeuten, für nahezu alle Krankheiten eines Arbeiters verantwortlich gemacht werden zu können. Rahel Hirsch fehlt die sonst bei Gutachtern allgegenwärtige, verbissene Gewißheit, daß die Haupttriebfeder eines Antrags das Begehren nach Rente oder Entschädigung ist.

In einem von ihr begutachteten Fall kritisiert sie, daß der Vorgutachter den Zusammenhang zwischen einem Trauma und einer späteren Krankheit völlig leugnete: „Bei einem Nicht-Versicherten würde in einem solchen Falle sicherlich kein Arzt den Zusammenhang beider Erkrankungen bezweifeln. Wenn man in einem solchen Falle auf ein ,zufälliges' Geschehen hinweist, dann könnte man bei jeder Erkrankung nach einem Trauma den ,Zufall' gelten lassen. Wir müßten dann überhaupt darauf verzichten, irgendeine innere Krankheit als traumatisch entstanden zu beurteilen. Der Beweis läßt sich niemals dafür erbringen, daß ohne den Unfall die Krankheit nicht entstanden wäre." Ein bemerkenswerter Standpunkt.

Jedoch ist sie für das menschliche Streben nach dem Rentenanspruch, der der Mühsal des Erwerbslebens ein Ende bereiten würde, nicht blind: „Zu leugnen ist es allerdings nicht, daß die Unfallneurosen bei Nichtversicherten viel seltener vorkommen."

Sie will auch gelten lassen - und führt das im folgenden anhand vieler Fälle aus -, daß ein Unfall einen Betroffenen in einen Zustand gebracht haben kann, der der Ausbreitung einer Erkrankung Vorschub geleistet hat. So geht sie sogar soweit, einen Zusammenhang zwischen Unfällen und Krebs herzustellen. Heute wissen wir – oder meinen zu wissen –, daß in dem sehr häufig vorkommenden Fall eines Brustkrebses bei Frauen nach einem Stoß gegen die Brust kein ursächlicher Zusammenhang besteht, sondern die Verletzung meist nur der Anlaß für eine genauere und häufigere Untersuchung der Brust gewesen ist, die dann zur Entdeckung eines Knotens führte. Rahel Hirsch setzt sich mit solchen Fällen auseinander und will einen Zusammenhang hier nicht ausschließen – aber genau wissen wir auch heute noch nicht, wie sich denn ein Trauma auf eine Erkrankung auswirkt, die vielleicht im Keim schon vorher vorhanden gewesen sein mag. Rahel Hirsch geht hier, wie in allen Zweifelsfällen, in ihrer Begutachtung zugunsten des Patienten aus: Wenn der Unfall nicht gewesen wäre, wäre er möglicherweise gesund geblieben, und sie nimmt den Arbeitgeber oder auch die Versicherung in die Pflicht. Eine Sichtweise, die an sich logisch ist und nur aus pekuniären Gründen weniger gepflegt wird. Rahel Hirsch bezieht einen klaren Standpunkt: „Wir haben uns als Sachverständige in unserem Urteile einem Unfallverletzten mit Rentenansprüchen gegenüber geradeso zu verhalten, wie gegen einen Nichtversicherten..." Dahinter verbirgt sich die Verpflichtung denen gegenüber, die im Sozialgefüge die Schwächeren sind. Gutachter dürfen sich nicht von der Sorge um die Kosten, die ihre Beurteilung nach sich ziehen kann, beeinflussen lassen. Sicher ist sie nicht unkritisch, was die Ansprüchen der Versicherten betrifft, und es ist ihr bewußt, daß es Ereignisse gibt, die schicksalhaft eintreten können, unabhängig davon, ob der Betreffende sich gerade bei der Arbeit befindet oder nicht: „Schwierig ist oft die Entscheidung, wenn bei einer schweren Berufstätigkeit ein Arbeiter z.B. einen Schlaganfall erleidet oder am ‚Herzschlag' stirbt. Die Angehörigen führen eine solche Katastrophe dann stets auf die Betriebsschädigung zurück." Dennoch kann in solchen Fällen kein Anspruch auf Rente oder Entschädigung geltend gemacht werden, da solche Krankheiten ja jederzeit bei jedem eintreten können. Rahel Hirsch legt auch hier eine differenziertere Sicht dar: „Bei der Beurteilung gilt es gewöhnlich als ausschlaggebend, ob der Katastrophe eine ganz ungewöhnliche Arbeitsleistung vorausgegangen ist. Es ist aber auch zu berücksichtigen, daß bei Kraftleistungen, die das gewöhnliche Maß nicht übersteigen, die Kraftanstrengung eine übermäßige gewesen sein kann." Das bedeutet, daß nicht allein zählt, ob die Arbeit, die dem Unfall- oder Krankheitsereignis vorausging, besonders schwer war (also ob die Säcke, die jemand schleppen mußte, mehr wogen als gewöhnlich), sondern auch, in welcher Verfassung der Betroffene zu dem Zeitpunkt war.

Natürlich weiß auch Rahel Hirsch: „Eine neues Krankheitsbild hat die Ära des Versicherungswesens tatsächlich geschaffen, und das ist die Rentenneurose", von der sie wünsche, daß besser bekannt würde „...wie sehr sie (die Antragsteller) ihr Dasein durch den Rentenkampf zerrütten". Das konnte sie in ihrer langjährigen Tätigkeit als Gutachterin und besonders als Obergutachterin nur zu oft beobachten.

Am gängigen Verfahren zur Feststellung von Ansprüchen bemängelt sie erstens, daß in schwierig zu beurteilenden Fällen mit Todesfolge zu oft die Obduktion nicht verlangt werde, und zweitens: „...daß so oft nur die vom Unfall unmittelbar betroffene Stelle berücksichtigt wird". Vielmehr, fordert sie, sollten nach jedem Trauma stets Lungen und Herz sorgfältig untersucht und beobachtet werden.

Rahel Hirsch legt insgesamt eine psychosomatische Sichtweise des

Krankheitsgeschehens dar, wie sie damals neu, ja revolutionär war. Hier ist Friedrich Kraus' Einfluß deutlich spürbar. Er war es, der schon mit seiner Antrittsrede seine Zuhörer fesselte und der immer wieder in seinen Vorlesungen Studenten gleichermaßen wie Assistenten in seinen Bann schlug, indem er körperliche Vorgänge mit dem Bezug auf den ganzen Menschen auf völlig neue Weise darstellte.

Brugsch schreibt dazu in seinen Erinnerungen[3]: „Friedrich Kraus hat unseren Blick geweitet, er hat uns Ärzte biologisch denken gelehrt und hat für die Medizin – nicht nur für die innere Medizin – mit geistigen Mitteln Neuland zu erobern gelehrt." Er lehrte „ganzheitliche" Medizin: Der Mensch wird nicht länger in Fachgebiete aufgeteilt, um die eifersüchtig gestritten wird, hier wird das Geschehen – in Krankheit aber auch bereits in der Gesundheit – als ein zusammenhängendes begriffen. Gleichlautend sind hier die Erinnerungen auch von anderen Ärzten. Janos Plesch, der lange Zeit Krausscher Assistent an der Charité war, ebenso wie Charlotte Wolff, die Kraus erst in den zwanziger Jahren, kurz vor seiner Emeritierung, als Studentin gehört hat. Auch sie schreibt über ihn mit der gleichen Begeisterung. Er muß ein besonderer Mensch in seiner Zeit gewesen sein: „Jeder spürte in ihm eine geniale Persönlichkeit in der Medizin, an deren Stelle zu jener Zeit meiner Ansicht nach kein zweiter zu stellen war"[4], so Brugsch. „...Dabei zeigte er sich gegen seine Mitarbeiter an der Klinik keineswegs abweisend oder verschlossen; es war im Gegenteil seine höchste Freude, fast möchte ich sagen die einzige Freude seines Lebens, wenn er in der Klinik mit uns ins Gespräch kommen und sich von uns etwas erzählen lassen konnte." Dennoch wurde er nicht von allen verstanden, er hatte die Angewohnheit, seine Vorträge und Schriften so mit Fremdwörtern zu durchsetzen, daß selbst Akademiker ihn kaum verstanden. Neben seinen vielen bemerkenswerten Veröffentlichungen erschien im Ersten Weltkrieg ein Buch von ihm mit dem Titel „Syzygiologie". Ein wenig mag sich der Begriff erhellen, wenn man weiß, daß Syzygium Joch heißt, aber daß es dabei um seine Konstitutionslehre ging, erschließt sich wahrscheinlich nur den wenigsten. Hier wurde sein merkwürdiger Hang deutlich, sich

---

3 T. Brugsch, Arzt seit fünf Jahrzehnten, S. 239.
4 Ebenda.

nicht nur vorwiegend in Fremdwörtern auszudrücken, sondern fort-
während neue zu erfinden, deren Bedeutung niemandem bekannt war.
Einige Kollegen haben ihn deswegen in Grund und Boden verurteilt, ja,
ihn geschmäht, er sei so etwas wie ein „Analphabet", da er es nicht verstehe, die deutsche Sprache zu gebrauchen. Seinem Einfluß und der
Bewunderung, die ihm von seinen Assistenten entgegengebracht
wurde, tat das jedoch keinen Abbruch, und auch seine Sichtweise von
Krankheiten und Konstitution war deswegen nicht weniger revolutionär.
Seine Vorlesungen waren immer bis auf den letzten Platz besetzt.

Kraus erkannte sowohl den Wert der neu eingeführten Diagnostik
mittels Elektrokardiographie – das EKG war gerade erfunden worden –
als auch der Röntgendarstellung. Er begnügte sich aber nicht mit solcher auf ein Organ bezogener Diagnostik, sondern brachte das
„Modell der Persönlichkeit" und den Begriff „Tiefenpersönlichkeit" in
die Medizin ein, hob die Bedeutung der Konstitution hervor und erkannte seelische Abläufe in vegetativen Erscheinungen. Es ist nur folgerichtig, daß in dieser Atmosphäre besondere Ärzte herangebildet wurden. Kraus soll gesagt haben: „Ich habe mindestens zehn Assistenten an
meiner Klinik, die alle Ordinarien der inneren Medizin sein könnten."
Was Brugsch bestätigt: „...das war richtig... alle Krausschen Assistenten
stellten klinisch ausgereifte und wissenschaftliche hochqualifizierte Mitarbeiter seiner Klinik dar."[5] Und warum sollte unter den zehn, die eigentlich schon Ordinarius sein könnten, nicht Rahel Hirsch gewesen sein?

So ist es nur folgerichtig, daß sie zum Professor ernannt wird, obwohl Frauen sich zu dieser Zeit noch nicht habilitieren durften. Die Leistungen, die zu einer Habilitation gehörten, hatte sie bestimmt erbracht.

5 Ebenda.

12
TITEL, ORDEN, EHRUNGEN

Im August 1914 erreicht seine Majestät, den Kaiser Wilhelm II., eine Eingabe, er möge doch schnell noch, bevor sie eingezogen werden, einer Reihe von Ärzten „den Charakter eines Sanitätsrates" verleihen – sie also befördern –, denn: „Wenn wir nicht mehr heimkehren, bleibt der Titel als wertvoller Besitz unseren Kindern als Andenken..." Das illustriert die Bedeutung, die man in Preußen Titeln, Orden und Ehrungen aller Art beimaß. Denn fehlt den Kindern der Vater weniger, wenn sie als die Waisen eines Sanitätsrates aufwachsen?

In einer Welt, in der eine Beförderung als geeignet angesehen wird, das Sterben zu versüßen, können Frauen nicht fortlaufend übergangen werden. So kommt es dazu, daß in dem Preußen, in dem man sich so lange dagegen gesperrt hat, Studentinnen zu den Universitäten zuzulassen, Frauen als Professorinnen ausgezeichnet werden.

Die allererste Frau, der diese Ehre widerfuhr, war die Parasitologin Marie Gräfin von Linden. Geboren 1869, hatte sie bereits 1895 zum Dr. rer. nat promoviert. Sie beschäftigte sich mit Parasitismus im Tierreich, Chemotherapie der Infektionskrankheiten und untersuchte speziell die therapeutische Verwendung von Kupfersalzen. Im Jahre 1910 wurde sie zum außerordentlichen Professor an der Medizinischen Fakultät der Universität Bonn ernannt.[1]

Dann wurde im Jahre 1912 Lydia Rabinowitsch-Kempner der preußische Professorentitel verliehen. Auch sie keine Ärztin, sondern Naturwissenschaftlerin. Erst mit Rahel Hirsch, als der dritten Frau, wurde die erste Ärztin zum Professor ernannt.

Lydia Rabinowitsch-Kempner saß zur Zeit ihrer Ernennung schon beinahe zwanzig Jahre im Kochschen Institut für Infektionskrankheiten als Kochs Schülerin und Mitarbeiterin. Sie war nur ein Jahr jünger als Rahel Hirsch und stammte wie diese aus einer jüdischen Familie, in der die Eltern darauf sahen, daß alle ihre Kinder, auch die Mädchen, eine

---

1 Nach E. Brinkschulte, Weibliche Ärzte, S. 93.

qualifizierte Ausbildung bekamen. [2] Mögen sie auch noch so traditions-
verhaftet und patriarchalisch gewesen sein, so gab es doch immer wieder
einzelne Väter – bei den Juden gleichermaßen wie bei den Christen –,
die die Wichtigkeit einer Berufsausbildung für Mädchen erkannten und
anerkannten und deren stolzes Vaterherz es einfach nicht zulassen
konnte, daß die geistigen Gaben ihrer Töchter durch stupide Rollenzu-
weisung verschüttet werden sollten.

Der Forschungsarbeit von Lydia Rabinowitsch-Kempner ist es zuzuschreiben, wenn wir heute wie selbstverständlich tuberkulosefreie
Milch genießen. Sie entdeckte, daß auch die Milch von Rindern, die
nicht offen an Tuberkulose erkrankt waren, für den Menschen zur Infek-
tionsquelle werden konnte und kämpfte für eine Kontrolle der Tierbe-
stände, die auch die nicht erkrankten Tiere mit einbezog. Keine leichte
Lektion für Molkereien und Milchhändler. Lydia Rabinowitsch–Kemp-
ner hatte sogar ein Angebot für einen Lehrstuhl in den USA bekommen,
denn dort war man schon lange viel aufgeschlossener als im Deutschland Wilhelms II. Sie hatte dieses Angebot aber ausgeschlagen, weil sie
– wahrscheinlich wegen ihrer Familie, sie war verheiratet und hatte drei
Kinder – in Deutschland bleiben wollte. Natürlich ahnte sie nicht, wie
bitter sich diese Entscheidung später einmal rächen würde.

Nach dem Ersten Weltkrieg, im Jahre 1920, wurde sie zur Direkto-
rin des bakteriologischen Instituts am städtischen Krankenhaus Moabit
ernannt. Damit hatte sie etwas erreicht, was den weiblichen Wissen-
schaftlerinnen jener Zeit zumeist verwehrt war, nämlich konkrete Lor-
beeren für ihre Leistungen zu ernten.

Die ersten Titelverleihungen waren eher Trostpreise in einer Welt, in
der militärische Dienstgrade, Titel, Orden und Ehrungen zentrale Orien-
tierungspunkte im gesellschaftlichen Leben darstellten. Die Ernennung
Rahel Hirschs zum Professor war eine Verleihung ehrenhalber und
nicht mit Lehrbefugnis oder entsprechendem Gehalt verbunden. Einen
kleinen Teil ihres Ruhm-und-Ehre-Kuchens mußte die männlich wissenschaftliche Welt abgeben – aber es sollte kein zu großes Stück auf einmal sein. Es war nicht mehr zu übersehen, daß Frauen oft mehr leisteten als ihre männlichen Kollegen, die einfach nach einer gewissen Zeit

2 Ebenda.

ziemlich automatisch die Karriereleiter hinaufstiegen: Volontärarzt, Assistent, 1. Assistent, Oberarzt, Chefarzt, Ordinarius, Dekan oder ähnlich. Die Thesen des Wiesbadener Ärztetages von 1898 hatten sich nicht bewahrheitet. Insbesondere hatte man damals unter den Punkten 3, 4 und 5 postuliert, daß vom Frauenstudium kein Nutzen für die deutschen Hochschulen zu erwarten sei, des weiteren eine Minderung des ärztlichen Ansehens und keine Förderung des allgemeinen Wohls. Das war nun selbst in Preußen nicht mehr haltbar. In den Nachbarländern, in Frankreich zum Beispiel, hatte man schon früher erkannt, daß Frauen durchaus die Wissenschaft vorantreiben konnten. Als Rahel Hirsch zum Professor ernannt wird, hat in Frankreich Madame Curie schon ihren zweiten Nobelpreis erhalten. Bereits in den achtziger Jahren des vorigen Jahrhunderts durften Frauen in Frankreich studieren. Die Franzosen boten ihrer Madame Curie – sie war die erste Frau überhaupt, die einen Nobelpreis bekam, nämlich 1903 den für Physik und dann 1911 gleich noch einmal einen für Chemie – bereits 1908 einen Lehrstuhl an einer Universität an,[3] und seitdem sind in Frankreich Frauen als Professorinnen zugelassen. Wenn man in dem verhaßten Nachbarland auf diese Weise Nobelpreise sammelt, dann will man in Deutschland nun auch nicht länger zurückstehen.

Erstmals in der Geschichte konnten nun Frauen Titel erwerben, ohne dafür die Frau eines Mannes werden zu müssen.

Angesichts dieser historisch bedeutungsvollen Wende kommt die Urkunde, in der der Minister der geistlichen und Unterrichtsangelegenheiten Fräulein Dr. Rahel Hirsch am 5. November 1913 „in Rücksicht auf ihre anerkennenswerten wissenschaftlichen Leistungen" das Prädikat „Professor" verleiht, eher unscheinbar daher. Sie ist ganz offensichtlich mit einer Schreibmaschine geschrieben, auf der schon viele Benachrichtigungen, Erlasse und andere Verwaltungsakte getippt worden sind, das ungleichmäßige Schriftbild verrät schlecht gesäuberte Typen und damit den langen Dienst in einer Amtsstube. Das „gegenwärtige Patent" wird verliehen unter der Voraussetzung, „daß sie Seiner Majestät dem Könige und dem Allerhöchsten Königlichen Hause in unverbrüchlicher

3 Seifert, Irène Joliot Curie, in: C. Kerner: Nicht nur Madame Curie..., S. 60.

Nachdem ich der Assistentin bei der II. Medizinischen Klinik des Charitékrankenhauses Fräulein Dr. Rahel H i r s c h hier in Rücksicht auf ihre anerkennenswerten wissenschaftlichen Leistungen des Prädikat

"Professor"

verliehen habe, erteile ich ihr das gegenwärtige Patent in der Voraussetzung, daß sie Seiner Majestät dem Könige und dem Allerhöchsten Königlichen Hause in unverbrüchlicher Treue ergeben bleiben und sich die Förderung der Wissenschaft wie bisher angelegen sein lassen werde; wogegen sie sich der öffentlichen Anerkennung und des Schutzes in dem ihr verliehenen Prädikat zu erfreuen haben soll.

Urkundlich ist dies Patent unter dem beigedruckten Jnsiegel des Königlichen Ministeriums der geistlichen und Unterrichts-Angelegenheiten von mir vollzogen worden.

B e r l i n den 5.November 1913.

Der Minister
der geistlichen und Unterrichts-Angelegenheiten

v. Trott zu Solz

P a t e n t
als
P r o f e s s o r
für die Assistentin bei der
II.Medizinischen Klinik des
Charitékrankenhauses
Fräulein Dr.Rahel H i r s c h
hier .

15 1913 wird Rahel Hirsch als dritter Frau in Deutschland der Titel Professor verliehen.

Fräulein Professor.
Dr. med. Rahel Hirsch=Berlin,
die als erste deutsche Aerztin
den Professor=Titel erhielt.
Phot. Matzdorff.

Treue ergeben bleiben und sich die Förderung der Wissenschaft wie bisher angelegen sein lassen werde".

Die Unterschrift des Ministers ist unleserlich. Aber daß dieses schlichte Stück Papier etwas Besonderes beinhaltet, ist auch den Zeitgenossen aufgegangen. Die Berliner Illustrierte schreibt: „Das verkündet auf alle Fälle eine außerordentliche Tüchtigkeit, denn gerade in Preußen sind dem Frauenstudium bisher die schwersten Hindernisse in den Weg gelegt worden." Wie wahr! Und die Vossische Zeitung kommentiert: „Innerhalb verhältnismäßig kurzer Zeit hat jetzt zum dritten Male eine akademisch tätige Frau in Preußen den Professortitel erhalten." Stimmt, drei Frauen in drei Jahren, das ist wirklich eine enorme Frequenz. Neben einem kurzen Lebenslauf wird noch einmal ein Überblick über ihre wissenschaftlichen Arbeiten gegeben: „Es seien von ihnen genannt: Vorkommen von Stärkekörnern im Blut und im Urin, Ausscheidung von Monoaminosäuren im hungernden Organismus, Zuckerausscheidung nach Schilddrüsenentfernung beim Hunde, Fieber und Chininwirkung, Adrenalin und Wärmehaushalt, Trypanosomenfieber und Gesamtstoff- und Energieumsatz, Trypanosomen-Wärmestich, Thymin bei Morbus Basedowii und bei Schlaflosigkeit, Anaphylaxiefieber beim Kaninchen."[4] Die breitgefächerte Themenwahl zeigt auch bei Rahel Hirsch das damalige enzyklopädische Ideal, dem sie sich, wie andere, verpflichtet fühlte.

In der Vossischen Zeitung heißt es dann weiter über Rahel Hirsch: „Seit fünf Jahren hat sie, auch wohl in dieser Art zum ersten Male als Frau in gleichartiger Stellung, die selbständige Leitung der gesamten Poliklinik der II. medizinischen Klinik."

Die Ernennung bestätigt noch einmal die Charité als Kaderschmiede für exzellente Wissenschaftler, sie bestätigt auch den Geheimrat Fritz Kraus in seiner Entscheidung, seinerzeit eine Frau als Assistentin zu nehmen.

Ob die Charité-Ärzte noch daran denken, daß sie Rahel Hirsch fast auf den Tag genau vor sechs Jahren ausgelacht haben?

---

4 Es würde zu weit führen, hier alle Titel zu erklären, staunen wir einfach, so wie die Leser der Vossischen Zeitung gestaunt haben werden.

Selbst wenn – die Zeit, sich mit Gedanken an früher aufzuhalten, ist nicht gegeben. Am politischen Welthimmel zieht sich ein Gewitter zusammen, das spüren alle.

„Niemand, der nicht vor dem Jahre 1914 mit Bewußtsein gelebt hat", schreibt der Chirurg Hans Killian[5], „kann sich vorstellen, was für eine Welt das damals war. Mir erscheint sie nachträglich manchmal wie das goldene Zeitalter des Bürgertums. Man lebte breit und behaglich dahin, eingebettet in eine heute kaum mehr vorstellbare Existenzsicherheit." Dieses goldene Zeitalter geht nun dem Ende entgegen, auch wenn 1913 noch niemand weiß, daß diese Jahre, in denen man lebt, einmal „die Zeit vor dem Ersten Weltkrieg" sein würden, aber daß etwas passieren wird, ahnen eigentlich alle. Auch die so betont unpolitischen Ärzte.

5 H. Killian, Hinter uns steht nur der Herrgott, S. 9.

13
„ACH MENSCHENSKINDER, WENN'S DOCH BALD WIEDER LOSGINGE!"

Fast alle, die dabei waren, erzählen von einer Begeisterung, die jedes beschreibbare Maß übertroffen haben soll, als im Sommer 1914 der Erste Weltkrieg ausbrach. Nachdem vor dem Denkmal Friedrichs des Großen Unter den Linden ein Offizier den Zustand der „drohenden Kriegsgefahr" für das Deutsche Reich verkündet, der Kaiser vom Balkon des Schlosses aus eine Ansprache gehalten hat und schließlich am 1. August die Mobilmachung ausgerufen worden ist, erfaßt eine Art Rausch Berlin und das ganze Land. Es kommt in diesen Tagen immer wieder zu Ansammlungen der Bevölkerung in den Straßen Berlins, wildfremde Menschen reden miteinander, tauschen Nachrichten aus. Noch im August gibt es die ersten kriegsbedingten Beeinträchtigungen: Theatervorstellungen werden abgesetzt, Museen geschlossen, es kommt zu Einschränkungen im öffentlichen Verkehr und im Stromverbrauch. Das tut der Euphorie keinen Abbruch: Endlich, endlich geht es wieder los!

Es gibt, wie immer hinterher, viel Forschung und kluge Analysen darüber, was denn nun eigentlich zum Krieg geführt habe und wie sich die politische Lage so unglücklich entwickeln konnte, daß Europa in diesen mörderischen Krieg hineingeriet. Wie stets weiß man hinterher, daß dieser Krieg – wie so viele Kriege vor ihm - ein grausamer und sinnloser war und Menschenleben vergeudet hat, so sucht man nach Erklärungen, nach Schuld und Ursache, vorgeblich, um den nächsten Krieg zu vermeiden.

Tatsächlich aber sind es nie die diplomatischen oder politischen Verstrickungen, die zum Kriege führen, niemals bricht ein Krieg aus, weil es keine andere Lösung gäbe, sondern immer nur, weil man zum Krieg bereit ist. Vielleicht kommt der Krieg immer dann, wenn die Sehnsucht der Männer, in die „Fünfzehn-Meter-Distanz" zu gehen, wieder überhand nimmt? Und so ist auch der Erste Weltkrieg entstanden, weil ein Krieg erwünscht, ja sogar ersehnt wurde. Von Frankreich wahrscheinlich ebenso wie von Deutschland. 43 Jahre ist der große Deutsch-Französische Krieg vorbei, über vierzig Jahre haben in Deutschland die jungen Leute von diesem großen, ruhmreichen Ereignis gehört, quasi mit der Muttermilch haben sie die Heldenlieder ihrer Väter, Großväter und Onkel eingesogen. Die ihn mitgemacht haben, sind jetzt zumeist in dem, was sie für „ihr bestes Mannesalter" halten: alte Herren, die mit Leuchten in den wässrigen Augen von der großen Zeit und ihren Heldentaten erzählen. Diejenigen, für die der Krieg weniger schön war, können nicht mitreden, sie sind gefallen. Wer redet schon davon, daß es oft nur militärischer Unverstand war, der viele Soldaten zum Krüppel werden ließ und manchen Kameraden das Leben gekostet hat, jetzt redet man nur noch von der preußischen Disziplin, mit der man die Franzosen bezwungen hat. Auch die Zivilbevölkerung hat eine gute Erinnerung an den ruhmreichen Krieg bewahrt. Was war damals überall los! Diese Aufregung! An den Bahnhöfen, wenn die Soldatentransporte durchkamen! Erst die jungen Leute, die singend an die Front fuhren, dann später die gefangenen Franzosen! Ein nationales Spektakel. Nichts war wie sonst, man mußte improvisieren, jeder brachte, was gebraucht wurde und was er entbehren konnte: Decken für die Verwundeten, Schinken zur Verproviantierung. Alle konnten ihren Teil dazu beitragen. Eine aufregende, eine mitreißende, eine gloriose Zeit! Die Frauen kamen und brachten Picknickkörbe und Weinflaschen für die ins Feld ziehenden Soldaten, andere arbeiteten im Lazarett. Ja, jeder Bahnhofsvorsteher hatte das Gefühl, Deutschland zum Sieg zu verhelfen, wenn er das Signal zur Abfahrt des Zuges gab. Später dann, als die Waggons mit den Gefangenen kamen, auch da wurde Wein und Brot gebracht, die besiegten Soldaten bekamen anständig Speis und Trank, während die Zivilisten versuchten, einen Blick auf die geschlagenen Feinde zu erhaschen, von denen gar mancher, vor Freude, heil aus dem Schützengraben wieder heraus zu sein, sein Glas hob und „Vive l'allemagne!" schrie. So übel waren die Franzosen vielleicht gar nicht, man prostete zurück. Es war ein einziges Volksfest! Abenteuer! So haben es alle in Erinnerung. Diejenigen, die damals noch zu klein waren, so wie Rahel Hirsch, die damals in der Wiege lag, die spürten dennoch die große erhabene Bewegung der Erwachsenen. Wie stolz und glücklich sie in dieser Zeit waren! Das mußte der Krieg gemacht haben. Dieser Krieg mußte etwas Wunderbares gewesen sein! So etwas müßte es mal wieder geben. Und spätestens als durch den Krieg das Deutsche Reich gegründet wurde, verblaßten Elend, Tod und Verstümmelung. Der Krieg hatte Deutschland geeinigt, damit war er gleichsam geadelt.

„Manch braver Veteran erzählte den aufhorchenden Spätergeborenen, daß er dabei war, wie Wimpffen, der französische General, zu Moltke fuhr und wie da ein großes Feilschen losgegangen war, von wegen der Friedensbedingungen... Da hättest du aber den Moltke sehen sollen, der sagt gar nischt, als der französische General zu wimmern anfing... Mensch... ich sage dir, so'n Jammerlappen wie der Napoleon, und unser Bismarck und der Moltke und unser großer Kaiser!... ach Menschenskinder, wenn's doch bald wieder losginge...!" [1]

Es wird bei Ausbruch des Ersten Weltkrieges gar nicht realisiert worden sein, daß sich so vieles geändert hatte in den mehr als vierzig Jahren. Auch die Franzosen waren anders. Sie waren nicht nur bis an die Ohren mit Rachedurst gefüllt, sie hatten sich auch besser vorbereitet. Das war nicht mehr dieser undisziplinierte Haufen, der mehr an Revolution dachte als an militärische Strategie. Die Waffen waren andere, die Armeen waren andere. Deutschland war ein anderes Land, die Feinde waren andere – und vor allem mehr. Ein wesentlicher Unterschied war, daß Deutschland diesmal in einen Zweifrontenkrieg verwickelt war. Um diesen kleinen Schönheitsfehler auszugleichen, hatte man sich etwas Besonderes ausgedacht: Frankreich sollte in einem „Blitzkrieg" besiegt werden. Das war der sogenannte „Schlieffen-Plan", benannt nach dem Mann, der diesen genialen Einfall hatte. Ungefähr so schlau, wie wenn der Trainer zu seinem Boxer – der Sorge hat, zwölf Runden durchzustehen – sagt: Hau ihn einfach in der ersten Runde k. o., dann sind die restlichen elf Runden ein Kinderspiel. So schlau hatten die deutschen Generäle sich das ausgedacht: in zwei Monaten macht man Frankreich nieder, und dann, dann widmet man sich den anderen Gegnern.

So viele Juden wähnten sich in dieser nationalen Erhebung endlich mit den Deutschen ein Volk, sie glaubten sich in der Woge der Begeisterung mit hinweggespült, hatten sie doch dasselbe Ziel, waren sie doch genauso emphatisch, genauso blind ergeben dem Kaiser und dem Reich und genauso begierig darauf, den Heldentod zu sterben.

---

1 K. J. Hirsch, Kaiserwetter, S. 182.

17 Auszug der Truppen der Berliner Garnison durch das Brandenburger

Tor bei Ausbruch des Ersten Weltkriegs.

„Ein betäubendes Zugehörigkeitsgefühl riß uns das Herz aus den Händen", drückt Robert Musil das aus, was in vielen Juden vorging. In ihrer Naivität glaubten sie, in der Liebe zum Vaterland jetzt mit den übrigen Deutschen eins zu sein, und das zu beweisen war vielen schon ihr Leben wert.

Nach der Euphorie des Kriegsausbruchs hatten die ehemals sieges-gewissen Deutschen bei der Niederlage einen ausgewachsenen Katzenjammer. Und wie ein Trinker am Morgen danach irgendeinen Schuldigen für seinen miserablen Zustand sucht, war man in Deutschland bestrebt, Schuldige an der Niederlage zu suchen. Da waren die Novemberverräter, da waren die Politiker und da waren die Juden.

Auf der Seite der Juden jedoch, so scheint es, ist der Rausch des Zu-gehörigkeitsgefühls nie mehr so ganz verflogen. So konnte es dazu kommen, daß später viele von ihnen nicht glauben mochten und wollten, was doch deutlich vor Augen ihnen lag: daß die Menschen, denen sie sich Bruder fühlten, ihre Vernichtung betrieben oder zumindest darin einwilligten.

Doch zurück zum Jahre 1914 in Berlin:

Auch an der Charité bricht man zum Kriege auf. Die Mehrheit der Ärzte im Umfeld Rahel Hirschs zweifelt nicht einen Augenblick daran, daß dieser Krieg eine gerechte und gute Sache ist und sie dem Ruf des Vaterlands Folge zu leisten und ihre Kenntnisse und Fähigkeiten in den Dienst des Krieges zu stellen hätten. Berühmte Ärzte und Wissenschaft-ler, darunter Emil von Behring und Paul Ehrlich, haben einen Aufruf an die Kulturwelt veröffentlicht, in dem es u.a. heißt: „Es ist nicht wahr, daß der Kampf gegen unseren sogenannten Militarismus kein Kampf gegen unsere Kultur ist, wie unsere Feinde heuchlerisch vorgeben. Ohne den deutschen Militarismus wäre die deutsche Kultur längst vom Erdboden vertilgt." Wer nicht sofort eingezogen wird, meldet sich freiwillig: Assistenten, Oberärzte und Chefärzte. Der Gedanke an einen Zwiespalt zwischen ärztlichem Ethos und einer Beteiligung am Krieg kommt ihnen nicht. Das ärztliche Selbstverständnis fordert es, den Verwundeten zu helfen, aber nicht, zu fragen, ob es besser wäre, gar nicht erst zu ver-wunden.

Nun ist es zufällig so, daß der Krieg phantastische Möglichkeiten zu arbeiten und zu lernen gibt. „Für den Chirurgen ist der Krieg dicht hinter den vordersten Linien zwar ein furchtbares Erlebnis, zugleich aber auch ein spannendes und ungeheuer lehrreiches Erlebnis. Da er den Horror des Laien vor dem Anblick von Blut, Wunden, Schmerz beim Mitmenschen nicht teilt – wo käme er da hin –, kann er heißen Herzens und kühlen Auges Beobachtungen machen, die sonst nirgends anzustellen sind. Er gewinnt eine Unsumme von Erfahrungen, die auch heute noch die Basis des chirurgischen Könnens sind",[2] schreibt Ferdinand Sauerbruch in seinen Erinnerungen unter dem Kapitel „Krieg, der blutige Lehrmeister". Und auch wenn er davon schreibt, wie schmerzlich es einen Arzt ankommt, jungen Leuten gesunde Gliedmaßen wegnehmen zu müssen – er erwähnt einen Arzt, der im napoleonischen Krieg in einer Nacht 300 Gliedmaßen amputiert haben soll –, so kann er doch nicht ganz die Begeisterung verbergen, die er mit vielen Kollegen teilt, wenn es um den Krieg geht. „...daneben aber lernte man menschliche Fähigkeiten kennen, von denen wir in den Operationssälen und an den Krankenbetten der Klinik keine Ahnung hatten..."[3] So zieht die Mehrzahl der Ärzte willig in den Krieg. Was lernen Ärzte auch alles! In erster Linie lernen sie amputieren, auch über Schußwunden lernen Ärzte viel. Dann später über Fleckfieber, Ruhr und Malaria. Alles über Epidemien, Übertragungswege und Hygiene. Es dauert lange, bis man dahinterkommt, daß das tückische Fleckfieber durch die Läuse übertragen wird, von denen die Soldaten in den Schützengräben geplagt werden, aber ohne Kriege hätte es noch viel länger gedauert, denn wann ist sonst schon mal eine solche Anzahl verlauster Menschen auf so engem Raum zusammen? Und noch länger dauert es, bis man dahinterkommt, daß man durch Massenimpfungen Seuchen wie Typhus, Ruhr und Fleckfieber vermeiden oder zumindest eindämmen kann. Die Medizin hat dem Krieg viele Fortschritte zu verdanken, er ist vielleicht nicht der Vater aller Dinge, wie es bei Hesiod heißt, aber doch mancher Dinge.

Im Felde kommt dann für die Ärzte die bittere Stunde der Wahrheit. Ernst von Bergmann hat in seinen Briefen aus dem Deutsch-Französischen Krieg eine sehr eindringliche Schilderung von dem Geschehen

2 F. Sauerbruch, Das war mein Leben, S. 160.

3 Ebenda, S. 161.

auf einem Hauptverbandsplatz gegeben. Das Chaos und die Hilflosigkeit der Ärzte werden im Ersten Weltkrieg nicht viel anders gewesen sein:

„Da wankt, von den Kameraden geleitet, ein zweiter herbei, ein dritter läuft selbst herzu mit hochgehaltener zerschmetterter Hand. Die Kisten und Kasten werden von den Wagen gerissen, Schienen, Scharpie, Binden werden umhergestreut, hoch darüber flattert die weiße Fahne mit dem roten Kreuz; der Verbandsplatz ist etabliert. ‚Hier muß ein Gipsverband angelegt werden, der Oberarm ist frakturiert', ruft der Assistenzarzt. ‚Wo soll dazu die Zeit herkommen, sehen Sie denn nicht, daß der Mann nebenbei verblutet?!' weist ihn der Stabsarzt zurecht. Ach! Ehe die Uniform aufgeknöpft, ist der letzte Blutstropfen schon verronnen. ‚Dem sind ja beide Augen ausgeschossen!' ‚Ich bitte Sie, halten Sie sich doch damit nicht auf, wecken Sie schnell den Leutnant dort aus der tiefen Ohnmacht.' ‚Herr Oberstabsarzt, was soll ich denn mit dem anfangen, dem sind ja beide Oberschenkel zertrümmert.' ‚Lassen Sie doch die Kleinigkeiten – die Torniquets her! – hier blutet es, dort spritzt es – man weiß ja selbst nicht, wo man anfangen soll!' Das Getümmel im Feldlazarett ist kaum geringer als in der Schlacht: ein Knäuel von Stabsärzten und Schienen, Blessiertenträgern und Amputationsmessern. Alle schreien verzweifeln, befehlen und laufen, packen an und lassen wieder fallen, laden auf und ab, bringen und verschütten die Wassereimer. Die Menge der Hilfesuchenden wächst mit jedem Augenblick. Ununterbrochen führen die in kameradschaftlicher Liebe mit aus der Gefechtslinie tretenden Gefährten neue Verletzungen herbei. Die Sanitätswagen sind herangekommen, die Rollbahnen aus dem großen Omnibus sind herausgezogen, der erste Verwundete ist darauf getan. ‚Aber sind Sie denn ganz von Gott verlassen', schreit der Stabsarzt den Heildiener an, ‚Sie haben eine Fingerverletzung auf die Bahn geladen, während dort mehr als ein Dutzend mit zerschmetterten Beinen liegt.' ‚Wo denn, Herr Stabsarzt?' Und der Doktor sieht sich um und um und kann die Stelle nicht mehr entdecken, wo er jenen Unglücklichen traf - er hat eben die Orientierung verloren...

Wer am meisten schreit und sich selbst noch helfen kann, kommt zuerst fort – das ist aber in der Regel nur ein leicht Getroffener. Denn dem die Kugel durch die Lungen drang, geht mit der Luft die Stimme aus; der durch den Leib geschossen wurde, liegt totenbleich und stumm da, jeden Augenblick der letzten Ohnmacht gewärtig...

Es kommt dem Arzte selbst wie bitterer Hohn vor, wenn er auf den zerbrochenen Schenkel eine Handvoll Scharpie und ein Heftpflästerchen tut und weitergeht, um über das zerschmetterte Bein eine Leinwandkompresse zu breiten. Die Leistung hat keinen anderen Zweck, als dem Kranken zu zeigen, daß ein Arzt in seiner Nähe war."[4]

Dennoch ziehen sie immer wieder mit in den Krieg, rechtfertigen sich damit, daß sie die einzigen sind, die im Krieg gegen den Tod arbeiten. Ein aussichtsloser Kampf, der aber als Nebenwirkung unerschöpfliches Studienmaterial produziert. Ob die Mitarbeit der Ärzte die Kriegführung erst möglich macht, darüber nachzudenken ist ihre Sache nicht.

Toni Sender, eine Zeitzeugin, Jüdin und leidenschaftliche sozialistisch engagierte Politikerin, zieht eine andere Konsequenz aus dem, was sie im Lazarett erlebt. In ihren Lebenserinnerungen erzählt sie, wie ihr Hausarzt sie gebeten hatte, im Militärkrankenhaus zu helfen, weil dort natürlich Pflegepersonal benötigt wurde: „‚Die Wunden des Krieges heilen?' fragte ich mich. ‚Vielleicht sollten wir gerade das tun', stimmte ich zu. Sie führten mich in einen Operationssaal, wo ich assistieren und Einzelheiten der Verwundungen und Behandlungen notieren mußte... In der ersten Woche wurde ein anscheinend nicht schwer verwundeter junger Mann in den Operationssaal gebracht, dessen Mund weit offen stand. ‚Er kann ihn nicht schließen', sagte der Sanitäter. Die Augen des jungen Soldaten sahen angsterfüllt aus. Nachdem er den Raum verlassen hatte, sagte einer der Ärzte: ‚Tetanus, und wir haben noch kein Antiserum hier. Ich werde darum telefonieren. Hoffen wir, daß es nicht zu spät kommt.'"[5] – Nun, es kam zu spät. Toni Sender sah ihren ersten Toten. Dann macht sie die Beobachtung, daß viele der Soldaten heilfroh waren, dem Schützengraben entronnen zu sein, und gar nicht so erpicht darauf waren, daß ihre Wunden heilten, sondern sich darüber freuten, einen „Heimatschuß" erlitten zu haben, eine schwere Verletzung, die sie lange hinter der Front zurückhielt: „Aber

4 A. Buchholtz, Ernst von Bergmann, S.264 f.

5 T. Sender, Autobiographie, S. 67

die meisten von ihnen wurden wieder in die Schützengräben zurückgeschickt, trotz all ihrer Bemühungen, diesen zu entgehen. Und ich mußte mithelfen, sie wieder hinauszuschicken. Bald durchschaute ich unsere Illusion, daß wir ‚Wunden heilten'. Nein, unsere Funktion bestand im Grunde nicht darin, Wunden zu heilen, sondern Männer dafür fit zu machen, daß sie wieder in die Schlacht – und vielleicht in den Tod geschickt werden konnten. Ich spürte, daß ich diese Arbeit nicht fortsetzen, daß ich nicht mithelfen konnte, Menschen zu heilen, nur damit sie aufs neue wieder als Kanonenfutter hinausgeschickt werden konnten."[6] Das ist also auch eine Möglichkeit über den Krieg nachzudenken.

In den meisten Biographien von Ärzten, von denen einige auch an der Charité gearbeitet haben, entweder zur selben Zeit wie Rahel Hirsch oder etwas später, ist von solchen Zweifeln nichts zu spüren. Manchmal, zum Beispiel bei Sauerbruch, können die Schilderungen eine gewisse morbide Freude an ihrer ärztlichen Tätigkeit im Wahnsinn des Krieges nicht ganz verhehlen.

Jedoch, auch wenn die Haltung der überwiegenden Mehrheit in der Ärzteschaft kriegsbejahend war, kommt ausgerechnet aus der Charité, aus dem unmittelbaren Umfeld von Friedrich Kraus, Theodor Brugsch und Rahel Hirsch, einer der wenigen Versuche, in dem allgemeinen Kriegstaumel auch der Vernunft eine Stimme zu geben: Professor Georg Friedrich Nicolai verfaßt zusammen mit anderen Wissenschaftlern, darunter Albert Einstein, der seit 1913 das Kaiser-Wilhelm-Institut in Berlin leitet, einen Aufruf, in dem es warnend und weitsichtig zugleich heißt: „Denn der heute tobende Kampf wird kaum Sieger, sondern wahrscheinlich nur Besiegte zurücklassen."[7] Nicolai hieß eigentlich Friedrich Lewinstein, kam aus einer jüdischen Familie, benannte sich später nach seinem Onkel, dem bekannten Opernkomponisten, in Nicolai um, er war Physiologe und arbeitete an der Charité eng mit Kraus zusammen. Außerdem war er Spezialist der neuentdeckten Elektrokardiographie. Sein Aufruf trifft auf keinen nennenswerten Widerhall, ebenso wie sein Buch „Die Biologie des Krieges", für das er in Deutschland keinen Verleger findet – kritische Gedanken will niemand

6 T. Sender, Autobiographie, S. 69.
7 Aus: Bleker, Schmiedebach (Hrsg.), Medizin und Krieg, S. 111.

lesen im Deutschen Reich – es kommt in der Schweiz heraus. Seine Warnungen vor den Schrecken des Krieges werden ihm sehr verübelt, er wird als Feigling und Deserteur hingestellt. Dabei kommt Nicolai jedoch, wie alle anderen, seiner Dienstpflicht nach, meldet sich sogar freiwillig, denn er ist der Überzeugung, daß es seine besondere Pflicht als Arzt ist zu helfen. Als er aber den Fahneneid verweigert, weil er „unter keinen Umständen einer Regierung, die Belgiens Neutralität verletzt habe, Giftgase gebrauche und Handelsschiffe torpediere, demonstrativ den Eid der Treue und des Gehorsams leisten wolle"[8], wird er in der Armee degradiert, muß als einfacher Soldat Hilfspflegerdienste leisten, man will ihn dann zum Dienst mit der Waffe zwingen, daraufhin entschließt er sich, nach Dänemark zu fliehen.

Als er nach dem Krieg an der Universität seine Vorlesung halten will, gibt es eine große, lärmende Demonstration der Studenten gegen ihn. Das sind die ersten Vorboten des neuen, unguten Geistes in Deutschland. Pazifisten werden mit Vorliebe in die Ecke von Verrätern gedrängt. Das war nach dem Weltkrieg genauso wie vorher. Tatsache ist, daß man im Deutschland vor dem Ersten Weltkrieg keine besonnenen Stimmen hören will, man will losziehen, „gegen Engeland", das haben – so z.B. Forßmann in seiner Biographie – die Jungen schon seit den ersten Schultagen singen gelernt. Jetzt ist es soweit. Sie ziehen in den Krieg, trunken von dem, was sie Vaterlandsliebe nennen. Im Grunde nicht viel anders als heutzutage die Hooligans, die sich mit Bier abfüllen, bevor sie zur Randale gegen Borussia, Hertha oder die Glasgow Rangers, oder wie Fußballklubs sonst heißen mögen, lostorkeln.

Einige aber müssen wenigstens zu Hause bleiben. Was nützt der militärische Sieg, wenn inzwischen die Zivilbevölkerung ihren Krankheiten erliegen würde. Zu denen, die in der Klinik die Stellung halten, während die Kollegen – darunter ab 1914 auch der Chef Friedrich Kraus und ab 1916 Theodor Brugsch – sich an der Front befinden, gehört auch Rahel Hirsch. Freilich, es ist nicht so ehrenvoll in der Heimat weiterhin die Leberleiden und Bronchialkatarrhe zu behandeln. Davon weiß die Geschichte weniger zu berichten. Rahel Hirsch ist in diesen Kriegsjahren zum größten Teil allein für die Poliklinik verantwortlich. Sie

8 Bleker, Schmiedebach (Hrsg.), Medizin und Krieg, S. 112 f.

teilt sich die Arbeit zunächst mit Theodor Brugsch. Bei Brugsch liest es sich so, als habe er allein für seinen Chef Kraus die Stellung gehalten – nun, über Brugschs Verdienste gibt es nichts zu diskutieren – wenn Jürgen Thorwald in seinem Buch über Sauerbruch ihn als einen der verdienstvollsten Internisten Deutschlands beschreibt, so ist das sicherlich treffend. Brugsch hat seine Kollegin Rahel Hirsch stets geschätzt, es hätte ihm sicherlich ferngelegen, ihre Arbeit oder ihre Leistungen zu schmälern. Warum Brugsch die loyale Hilfe, die er auch in den Kriegsjahren durch Rahel Hirsch gehabt hat, nicht erwähnt, wissen wir nicht.

Der Krieg erreicht auch die Charité und Rahel Hirsch. Schon ab August 1914 treffen die ersten Verwundeten ein. Die Charité hat 1600 Betten, davon 1000 für die Zivilbevölkerung und 600 für die Soldaten. Aber die reichen bald nicht mehr aus. Täglich kommen neue Transporte. Patienten mit notdürftig amputierten Gliedmaßen oder welche mit Gasbrand, die schweren Verletzungen wie Bauchschüsse erreichen gar nicht mehr die Heimat. In die Charité kommen die, deren Verletzungen leichter sind oder die wenigstens transportfähig gemacht werden konnten. Geschoßsplitter müssen entfernt werden, schlecht heilende Wunden behandelt, und jeden Tag wird eine Unmenge von Verbandsmaterial verbraucht. So dauert der Dienst zehn, zwölf oder gar vierzehn Stunden, und dabei erlebt Rahel Hirsch den Wandel der Stimmungen im Verlaufe des Krieges aus erster Hand, nämlich von den Soldaten. Nach der überschwenglichen Begeisterung im August 1914 beginnt das Kriegsgeschehen sehr bald zu stagnieren. Statt daß man Weihnachten schon die heimkehrenden Sieger begrüßen könnte – hatte man sich doch schon auf die bunten Paraden mit klingendem Spiel mitten durch Berlin gefreut –, liegt die Armee immer noch im Feld. Die Deutschen erzielen keinen Durchbruch. Die Niederlagen werden verschwiegen, aber hier im Krankenhaus, wenn die Transporte mit den Verwundeten ankommen, hört man doch davon, wie es wirklich steht. Es ist nicht zu übersehen, wie schlachtenmüde die Soldaten werden, da ist nichts mehr von der übermütigen Hurrastimmung und Siegesgewißheit zu spüren. Die Liebe zum Vaterland und dem Kaiser läßt merklich nach, wenn einen das Wundfieber quält. Je länger der Krieg dauert, desto schlechter wird die Versorgungslage auch in der Heimat. Schon im Jahre 1915 werden Brotgetreide und Fleisch unter behördliche Kontrolle gestellt. In Berlin werden als erster deutscher Stadt Brotkarten ausgegeben, eine einheitliche Brotkarte für alle Gemeinden Groß-Berlins geschaffen. In den Briefen von der Front weicht die Champagnerstimmung dem Grauen über das Erlebte. Trotzdem werden auch die letzten wehrfähigen Männer eingezogen. In den Berliner Straßen- und U-Bahnen werden Schaffnerinnen eingestellt, wie auch in anderen öffentlichen Diensten, weil es an Männern fehlt.

Am vorletzten Tag des ersten Kriegsjahres, während im Feld und in der Heimat die Euphorie sich langsam in Bedrückung wandelt, am 30. Dezember 1914, stirbt in Frankfurt Rahel Hirschs Mutter. In den wenigen erhaltenen Unterlagen über Rahel Hirsch gibt es ein Telegramm, aus Frankfurt am Main aufgegeben an die „koenigliche charite direktion berlin!" Ein paar Zeilen nur: *ich wurde nachts telephonisch zu meiner schwer erkrankten mutter gerufen bitte mich fuer einige tage guetigst zu beurlauben da der zustand sehr ernst ist prof rahel hirsch.* [9]

Vom Eingangsstempel läßt sich eine 27 und die Jahreszahl 1914 erkennen, so daß es wahrscheinlich ist, daß dieses Telegramm Rahel Hirschs letzte Reise zu ihrer Mutter betrifft. Karge Spuren ihres Lebens. Für privaten Kummer, für persönliches Leid bleiben nur „guetigst einige Tage", dann muß sie wieder nach Berlin, zum Dienst. In den Jahren 1915/1916 wird die Poliklinik, die Rahel Hirsch zu dieser Zeit leitet, 16.244 Kranke betreuen und über 65.000 Konsultationen, d.h. Beratungen, durchführen.

Ab 1916 ist ihr Kollege Theodor Brugsch auch im Feld. Es hat ihn in ein rumänisches Lazarett verschlagen. Er sieht frühzeitig, daß der Krieg wohl nicht mehr zu gewinnen ist, während viele der Offiziere immer noch blind für die Wirklichkeit sind. In seinen Erinnerungen, beschreibt er, wie er den Befehl erhielt, durchs Spital zu gehen, um möglichst viele der ungefähr vierhundert Kranken kv. (kriegsverwendungsfähig) zu schreiben, weil sie im Westen dringend neue Kräfte brauchten. Das Ergebnis war niederschmetternd, dem enttäuschten Generalarzt sagte Brugsch: „,Herr Generalarzt, Sie werden sich über das kümmerliche Resultat nicht wundern, denn diese alten Landser, von denen manche schon das vierte Jahr im Kriege stehen, haben doch keine Lust mehr,

9 Dokumentensammlung Volkheimer.

jetzt an die Westfront zu gehen; sie spielen hier so lange wie möglich krank.'" Der Generalarzt zeigte sich entsetzt denn „er hatte in völliger Verkennung der Situation erwartet, daß jeder einzelne dem Ruf des Vaterlandes in Not willig folgen würde".[10]

Dann müssen auch die Generäle einsehen, daß nichts mehr zu machen ist, sie legen der politischen Führung nahe, den Waffenstillstand zu erbitten.

Und dann ist der Krieg verloren, und die Helden kehren heim. Müde, verbittert, verbraucht.

Statt des erhofften Sieges bringen sie die Schmach einer Niederlage mit.

10 T. Brugsch, Arzt seit fünf Jahrzehnten, S. 209.

14
WEIMARER REPUBLIK – WAS FÜR EINE ZEIT!

Der Krieg ist verloren, das Kaiserreich verschwunden. Kieler Matrosen-revolte und Münchener Räterepublik, von Norden nach Süden ist das Land aufgewühlt und unruhig. Die Bevölkerung hungert, es wird ge-streikt, demonstriert und geschossen. Es gibt den Kapp-Putsch, General-streik und die Besetzung des Rheinlandes durch die Franzosen. Die neue Republik hat es schwer. Die mitleidlosen Kapitulationsbedingun-gen der Siegermächte, die miserable Versorgungslage und der heftige Streit um die Macht in dem zusammengebrochenen Reich sind nicht eben ein guter Einstieg in die Demokratie. Unter diesen Bedingungen den Deutschen die parlamentarische Staatsform nahezubringen war von vornherein eine Sisyphusarbeit. Die reaktionären Kräfte haben es leicht, alles Schlechte der neuen Republik anzulasten und für Not und Elend die Sozialisten und die Revolution verantwortlich zu machen.

Aber nicht genug damit, daß die Rechten und die Linken um die Macht im neuen Staate kämpfen, um das Chaos komplett zu machen, ist die Linke untereinander auch noch zerstritten. Statt daß sie ihre Kräf-te vereinen und gemeinsam daran arbeiten, daß die Sozialdemokratie in Deutschland Boden gewinnen kann, wüten sie gegeneinander, weil die jeweils anderen vom richtigen Weg abweichen. Für die Kommuni-sten sind die Sozialisten Verräter, die Sozialisten ihrerseits halten die Kommunisten für realitätsfern, und im übrigen spalten sie sich auch noch mal in Mehrheitssozialisten (MSPD) und die unabhängigen Sozia-listen (USPD). Sie „tragen mit deutscher Gründlichkeit ihre Zwiste aus", wie Carl von Ossietzky in der Berliner Volkszeitung[1] beklagt, „während die Rechte klar macht zum Gefecht". In Berlin wird Rosa Luxemburg, Jüdin und Führerin der Kommunistischen Partei, zusammen mit Karl Liebknecht am 15. Januar 1919 von Regierungstruppen ermordet und in den Landwehrkanal geworfen.

---

1 Berliner Volkszeitung vom 31. Januar 1920.

Und dann, kaum daß die Straßen etwas ruhiger geworden sind und man hätte anfangen können, sich einzurichten, kommt 1923 die Inflation! Alle Arbeiter werden Millionäre, und die Entwertung des Geldes geht so rasend schnell vor sich, daß mittags ausgezahlte Löhne abends schon kaum mehr für das Brot und die Butter reichen. Hier das pragmatische Rezept Käthe Frankenthals, Jüdin, Ärztin und unerschrockene Politikerin im Berlin der zwanziger Jahre: „Nach meiner Sprechstunde pflegte ich meine Taschen zu entleeren und meiner Wirtschafterin den Papierwulst, den ich eingenommen hatte, ungezählt zu geben. Es wäre ganz gleichgültig gewesen, wenn sie davon etwas für sich gekauft hätte. Nur zurückbringen durfte sie mir das Geld nicht. Am nächsten Tage war es nichts mehr wert."[2] Gute Zeiten für die Wirtschafterin. Kaum vorstellbar, daß Rahel Hirsch das eingenommene Geld in so burschikoser Weise in ihre Taschen stopft oder daraus hervorholt – ihre Probleme werden dieselben gewesen sein. Im letzten Inflationsmonat, im November, kostet ein Pfund Butter sechs Billionen Reichsmark. Es ist schwer, in dieser Zeit etwas zu essen zu bekommen, wehmütig denkt sie daran zurück, wie man in der Charité die belegten Schrippen zum Frühstück für die Ärzte eingeführt hatte. Zum Glück gibt es immer dankbare Patienten, die nicht mit Geld, sondern gleich mit Naturalien bezahlen. Ein paar Kartoffeln, etwas Fett, damit kann man sich dann wieder über die Runden helfen.

In das Chaos und in die wirtschaftliche Not kommen die einstmals strahlenden Sieger von der Front zurück in die Heimat: desillusioniert, müde, verwundet und enttäuscht. Dort haben inzwischen die Frauen die Stellung gehalten – Theodor Brugsch findet in seinen Erinnerungen Worte der Anerkennung, wie sehr sie sich doch in allen Berufen bewährt hätten, in die sie hineingestellt worden waren –, aber nun ist der Spaß vorbei, nun sollen sie zurück an den Herd. Die Kriegsheimkehrer wollen ihre Arbeit wiederbekommen, sie müssen ja schließlich die Familie ernähren, die sie gerade so tapfer verteidigt haben. Davon, daß sie sie überhaupt erst in diese Not gebracht haben, ist natürlich nicht die Rede – ein Sieg ist etwas Großartiges, eine Niederlage eben Schicksal – das von allen geteilt werden muß.

2 K. Frankenthal, Jüdin, Intellektuelle, Sozialistin, S. 103.

Bei den Medizinern ist die Arbeitsmarktlage katastrophal. Hat man doch vor dem Kriege möglichst alle, die zum Militärdienst mußten, noch approbiert, hat man doch Trimester eingeführt, damit die, die ins Feld ziehen wollten, schneller studieren konnten. Nun hat man ein riesiges Angebot von fertigen Ärzten, und dazu strömen noch mehr Studenten an die medizinische Fakultät. In solchen Zeiten nimmt man es Frauen übel, wenn sie arbeiten, denn sie nehmen ja einem Mann einen Arbeitsplatz weg.

Auch Rahel Hirsch ist von dieser Stimmung betroffen. Da spielt es keine Rolle, daß ihre Leistungen unbestritten sind und sie inzwischen eine erfahrene Ärztin ist. Zwar hat man sich das kleine Ruhmesblatt, eine der ersten Professorinnen hervorgebracht zu haben, an der Charité wohl stehenlassen, dennoch hält man sie nicht.

Ob sie freiwillig gegangen ist?

Es gibt nur eine lapidare Notiz auf einem früheren Urlaubsgesuch von ihr: „1919 ausgeschieden", ist dort handschriftlich vermerkt, und es läßt sich nicht feststellen, ob sie selber gekündigt hat und wenn ja, warum.

Wer an der Charité ist, möchte dort bleiben.

Rahel Hirschs Lebensziel ist es gewesen, zu forschen. Es ist ihr nicht um bloße Berufstätigkeit gegangen, dann hätte sie ja Lehrerin bleiben können. Sie hätte den Weg wählen können, den andere Kolleginnen gegangen sind, wie zum Beispiel Rahel Straus in München, die sich dort – als eine der ersten Ärztinnen – niedergelassen hat und der es sogar gelang, Berufstätigkeit und Familienleben zu vereinbaren. (Das Rezept dafür verrät Rahel Straus übrigens in ihrem Lebensrückblick: „In erster Linie muß der Ehemann in der Frau die gleichberechtigte Gefährtin sehen, die nicht in erster Linie für ihn da zu sein hat, sondern das Recht auf Eigenleben und Eigenverantwortung hat. Zweitens gehört eine pekuniäre Grundlage dazu..."[3], die es nämlich erlaubt, diverse Dienstboten zu halten. Eigentlich alles ganz einfach also.)

Das aber war nicht Rahel Hirschs Lebensentwurf. Ihr Ziel war die wissenschaftliche Arbeit, sie war von der unbezwingbaren Neugier be-

---

3 R. Straus, Wir lebten in Deutschland, S. 141.

seelt, die den leidenschaftlichen Forscher ausmacht – sonst hätte sie es sich nicht angetan, an die Charité zu gehen – es gab auch damals viele Wege, die leichter waren.

Gut möglich, daß Brugsch ihr zugeredet hat, die Charité zu verlassen. Brugsch gehörte zu jenen Männern, die mit Liebenswürdigkeit und Überredungskunst statt mit Arroganz und Überheblichkeit vorgingen. Es dürfte ihm außerdem schwergefallen sein, mit einer gutaussehenden Frau nicht zu flirten, schon gar nicht mit einer so außergewöhnlichen Frau, wie Rahel Hirsch es war. Es wird ihr auch nicht unangenehm gewesen sein, war er doch ein charmanter und interessanter Mann und immer ein liebenswürdiger, hilfsbereiter Kollege.

„Geh, du hast schließlich mehr erreicht, als eine Frau jemals erreichen kann", wird er ihr gesagt haben. Es sei doch eine famose Idee, wenn sie sich niederließe. „Du bist keine Unbekannte in Berlin, da kommen die Leut' – du wirst sehen!"

„Ja, wahrscheinlich wollen sie gern einmal sehen, wie ein Fräulein Professor aussieht." Sie kann sich ihren Sarkasmus nicht ganz verbeißen. „Ja und? Da wären sie ganz bestimmt nicht enttäuscht", grinst Brugsch. „Nein, aber mal im Ernst", fügt er schnell hinzu, bevor die Kollegin ärgerlich werden kann. Er weiß, solche Anspielungen kann sie nur schlecht vertragen, sie möchte als Ärztin ernst genommen werden und verachtet solche oberflächlichen Schmeicheleien. Nur ihm und Kraus sieht sie solche gelegentlichen Galanterien nach. „Du bist eine gute Ärztin! Wir alle hier haben eine hervorragende Ausbildung, und du kannst gut mit diesem neuen Zeugs, dieser Röntgenapparatur, umgehen – man wird dir Patienten zuweisen, denn die meisten, die mit diesen Röntgenstrahlen hantieren, verstehen nix davon und sind reine Scharlatane."

Das stimmt. Seit 1895 der Würzburger Physiker Wilhelm Conrad Röntgen die X-Strahlen entdeckt hat, die durch Pappe und Holz, ja durch den Menschen hindurchgehen und sein Knochengerüst zeigen, gibt es allerhand Leute, die behaupten, mit diesen Wunderstrahlen nun die verschiedensten Krankheiten zum Verschwinden bringen zu können. Kraus hat dafür gesorgt, daß seine Assistenten mit der neuen Methode zu arbeiten gelernt haben, ihre Möglichkeiten, aber auch ihre Grenzen und Gefahren richtig einschätzen können, und so ist Rahel

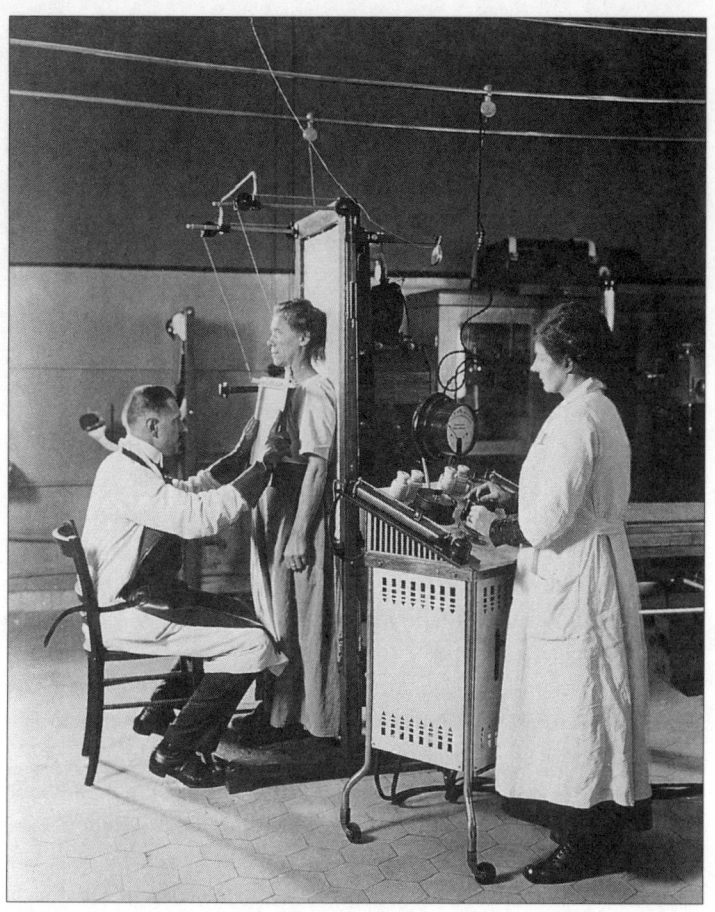

18 Eine Röntgenapparatur um 1920.

Hirsch fast schon so etwas wie eine Fachärztin auf diesem Gebiet. Manch ein Kollege, sagt Brugsch, wäre froh über solche Voraussetzungen, um sich niederzulassen. Er weiß natürlich, daß die meisten Assistenten – so wird auch er es in späteren Jahren halten – die Privatpraxis neben der Tätigkeit an der Charité haben. Das eine fürs Brot, das andere für den Ruhm und die Wissenschaft. Gänzlich niederlassen tun sich nur wenige – vor allem die, die an den Universitäten keine Chance mehr für ihre Karriere sehen.

So könnte es gewesen sein.

Und Rahel Hirsch? Sie ist nicht ganz überzeugt von dem was Brugsch sagt – aber sie ist auch müde geworden. Sie ist diese ewigen Zurücksetzungen leid, sie ist es leid, immer wieder darauf zu stoßen, daß sie niemals so ernst genommen werden wird wie ihre männlichen Kollegen gleicher Qualifikation. Also entschließt sie sich, eine private Praxis in Berlin zu eröffnen.

Die Empörung über weibliche Ärzte ist inzwischen abgeklungen, man hat Wichtigeres zu tun, als sich über emanzipierte Frauen aufzuregen. Die Welt wird sowieso immer verrückter, da ist es einfacher, auf die allgemeine Unmoral, auf die Kommunisten oder die Bolschewiken zu schimpfen, da sind dann die Frauen, die aus ihrer Rolle ausbrechen nur eines der vielen Übel, die mit dem Bolschewismus und Sozialismus das Land überziehen. Auf der anderen Seite hat sich vieles geändert, gelockert – Frauen dürfen sich jetzt habilitieren, und es spricht zum ersten Mal eine Frau, nämlich Marie Juchacz von der MSPD, vor dem deutschen Parlament in Weimar.

Ärzte werden sicher gebraucht im Berlin nach dem Weltkrieg. Der Gesundheitszustand der Bevölkerung ist schlecht. Die letzten Kriegsjahre waren von unglaublichem Mangel gekennzeichnet.

Im Juli 1918 zum Beispiel bestand die wöchentliche Pro-Kopf-Ration aus einem Pfund Kartoffeln und einem Kilo Brot. Dann wurden sogenannte „fleischlose Wochen" eingeführt, was damit gemeint war, läßt sich daran ablesen, welche Rationen es in den Wochen gab, die nicht fleischfrei waren: nämlich ganze 200 Gramm Fleisch – aber das nur in größeren Städten – warum auch immer –, in kleineren Städten gab es noch weniger.

Die Zeitgenossin Rahel Hirschs und Zeitzeugin jener Jahre nach dem Ersten Weltkrieg, Käthe Frankenthal, die ihre Erinnerungen aufgeschrieben hat, ist als Militärärztin im Kriegsdienst in Rumänien gewesen – übrigens bei den Österreichern, bei den Deutschen hätte sie nur Krankenschwester sein können, da es die preußische Disziplin nicht zuließ, daß eine Frau einen Offiziersrang bekleidet und damit Befehlsgewalt über Männer gehabt hätte – und schildert ihre Empfindungen, als sie von der Front zurück nach Berlin kommt. Sie ist zunächst noch völlig davon überzeugt, daß die schlechte Verpflegung des Heeres eine gewollte Benachteiligung gewesen sei. Wie so viele glaubt sie, man habe den Soldaten, die im Felde lagen, die guten Sachen vorenthalten, weil man sie lieber selber aß. Um so entsetzter ist sie, als sie die wirkliche Situation in der Heimat erkennen muß. Wenigstens, schreibt sie, hätte der Kaffee bei der Armee noch von Farbe und Geruch her Ähnlichkeit mit Kaffee gehabt, während das, was ihr in Berlin ein Kellner in einem Café servierte, von ihr nicht als solcher zu identifizieren gewesen sei. Gegen das, was man in der Heimat an Lebensmitteln zur Verfügung hat, muß sie erkennen, war die eintönige, magere Kost der Feldküche eine üppige Feinschmeckerei.

Die Menschen hungerten, standen stundenlang vor den Läden in Schlangen an, um etwas zu essen zu bekommen. Meistens jedoch kam der Ladenbesitzer schon lange bevor die letzten in der Schlange an der Reihe waren und legte das gefürchtete Schild „Keine Ware mehr" ins Schaufenster. Die Hausfrauen, die nichts bekommen hatten, mußten sehen, was sie ihrer Familie zum Abendbrot vorsetzen konnten – vielleicht wieder einmal Rüben – als Mus oder als Gemüse oder in der Suppe. Bis in die heutige Zeit haben Menschen jener Generation eine Abneigung gegen die Steckrübe behalten und vermeiden es, sie zu essen. Es ist der jüngeren unvoreingenommenen Generation vorbehalten, die delikaten Seiten dieses Gemüses zu entdecken. Heute steht sogar schon einmal bei einem festlichen Empfang im Rathaus einer norddeutschen Stadt „Steckrüben-Gratin" auf der Speisekarte... davon hätte man damals nur träumen können.

Auch nach dem Krieg änderte sich an der Versorgungslage zunächst nichts oder nicht viel. Die Menschen hungerten weiter. Rahel Hirsch bekam in ihrer Praxis viele Hungerödeme zu sehen, etwas sonst sehr Seltenes. Ärzte durften einen viertel Liter Milch als „Heilmittel" verschreiben. „Dies Heilmittel müßte man eigentlich der gesamten Berliner Bevölkerung verschreiben", wird sie ebenso wie ihre Kollegen oft geseufzt haben, statt dessen wurde an die Ärzte appelliert, mit der Verordnung von Milch doch sparsamer umzugehen – auch damals schon zichtigte man die Ärzte, die Kosten unverantwortlich in die Höhe zu treiben.

Die Zeiten für eine Niederlassung waren insofern gut, die Bevölkerung war mehr krank als gesund, und daran würde sich in absehbarer Zeit nichts ändern. Ärzte würden gebraucht – aber würden sie auch bezahlt werden?

Von jeher gab es Unzufriedenheit bei Ärzten über das Honorar, nicht selten fühlten sie sich zu gering entlohnt. Ebenso alt ist die Furcht der Ärzte vor der Konkurrenz der Kollegen – und auch der Kolleginnen. Es scheint ein ärztliches Grundgefühl zu sein, gegen die Konkurrenz nicht anzukommen, und eine Grundangst, für die eigene Leistung nicht angemessen entlohnt zu werden – woran etwas Wahres ist. Denn die Ärzte damals verlangten noch von sich, daß sie ihr Leben bedingungslos der Medizin weihten. Wenn ein junger Arzt es z. B. wagte, eine Frau zum Traualtar zu führen, während er noch Assistent war – solch eine Szene beschreibt Forßmann in seinen Erinnerungen –, konnte er erleben, daß der lapidare Kommentar seines Chefs lautete: „Wie schade, daß Sie uns verlassen wollen." Ein verheirateter Assistent würde sich nicht mehr mit der gleichen Hingabe seinem Beruf widmen.[4]

Wenn man aber sein ganzes Leben einer Sache weiht – kann es da überhaupt eine gerechte Entlohnung geben? Natürlich nicht. So findet dieses Grundgefühl des Nichtanerkanntwerdens Eingang in alle Auseinandersetzungen der Ärzte mit ihrer Umgebung. Nun finden Klagen über Patienten, die schlecht bezahlen, doch ihre natürliche Begrenzung. Einmal verbietet es der Anstand, allzu ausgiebig zu lamentieren, zum anderen die Klugheit – denn man könnte den Patienten ganz verlieren. Seit Einführung der Krankenkassen im Jahre 1883 durch die Bismarcksche Sozialgesetzgebung jedoch eskalierte das Gefühl der Unzufriedenheit bei den Ärzten, denn nun gab es eine eher anonyme Institution, die man anklagen konnte. Seitdem ist der Vorwurf der zu geringen Bezahlung seitens der Ärzte eigentlich nie ganz verstummt.

Zur Zeit der Inflation gab es schwerere Auseinandersetzungen zwischen Ärzten und Krankenkassen. Durch die quartalsweise Auszahlung der Honorare und die damit verbundene Verzögerung kam es zu enormen Entwertungen, und da die Kassen sich nicht dazu bereit fanden –

---

4 W. Forßmann, Selbstversuch, S. 150.

oder keine Möglichkeit dazu sahen –, den Auszahlungsmodus irgendwie zu ändern, fühlten sich die Ärzte, mit Recht, um ihr Geld betrogen. Daß sie beschlossen zu streiken, war neu. Die Arbeit zu verweigern, d. h. ja nichts anderes, als Kranke nicht mehr zu behandeln, widerspricht vom Grundsatz her der ärztlichen Ethik, aber man wußte sich wohl nicht anders zu wehren.

Das fehlte nun noch! In diesen wirren Zeiten, in denen es schwer genug war durchzukommen und Krankheit für die meisten Familien einer Katastrophe gleichkam, fingen auch noch die Ärzte an zu streiken. Die Kassenpatienten, durchweg Arbeiter und wirtschaftlich Schwachgestellte, gerieten in Gefahr, für ihre Arztkosten selbst aufkommen zu müssen. Man versäumte zwar ärztlicherseits nicht, zu versichern, daß dieser Streik nicht gegen die Patienten ginge – selbstverständlich nicht –, sondern sich ausschließlich gegen die Krankenkassen richte. Was aber sollte es den Patienten nützen, wenn man ihnen sagte, daß der Streit sich zwar nicht gegen sie richte, sondern nur „bedauerlicherweise gegen sie auswirkt"[5]? So gab es Streikbrecher unter den Ärzten, und zwar waren es die sozialistischen Ärzte, also die Linken, die den Streik nicht mitmachten, weil ihnen die Bevölkerung leid tat.[6] Die Krankenkassen waren auch nicht faul. Sie rüsteten zur Gegenoffensive, indem sie Ambulatorien einrichteten. Dort beschäftigten sie eigene Ärzte als Angestellte, die die Versicherten kostenlos versorgten. So verlor der Streik seine Spitze. Die Ärzte und ihre Berufsverbände schäumten, und ihre Wut gegen Krankenkassen und die Angst vor Ambulatorien mit festangestellten Ärzten ist bei den Funktionären bis heute nicht verflogen.

Es mag nachvollziehbar sein, daß die Ärzte zu der ungewöhnlichen Maßnahme des Streiks griffen, denn sie hatten damals gegenüber den Krankenkassen wirklich einen schlechten Stand (so bezeichnete sich der Hartmannbund – der Verband der Ärzte Deutschlands – programmatisch als „Selbsthilfegruppe" gegen die „Versklavung der Deutschen Ärzte als Kassenärzte in der Sozialversicherung"[7]), dennoch lag das Ein-

---

5 K. Frankenthal, Jüdin, Intellektuelle..., S. 105.
6 Nach R. Jäckle, Ärzte und Politik, S. 34.
7 Nach F. Kudlien, Ärzte im Nationalsozialismus, S. 45.

kommen der meisten Ärzte über dem Durchschnittsverdienst. Auf seiten der ärztlichen Interessenverbände merkte man sich genau, wer zu den Streikbrechern und ihren Sympathisanten gehörte. Es dauerte keine zehn Jahre, da mußten diese bitter dafür büßen, daß sie sich in dieser schwierigen Frage für die Patienten und gegen ihre Berufsinteressen entschieden hatten. Nach der Machtergreifung Hitlers sorgten die Ärzteverbände unter Reichsärzteführer Gerhard Wagner dafür, daß neben den Juden auch allen anderen unliebsamen Ärzten die Kassenzulassung entzogen wurde. Und Göring fand den vollen Beifall ebenderselben ärztlichen Standesvertreter, als er versprach, er wolle „den roten Saustall der Krankenkassen" ausräumen.

Wir wissen nicht, auf welcher Seite Rahel Hirsch in diesem Krankenkassenstreit gestanden hat, inwieweit sie überhaupt darin involviert war. Sie hat ja zunächst eine Privatpraxis gehabt – zu vermuten ist übrigens, daß sie auch bereits in den letzten Jahren an der Charité nebenher eine private Praxistätigkeit ausgeübt hat, um ihre Finanzen zu verbessern –, und wir wissen nicht, ob sie überhaupt eine Kassenzulassung hatte. Die ärztlichen Standesvertretungen hatten zunächst die Frauen von der kassenärztlichen Tätigkeit fernhalten wollen, später bestand man darauf, daß Ärztinnen auch Kassenpatienten behandeln mußten. Sicher scheint mir zu sein, daß Rahel Hirsch ihre Behandlung nicht von der ausreichenden oder angemessenen Bezahlung abhängig machte – wann war sie denn jemals „angemessen" bezahlt worden? –, sondern der guten ärztlichen Tradition folgte, nach der einem mittellosen Patienten das Honorar erlassen werden kann (generell kostenloses Behandeln verbietet die Berufsordnung). Sie wird in diesen Jahren viel Zulauf auch aus der armen Bevölkerung gehabt haben, war sie doch bei Arbeitern und Tagelöhnern gut bekannt durch ihre Gutachten, und man wußte dort, wie gewissenhaft und gründlich sie jeden Fall behandelte.

Es gab bei all den Wirren auch schöne Seiten der zwanziger Jahre und auch positive Stimmen über die Zeit der Weimarer Republik. Charlotte Wolff, auch eine jüdische Ärztin, die Zeitgenossin Rahel Hirschs war und ihre Erinnerungen festgehalten hat, schreibt anerkennend: „Trotz der faschistischen Wolke am Horizont, war das Deutschland der zwanziger Jahre eine demokratische Republik, in der Juden nicht diskriminiert wurden."[8] Sie hatte sich immer – wie es unter Ärzten als vornehm galt – als unpolitisch verstanden, sich wenig um die Geschehnisse um sie herum gekümmert. Im Studium hatte sie sich und ihre jüdischen Studienkolleginnen eher im Vorteil gesehen, weil, wie sie schreibt, sie mehr Selbstbewußtsein und Durchsetzungsfähigkeit hatten als ihre christlichen Kommilitoninnen. Aber trotz dieser Abstinenz dem gesellschaftlichen Geschehen gegenüber zögerte sie nach der Machtergreifung nicht lange, sondern emigrierte nach England. Als sie das erste Mal in der Berliner S-Bahn erlebte, wie ein nationalsozialistischer Offizier sie beschimpfte und sie festnehmen wollte, zog sie – der Situation gerade noch durch die Intervention eines dankbaren Patienten entronnen – sofort die Konsequenzen und verließ das Land.

Es waren hauptsächlich die Intellektuellen, die der Weimarer Zeit etwas abgewinnen konnten, die sich freier fühlten. Werner Forßmann, später der erste deutsche Nobelpreisträger für Medizin nach dem Zweiten Weltkrieg, schreibt in seinen Erinnerungen etwas bitter über die „verwöhnten Kinder", die durch prunkvolle Theatervorstellungen und hinreißende Konzerte geblendet worden seien und diese Zeit als die „goldenen Zwanziger" hinstellten, während in Wirklichkeit überall bittere Not herrschte. Er schreibt von „Salonbolschewisten", die sich nächtelang Diskussionen über soziale Probleme lieferten: „Losgelöst von Gegenwart und Umgebung, huldigte man enthusiastisch zukunftsweisenden Schriftstellern Dichtern und Schriftstellern wie Bert Brecht, Kurt Tucholsky und Ernst Toller... die intellektuellen Kinder der zwanziger Jahre schwärmten zwar für den Frieden und lehnten einen chauvinistischen Nationalismus ab. Doch blieb alles leeres Geschwätz, zu Taten war niemand bereit."[9]

Ja, sie fühlen sich wohl in der Atmosphäre der Weimarer Republik, nachdem die ersten, schlimmsten Wirren überwunden sind: Künstler, Schriftsteller, Schauspieler. Die Geschwister Klaus und Erika Mann zum Beispiel. Die jüdische Schauspielerin Therese Giehse, die später mit Erika Mann im Exil das Kabarett „Pfeffermühle" ins Leben rufen wird, begeistert das Publikum in Kleists „Zerbrochenem Krug". Else Lasker-Schüler verkehrt als trauriger Prinz von Theben in den Berliner Literaten-

---

8 (von Seite 154) C. Wolff, Augenblicke verändern uns mehr als die Zeit, S. 66.

9 W. Forßmann, Selbstversuch, S. 49 ff.

19 Die zwanziger Jahre in Berlin: hier das Café Kranzler

Unter den Linden/Ecke Friedrichstraße.

Cafés. Mit ihr ihre Freunde Werfl, Grosz. Sie alle profitieren von der freieren Geisteshaltung der Weimarer gegenüber der wilhelminischen Zeit. Erich Mühsam, Erich Kästner oder Kurt Tucholsky. Das sind nur ein paar ganz wenige der Namen derer, die gerade beginnen, das Land wieder zu dem zu machen, wofür es so viele Jahrhunderte berühmt war, bevor der säbelrasselnde Nationalismus dem Wort deutsch einen schlechten Beiklang gab: ein Zentrum und Ausgangspunkt für Kunst und Kultur.

Es ist alles ganz anders als im Kaiserreich. Die Frauen tragen Bubiköpfe, kurze Röcke. Vergessen sind Korsetts und Schnürschuhe. Man amüsiert sich, tanzt, und Frauen rauchen in der Öffentlichkeit.

Von Rahel Hirsch ist wenig zu hören in dieser Zeit. Ihre große Praxis am Kurfürstendamm ist als eine der ersten mit einer modernen Röntgenapparatur ausgestattet. Sie ist gesucht in Berlin und genießt auch eine gewisse Berühmtheit. Es heißt, ein dankbarer Patient hätte ihr sogar ein Automobil verehrt. Eine Sensation zur damaligen Zeit. Sie ist unter den ersten, die so ein tolles Ding fahren – sicher unter den ersten Frauen. Brugsch hatte sich ebenfalls schon frühzeitig ein Kraftfahrzeug zugelegt. Bereits vor dem Ersten Weltkrieg fuhr er im eleganten Automobil durch Berlin, denn er hatte nie einen Hehl daraus gemacht, daß er einen großzügigen Lebensstil schätzte und Luxus nicht verachtete. Nun dürfte er nicht schlecht gestaunt haben, daß seine Kollegin Rahel es wieder einmal geschafft hatte, ihm gleichzuziehen! Donnerwetter, die Frau hat Chuzpe!

Ob sie das Automobil überhaupt gefahren ist – das wissen wir nicht. Sie war in ihre Arbeit vertieft. Auch die wissenschaftliche Arbeit wollte sie nicht vernachlässigen. Da so viele Kollegen ihre Patienten zu ihr schickten, um sie mit Röntgen therapieren oder untersuchen zu lassen, hielt sie es für sinnvoll, Wissen und Erfahrung in einer neuerlichen Veröffentlichung niederzulegen.

15
DIE WUNDERBAREN STRAHLEN

Im Jahre 1920 erscheint das „Therapeutische Taschenbuch der Elektro-
und Strahlentherapie" von Rahel Hirsch im Verlag von Fischer's medicin.
Buchhandlung, eine Übersicht über gängige physikalische Behand-
lungsmethoden unter besonderer Berücksichtigung der therapeuti-
schen und diagnostischen Möglichkeiten der Röntgenstrahlen.

Rahel Hirsch hatte bei Friedrich Kraus gründlich gelernt, wie wichtig
die neuen Methoden, EKG und Röntgen, zur Diagnose waren. Natürlich, das Herz- und Paradestück der Medizin war und ist der „klinische
Blick", d.h. die beinahe wie Zauberei wirkende Fähigkeit von Ärzten,
eine Krankheit mit einem Blick auf den Patienten zu erkennen. Berühmt
waren die Kliniker jener Zeit, die an das Krankenbett tretend, fast sofort
die Diagnose stellen konnten, über die die jungen Assistenten noch grü-
belten und zweifelten. Wer zwanzig, dreißig Jahre ärztlich tätig ist, und
das vierzehn bis sechzehn Stunden täglich, ist mit den Krankheiten auf
so vertrautem Fuß, daß er sie erkennt wie gute Bekannte. Nicht nur an
den typischen Erscheinungen, die sie beim Kranken hervorrufen, wie
den geschwollenen Füßen bei der Wassersucht oder dem Ikterus, der
Gelbfärbung, bei einem Verschluß der Gallenwege. Das sind so deutli-
che Zeichen, daß schon der Student sie bald gelernt hat. Die erfahrenen Ärzte jedoch unterscheiden mit unfehlbarer Sicherheit an den
Schattierungen im Gelb solch eines Ikterus, wo genau der Verschluß
sitzt. Ob ein leichtes Changieren ins Rot auf eine Erkrankung der Leber
hindeutet oder ob ein Tumor die Gallenwege abklemmt und dem Gelb
einen düsteren Stich ins Schwarze gibt. Sie haben so viele Krankheiten
so oft gesehen, daß sie die Zeichen erkennen, die das jeweilige Leiden
im Gesicht, im Habitus oder gar in der Haltung eines Kranken hinter-
läßt. Sie erkennen das von so vielen Nächten voller Atemnot gequälte
Gesicht eines Asthmatikers ebenso wie die vom stechenden Schmerz
geprägten Falten im Antlitz eines Magenkranken. So wie ein Vogelliebhaber nach Tausenden von Stunden, in denen er Tausende von Vögeln
beobachtet hat, auch in dem pfeilschnell vorüberfliegenden Vogel

genau die Uferschwalbe von der Mehlschwalbe unterscheiden kann. Der Vogelliebhaber kennt nicht nur ihre Merkmale, die sich leicht lernen lassen, wie Schwanzform oder Färbung, er erkennt auch ihre Bewegung, ihre Silhouette. So wie wir Freunde und Bekannte wiedererkennen, nicht weil wir wissen, daß sie z.B. lange Haare und eine Brille tragen, sondern an dem, was für uns die Person ausmacht. Unser Gehirn nimmt nicht nur wie ein Computer unzählige Informationen über Hautfarbe, Gesichtsschnitt, Gang, Geruch, Stimme auf, von denen wir oft gar nicht wissen, daß wir sie abrufbar gespeichert haben, unser Gehirn verarbeitet all diese Informationen sozusagen integrativ und setzt sie zu einem sinnvollen Ganzen zusammen, noch bevor die Einzelanalyse aller Fakten das Ergebnis bestätigen würde: Dieser Mensch muß dein Freund Anton sein, oder: Dieses vorüberflitzende Federbündel ist ein Mehlschwalbenweibchen.

So erkennen die Kliniker jener Zeit Krankheiten wie alte Bekannte, den Typhus ebenso wie die Syphilis, den Diabetes ebenso wie die Herzmuskelschwäche – auch ohne daß diese Krankheiten ihre Visitenkarte von Symptomen, mit denen sie in den Lehrbüchern stehen, abgegeben haben. Bei der Untersuchung des Kranken werden in Sekundenschnelle alle fünf Sinne eingesetzt und nicht selten auch noch ein weiterer, der „sechste" Sinn, der so etwas wie ein Instinkt ist und dessen Ausprägung den guten Arzt zum genialen machen kann. Die Kunst dieses „klinischen Blicks" wird gerne vor Publikum demonstriert. Vor den Studenten im Hörsaal, vor den jüngeren Ärzten und dem Personal bei der Visite und vor den Patienten und deren Angehörigen zu Hause. Ein Kabinettstückchen der Diagnosestellung ist in den Erinnerungen eines österreichischen Kollegen, Heribert Thaler, beschrieben: Auf seiner Station lag ein Mann mit Husten und Fieber, keiner der Assistenzärzte wußte so recht etwas mit ihm anzufangen. Da kam der Chef zur Visite. Er blieb nur kurz am Bett des Kranken stehen und sagte dann: „Sie haben zu Hause einen blauen Papagei!" „Jawohl Herr Professor!" konnte der staunende Patient nur bestätigen. Die Assistenten schlugen sich innerlich an die Stirn: die Papageienkrankheit, eine untypische Lungenentzündung! Daß sie darauf nicht gekommen waren! Der Patient hatte die durch Vögel übertragene Ornithose. Aber eines blieb doch ein Rätsel, und einer der jüngsten Assistenten wagte es schließlich, zu fragen:

„Aber wieso konnten Sie denn wissen, Herr Professor, daß der Papagei blau ist?" „Sind doch alle blau", war die hingeworfene Antwort. [1]

Friedrich Kraus erkannte frühzeitig, daß die klinische Diagnose nicht länger allein zählen würde, daß die Apparate, so unvollkommen und experimentell sie auch noch waren, die Möglichkeiten der Diagnose verbessern würden und irgendwann einmal weiter reichen könnten als der „klinische Blick" und daß man deswegen auf diese Entdeckungen nicht würde verzichten können. Nachdem die „Krankenbettmedizin" die alte „Bibliothekenmedizin" abgelöst hatte, begann nun die Entwicklung zur „Laboratoriumsmedizin". Zur Medizin, wie wir sie heute kennen, die den Patienten einer beliebigen Zahl von Tests unterzieht und dann aus der Menge der gewonnen Daten versucht, eine Diagnose zu stellen. Daß Ärzte einmal den Patienten bis hin zu seinem Erbgut aus solchen Labortests analysieren könnten, ohne ihm auch nur „Guten Morgen" gesagt zu haben, das ahnte allerdings weder Friedrich Kraus noch seine Schülerin Rahel Hirsch, als sie ihre Praxis mit den teuren, großen Geräten ausstattete. Wahrscheinlich haben viele zunächst überhaupt daran gezweifelt, ob Maschinen, die ja rein mechanisch arbeiten, wirklich die intuitiven Fähigkeiten und vor allem die jahrzehntelange Erfahrung der Ärzte einmal übertreffen könnten. Dieses neue Elektrokardiogramm zum Beispiel. Da hatte der Holländer Einthoven doch herausgekriegt, wie man die minimalen elektrischen Ströme im Herzen messen und aufzeichnen konnte. An sich schon ein Wunder, wie da die feine Nadel über das Papier kratzte, wie von unsichtbarer Hand geführt, und eine scheinbar krakelige, aber doch sehr genau festgelegte Kurve aus dem Zentrum des Lebens, aus dem Herzen, aufzeichnete. Aber würde das wirklich einmal das Stethoskop in der Hand des Erfahrenen ersetzen, der, kaum daß er die empfindliche Membran auf die Brust des Patienten gesetzt, das Geschehen dort drinnen so genau deuten konnte, als ginge er, so klein wie Gulliver, durch die Kammern des Herzens oder als sei der Mensch aus Glas? Kraus hatte auch hier vorausschauend die enorme Erweiterung der diagnostischen Möglichkeiten gesehen. So hatte er zusammen mit Friedrich Nicolai, dem Physiologen, der

---

1 H. Thaler, Der blaue Papagei, S. 49 f.

bei den Studenten inzwischen als „jüdischer Defätist" verschrien ist, ein grundlegendes Buch über die Elektrokardiographie geschrieben.

Tatsächlich ersetzen diese Methoden nicht immer die persönliche Begutachtung, die sogenannte „klinische" Untersuchung mit den oben erwähnten fünf Sinnen durch den Arzt. Auch dauerte es sehr lange, bis die Apparate-Methode wirklich so gut war, daß sie zuverlässige Ergebnisse erbrachte. Es läßt sich leicht vorstellen, mit welcher Verachtung die großen Koryphäen auf dieses neumodische EKG und auch das Röntgen herabgesehen haben mögen, insbesondere wenn sie nicht so recht funktionierten. Da benötigten drei Assistenten eine halbe Stunde, um eine Lungenaufnahme von einem Patienten zu machen, auf der man dann nichts sah, während der Chef noch nicht mal sein Stethoskop aufzusetzen brauchte, um zu hören, daß da im linken Unterlappen eine Pneumonie, eine Lungenentzündung, saß.

Die hervorragenden Möglichkeiten der Untersuchung von inneren Organen mittels Röntgenstrahlen stellten sich erst allmählich heraus. Zu Beginn war man wesentlich stärker fasziniert von den Wirkungen, die die unsichtbaren, unriechbaren Strahlen auf die Organe, am augenfälligsten auf die Haut, zeigten. Da hatte ein Arzt in Wien ein Mädchen mit einem behaarten Muttermal bestrahlt – leicht läßt sich vorstellen, wie sehr die Kleine unter ihrer Entstellung gelitten hatte – und konnte es damit zum Verschwinden bringen. Heutigen Ärzten und Patienten würde es ein wenig grausen, wenn sie läsen, was man damals noch meinte alles bestrahlen zu können. Von der Schuppenflechte über die Hauttuberkulose bis zum Asthma – alle Patienten, denen man bisher nicht so recht helfen konnte, wurden den neuen Wunderstrahlen von Wilhelm Conrad Röntgen ausgesetzt. Während wir uns heute vorsehen, keinen einzigen unnötigen Röntgenstrahl auf einen Patienten loszulassen, befleißigte man sich damals eher darin, möglichst viele Krankheiten versuchsweise zu bestrahlen, in der Hoffnung, mit den geheimnisvollen Strahlen Wunder zu vollbringen. Hautekzeme, die man einer Röntgenbestrahlung aussetzte, wurden deutlich blasser oder verschwanden ganz. Daß sich manchmal als Nebenwirkung scheußliche Geschwüre bildeten, nahm man nicht so ernst. Wie auch die Wissenschaftler, die sich mit der Radioaktivität beschäftigten, zum Beispiel Madame Curie, die Gefährlichkeit stark unterschätzten. Man ahnte nichts von der tückischen Wirkung der Röntgenstrahlen, man ahnte nichts davon, daß es Dinge gibt, die heute einwirken und Jahre, ja Jahrzehnte später Nachwirkungen haben. Von der Zeitverzögerung bei der Krebsentstehung wußte man damals noch nicht – oder nicht genug. Viele der Ärzte, die zuerst die Röntgenstrahlen therapeutisch oder diagnostisch angewandt haben, sind später an bösartigen Tumoren zugrunde gegangen. Besonders oft entwickelten sich Tumoren an den Händen, da man sich damals noch viel zu wenig gegen die Abstrahlung schützte. Nicht daß man nicht skeptisch und vorsichtig gegenüber den neuen Strahlen gewesen wäre. Um herauszubekommen, ob Röntgenstrahlen gefährlich sein könnten, bestrahlte man zum Beispiel Nierengewebe – immer im Tierversuch –, schnitt dann anschließend die Niere klein und legte sie in säuberlichen Schnitten unters Mikroskop. Da sich keinerlei Veränderung feststellen ließ, schloß man daraus, daß es auch keine schädigende Wirkung gab. Ganz unbefangen und naiv staunte man über das Phänomen, das der Röntgen da entdeckt hatte. Auf Jahrmärkten wurde der Apparat vorgeführt, in dem man seine eigenen Knochen zu Lebzeiten betrachten konnte, ein schaurig aufregender Nervenkitzel für die Menschen jener Zeit. Und bis in die fünfziger Jahre hinein gab es in Schuhgeschäften diese Kästen, in die die Kinder ihre Füße stecken konnten, und Verkäuferin und Eltern sahen dann mittels der Röntgendurchleuchtung, ob der Knochen des großen Zehs am Schuhleder anstieß oder nicht. Das wurde ganz unbefangen so gehandhabt – niemand verschwendete einen Gedanken an die Menge der Strahlen, die dabei auf die Kinder und auch auf die Verkäuferinnen fiel.

Rahel Hirsch ist da vorsichtiger. „Die Beobachtungen am Menschen haben ergeben, daß die Frucht durch Röntgenstrahlen geschädigt werden kann schon durch kleinere Dosen. Da eine Fernwirkung nicht auszuschließen ist, sollten auch Bestrahlungen anderer Körperteile als des Abdomens unterbleiben."[2] Sie empfiehlt das damals gebräuchliche Bleigummi als Schutz für Ärzte und ausführendes Personal. Und ob die Behandlung der Hyperhidrosis, der übermäßigen Schweißbildung, mit Röntgenstrahlen wirklich so lohnend sei, daß sie empfohlen werden könne, stellt sie in Frage.

2 R. Hirsch, Elektro- und Strahlentherapie, S. 75. Abdomen (lat.) = Bauch.

In Amerika hatte man gute Erfolge bei der Behandlung der Leukämie und dann auch bei Fällen von Gebärmutterkrebs gesehen – natürlich stürzt man sich auf die neue Heilmethode für Leiden, denen Ärzte sonst völlig hilflos gegenüberstehen. Bis zur heutigen gezielten und dosierten Strahlentherapie ist aber noch ein langer Weg. Es wird auch noch lange dauern und noch viele Opfer fordern, bis man die ganzen Auswirkungen der Röntgenstrahlung erkennt, bis man zum Beispiel grundsätzlich darauf verzichtet, Schwangere zu röntgen.

In Deutschland ist es dann nur noch ein kleiner Schritt zur Sterilisierung von Frauen mittels Röntgenbestrahlung, deren Erbgut man für minderwertig hält – aber davon ahnt Rahel Hirsch zu diesem Zeitpunkt nichts.

Wenn bei Arbeiterinnen, die mit strahlendem Material umgegangen sind, später Schäden auftreten, so sieht Rahel Hirsch die Verantwortlichkeit des Arbeitgebers als gegeben an. Der Argumentation, daß Schäden nicht immer voraussehbar seien, folgt sie nicht, sie geht nach dem Verursacherprinzip. Wenn Arbeitgeber den Nutzen aus der Tätigkeit der Arbeiterinnen gezogen haben, so sind sie auch haftbar für eventuelle Folgen.

In der „Elektro- und Strahlentherapie" geht es nicht nur um das Röntgen, sondern um alle möglichen anderen physikalischen Heilmethoden wie Lichttherapie, Kurzwellenbestrahlung und ähnliches.

Es wird – auch damals schon – allerlei Ominöses auf dem Gebiet der physikalischen Medizin angeboten. Schon immer gab es abenteuerlichen Unfug im Umfeld der Medizin, jetzt aber, wo sie so spektakuläre Fortschritte macht, noch mehr. Denn wo so vieles Unglaubliche möglich wird, fällt es leicht, die Leute auch die unwahrscheinlichsten Dinge glauben zu machen. Da gibt es zum Beispiel einen Herrn von Bergonié, der vorgibt, eine phantastische Methode zur Entfettung durch passive Muskelarbeit entwickelt zu haben.

Nach seiner Anordnung, die er stolz die „Bergoniésche Methode" nennt, wird der nackte Patient auf einem Lehnstuhl festgeschnallt, mit Elektroden beklebt und dann mit zehn bis zwölf Volt Spannung bearbeitet. Die Vibrationen der Muskelzellen sollen zum Abbau von Fettgewebe führen. Die Zuckungen aber, in die die Skelettmuskulatur damit versetzt wird, sind so stark, daß es erforderlich wird, Sandsäcke von sechzig bis hundert Kilo auf den Patienten zu legen, um ihn ruhigzuhalten.

Dieser Methode widmet sich Rahel Hirsch in einem kurzen Abschnitt ihres Buches: „Nach dem zunächst eingetretenen Enthusiasmus, den Bergoniés Entfettungs-Methode ausgelöst hatte, trat bald Ernüchterung ein." Kühl konstatiert sie: „Die sachliche Beobachtung ergab nämlich in der Folge, daß die Methode als solche, ohne Diätmaßnahmen, keine nennenswerte Gewichtsabnahme erzielt."

16
SOZIALISMUS FÜR DUMME?

Fast unmerklich ist die Atmosphäre in Berlin bedrohlicher geworden. Antisemitismus hat es schon immer gegeben in Deutschland, damit hat man leben gelernt. Wie die Bewohner am Fuße des Vesuvs mit dem Vulkan leben. Wegen ein paar Rauchwolken gibt man diesen Platz nicht auf. Nun werden die Antisemiten aber wieder lauter, und man hört wieder mehr von ihnen. Seit im letzten Jahrhundert der Historiker von Treitschke so theatralisch ausgerufen hat: „Die Juden sind unser Unglück", hat der Antisemitismus neue Qualität bekommen. „Die Juden sind unser Unglück!"– dem Ruf können sich auch Gemäßigte anschließen. Man sagt damit ja nicht, daß die Juden schlecht sind – nur bringen sie eben den Deutschen Unglück.

Der Antisemitismus kommt längst nicht immer und überall in Deutschland gut an. Als Antwort auf die Judendiskriminierung wurde in Deutschland im Jahr 1891 sogar ein „Verein zur Abwehr des Antisemitismus" gegründet, in dem sich bedeutende und einflußreiche Männer fanden, Rudolf Virchow ebenso wie der Bürgermeister von Berlin. Die Parteien, die im ausgehenden 19. Jahrhundert den Antisemitismus zum wesentlichen Teil ihres Programms gemacht hatten, verzeichneten zwar zunächst große Wahlerfolge, verloren dann aber, schon vor der Jahrhundertwende, wieder einen Großteil ihrer Stimmen. Für viele Deutsche ist der Antisemitismus einfach überlebt und indiskutabel. Man ist vielleicht nicht ganz frei von Ressentiments, man macht sicher Witze auf Kosten der Juden, die auch nicht immer ganz frei von Gehässigkeit sind, aber eigentlich ist Judenfeindschaft überholt. Es spräche nichts dagegen, daß in der Weimarer Republik über kurz oder lang nach der rechtlichen auch die faktische Gleichstellung erreicht werden könnte. Denn wer wollte wirklich noch abstreiten, daß Juden ebenso verdienstvolle Bürger, hervorragende Wissenschaftler und vor allem begnadete Künstler seien wie andere Deutsche – ebenso wie übrigens eigentlich niemand mehr daran zweifeln kann, daß Frauen, seit sie Zugang zu den Universitäten haben, die Wissenschaft bereichert und manchmal sogar um einiges vorangebracht haben. So wird Rahel Hirsch sich im Berlin der zwanziger Jahre sicher gefühlt haben. Der Antisemitismus wäre in der Weimarer Zeit wahrscheinlich zu einem Überbleibsel mittelalterlicher Mythen verkümmert, wenn – ja wenn Deutschland nach dem Ersten Weltkrieg nicht so ein Sammelbecken für Unzufriedenheit, Wut und Enttäuschung gewesen wäre. Unter der weltweiten Ächtung der Deutschen als böse Militaristen und den unsinnig hohen, drückenden Reparationsforderungen der Sieger fing im Land ein Gemisch aus Revanchismus, Monarchismus und allen möglichen abstrusen Ideen an zu köcheln. Die „Dolchstoßlegende" war eine davon. Sie besagte, daß ein ungeschlagenes Heer von den verräterischen Politikern der Heimat zur Kapitulation gezwungen wurde. Die „Protokolle der Weisen von Zion" war ein anderer Mythos, der hartnäckig immer wieder auftauchte. In diesen „Protokollen" wird angeblich eine Verschwörung der Juden zur Erlangung der Weltherrschaft aufgedeckt. So oft die „Protokolle" auch schon als plumpe Fälschung entlarvt wurden und so unsinnig und verquast die Thesen darin auch sind, sie finden immer wieder Anhänger.

Es ist zu allen Zeiten so gewesen, daß Erfolglose gerne bei den anderen die Ursache für ihre Erfolglosigkeit suchen - und nach dem Ersten Weltkrieg, nach Ruhrbesetzung und Inflation gibt es ziemlich viele Erfolglose in Deutschland. Die Arbeitslosenzahlen wachsen in Millionenhöhe – die reichen Bankiers scheinen nicht darunter zu sein. Nichts ist naheliegender, als Haß auf die zu entwickeln, denen es gutgeht. Und daß es unter den Wohlhabenden in Deutschland auch Juden gibt, ist für viele Grund genug, auf diese zu schimpfen. Es gibt natürlich auch arme Juden, im Berliner Scheunenviertel etwa, aber das zählt in diesem Zusammenhang nicht. Man gräbt den alten Antisemitismus wieder aus und belebt Treitschkes Ruf: „Die Juden sind unser Unglück!" Nicht der kurzsichtige Militarismus der Deutschen und der verlorene Krieg, nicht die Selbstgerechtigkeit der Siegermächte sind schuld – nein, die Juden sind an allem schuld. Die Reichen sind es doch, die aus der Not im Reich Profit schlagen – unter den Reichen sind Juden, also sind Juden die Profiteure! Das ist einfach und leicht zu behalten. Der Antisemitismus wird eine befreiende Lehre, die die Wurzel allen Übels scheinbar identifiziert, deren Ausrottung vermeintlich eine probate Heilung verspricht. Bis dann eines Tages jemand – es soll ein Wiener Sozialist namens Kronawetter gewesen sein – das Wort prägt: „Der Antisemitismus ist der Sozialismus für Dumme". Damit löst er befreiende Heiterkeit aus bei allen, die sich über den Antisemitismus und seine Ausbreitung in Deutschland Sorgen machen. Ja, das wird es wohl sein. Wie es jetzt den Sozialismus gibt, nach dem die jahrhundertealten Ordnungen umgestoßen werden, die Fabriken auf einmal allen gehören und Arbeiter und Bauern regieren sollen, so gibt es eben den Antisemitismus für die Ungebildeten, die Dummen. Für die, die nicht so weit kommen, kommunistische oder sozialistische Gesellschaftstheorien zu verstehen oder Bücher wie „Das Kapital" von Marx lesen zu können. Von nun an meint man, das Ganze nicht so ernst nehmen zu müssen: Das ist wieder nur so ein „Ismus", von denen es jetzt so viele gibt und der die Köpfe immer gleich haufenweise ergreift. Es sind ganz offensichtlich nicht gerade die Intelligentesten, die sich dem Nationalsozialismus angeschlossen haben. So meint man unter den Intellektuellen mit der Sache fertig zu sein, nachdem einer es auf den Punkt gebracht hat: ein Sozialismus für Dumme. Geistiger Hochmut war es, der die Intellektuellen, die Linken, versäumen ließ, dem Antisemitismus wirksam entgegenzutreten.

Nun, dieses verworrene Gedankengebäude breitet sich inzwischen, gegen Ende der zwanziger Jahre, langsam in Berlin aus. Bei den Wahlen verzeichnen die Nationalsozialisten enorme Stimmengewinne. Längst nicht alle, die die NSDAP wählten, dachten antisemitisch. Es war die „Bewegung", die Hoffnung auf Erneuerung, die auch liberal Denkende anzog. Die Ausfälle gegen Juden – das konnten doch nur vorübergehende Verirrungen sein. Manche Juden nahmen es als Mahnung – hatten sie nicht ihren Reichtum, ihre Prosperität allzu offen gezeigt?

Von einem der Warburg-Brüder, Aby, Kunsthistoriker und Büchersammler, wird berichtet, daß er stets zornig wurde, wenn er bemerkte, wie sich Juden – seiner Meinung nach – zu sehr hervortaten. Er empfand es als rücksichtslose Prahlerei, wenn Juden ihren Wohlstand nach außen zeigten.[1] Das konnte nicht gutgehen. Das mußte die Nichtjuden doch reizen und ihren Neid provozieren.

Dieses Aufleben des alten Antisemitismus sollte man, so meinten außer Aby noch viele Juden, als Anlaß zur Einkehr nehmen: Man sollte

1 R. Chernow, Die Warburgs, S. 165.

sein Judentum nicht zu sehr demonstrieren. Man sollte nicht den Anschein erwecken, sich von den Christen abheben zu wollen. Man sollte es sich nicht, öffentlich zur Schau getragen, wohlergehen lassen, wenn so viele Armut und Hunger litten. Vielleicht war es Ansporn für manche Juden, die traditionelle Wohltätigkeit noch großzügiger zu handhaben, noch mehr zu stiften, zu unterstützen, zu spenden. Andere wieder, die Orthodoxen, sahen in den antisemitischen Tendenzen ein Zeichen für die Juden, sich auf ihre Wurzeln zurückzubesinnen. Ihrer Meinung nach brachte das zu geflissentliche Bemühen mancher Juden, sich den Christen völlig anzupassen und dabei die eigenen Traditionen zu verleugnen, den Juden diese Verachtung ein. „Es ist feige und ehrlos, in das Lager der Angreifer überzugehen",[2] hatte die jüdische Frauenrechtlerin Bertha Pappenheim bereits 1902 in ihrer Novelle „Ein Schwächling" eine ihrer Figuren sagen lassen. Natürlich, in einem Punkt war man sich in reformistischen wie in orthodoxen jüdischen Kreisen ziemlich einig: Der Zustrom der Ostjuden war ein Problem. War das nicht ein ganz anderer Menschenschlag? Waren das nicht tatsächlich Fremde? Die Ostjuden, von denen viele im Berliner Scheunenviertel lebten, brachten ein Judentum mit, das selbst die Orthodoxen in Deutschland zum Kopfschütteln bringen konnte. Diese Juden, die aus den östlichen Ländern nach Deutschland strömten, arm zumeist, unangepaßt, die Männer mit den „Peies", den Schläfenlocken, und ihrer jüdischen Tracht, dem langen schwarzen Kaftan, mit einer eigenen, kauderwelschartigen Sprache und ihrer überschwenglichen Art, wurden von den Nichtjuden als Beweis für die Fremdheit der Juden hingestellt. Auch mancher ihrer westlichen Glaubensbrüder runzelte bedenklich die Stirn, empfand sie als peinlich. Die westlichen Glaubensgenossen lebten bereits nach der Maxime von Mendel Hirsch: „Zu Hause ein Jude – auf der Straße ein Mensch" tatsächlich völlig unauffällig unter den Christen. Auch der Philologe Viktor Klemperer schreibt in seinen Tagebuchaufzeichnungen davon, daß es ihm zunächst schwerfiel, sich mit den Ostjuden zu identifizieren.

Wie so oft in diskriminierten Gruppen: Man glaubt, es läge nur an bestimmten extremen Erscheinungen, die die Abneigung der anderen

2 Zitiert nach M. Kaplan, Die jüdische Frauenbewegung in Deutschland, S. 99.

hervorriefen. So wie es Schwule gibt, die meinen, wenn es nicht diese „tuntigen Schwuchteln" gäbe, würden Homosexuelle nicht so stark abgelehnt, so wie Frauenrechtlerinnen denken, wenn sie nur nicht so verbiestert feministisch aufträten, dann hätten sie es leicht, mehr Rechte für Frauen durchzusetzen, so glaubten viele Juden damals, es seien eben nur diese auffälligen unangepaßten Ostjuden, die die Vorurteile gegen Juden nährten. Man gibt denen in der Gruppe, die sich so verhalten, wie es dem Vorurteil entspricht, die Schuld an der Diskriminierung in der irrigen Annahme, wenn man dieses Verhalten abstelle, müsse die Diskriminierung aufhören, da ja das Vorurteil entkräftet sei. Als ginge es darum! Als ginge es um eine rationale Diskussion! Als ginge es denen, die diskriminieren, nicht lediglich darum, eine Gruppe zu finden, auf die sie ihre Abneigung projizieren können. Man haßte die Juden, weil man jemanden hassen wollte. Die Propaganda der Nationalsozialisten kam genau bei denen so gut an, deren unbestimmte Haßgefühle damit ein Ziel bekamen. Das war Anfang der Dreißiger bestimmt nicht die Mehrheit der Deutschen – aber ein Großteil. Es gelang den Nationalsozialisten ganz offensichtlich, im Laufe einiger Jahre mit ihrer eigentlich vagen und unscharfen Ideologie die Gefühle von immer mehr Menschen anzusprechen und ihnen Ausdruck zu verleihen.

Während die Linken, insbesondere die Sozialdemokraten in der SPD, aber auch andere Intellektuelle, weit davon entfernt waren, das, was die Nationalsozialisten da an Ideologie entwickelten, ernst zu nehmen. Ein denkender Mensch konnte doch auf solchen Schwachsinn nicht hereinfallen – meinten sie.

Die Juden hingegen waren fest davon überzeugt, daß ihr Anpassungswille, ihre Leistung, ja auch ihre Vaterlandsliebe von gutwilligen Menschen auf Dauer nicht übersehen werden konnten. Nur daß man es nicht mit gutwilligen Menschen zu tun hatte. Max Warburg, der Hamburger Bankier, glaubte fest an die Unauflöslichkeit der deutsch-jüdischen Symbiose – die andere schon früher eine durchaus „einseitige Liebeserklärung" genannt hatten. [3]

Wir haben auch aus dieser Zeit keine persönlichen Aufzeichnungen von Rahel Hirsch, so ziehe ich wieder das heran, was uns von anderen

---

3 R. Chernow, Die Warburgs, S. 301.

überliefert ist, die in ähnlicher Situation in der gleichen Zeit gelebt haben. Rahel Straus, die Ärztin und Jüdin, die uns geschildert hat, mit welchen Gefühlen sie seinerzeit mit ihrem Bruder zusammen zu ihrem ersten Tag an der Heidelberger Uni fuhr, schreibt in ihren Erinnerungen: „Es ist merkwürdig, wie wenig gerade wir Juden die drohende Gefahr sahen." Ein paar Zeilen weiter heißt es: „Wir hatten große Sehnsucht nach Ruhe, Frieden und Ordnung..."[4]

Und dann gewannen diese ungehobelten Horden die Wahlen.

Wenn jemand fassungslos war im Reich, so gab es von nun an wenig Gelegenheit, das zu äußern. Die Linke immerhin begriff endlich, endlich, wogegen es zu kämpfen galt. Die ungleiche Auseinandersetzung begann dann auch unverzüglich und endete, wie bekannt, mit der Beseitigung, Ermordung und Inhaftierung all der linken Politiker oder Intellektuellen, von denen die Nazis glaubten, daß sie ihnen noch im Geringsten gefährlich werden konnten. Ihre Chance zu einer Auseinandersetzung hatten sie verpaßt. Sie hatten die Herausforderung, als sie noch auf einer einigermaßen demokratischen Ebene stattfand, nicht konsequent angenommen, jetzt hatten die Nationalsozialisten die Macht und nutzten sie rigoros. Von nun an war der gesamte Widerstand von Ohnmacht gekennzeichnet.

Auch die Juden sind hilflos in der neuen Situation. Sollen sie sich wehren – oder sollen sie sich nicht wehren? Was auch immer sie tun, wird ihnen zum Nachteil ausgelegt. Es gibt natürlich längst auf internationaler Ebene Gruppierungen und Vereinigungen, von jüdischer Seite vor allem die Zionisten, aber auch unter den Nichtjuden gibt es wackere Demokraten, die mit Sorge betrachten, was da in Deutschland geschieht. Manche wären auch bereit, Stellung zu beziehen oder einzugreifen, zumindest soweit das möglich ist. Zum Beispiel durch einen Boykott deutscher Waren. Aber man ist zögerlich – was bringt das? Bewirkt es nicht möglicherweise eine Verschärfung der Lage? Die Juden plädieren immer wieder für Zurückhaltung. Max Warburg hatte noch 1929 an seinen Bruder Felix in Amerika geschrieben: „Wir müssen unter allen Umständen eine internationale Bekämpfung des Antisemitismus

---

4 R. Straus, Wir lebten in Deutschland, S. 266.

vermeiden, da uns sonst natürlich vorgeworfen wird, daß wir uns vom Ausland her in die inneren Verhältnisse Deutschlands mischen."[5]

Und wenn es den amerikanischen Juden gelänge, jetzt, nach der Machtergreifung der Nationalsozialisten, einen Boykottaufruf durchzusetzen, würde das ja wieder nur die Theorie der „jüdischen Weltverschwörung" nähren. Man würde die Nationalsozialisten nur noch mehr reizen, es könnte alles noch schlimmer werden. Also lieber keinen Boykott, keinen öffentlichen Aufruf, keinen internationalen Protest, um bloß nicht die Nazipropaganda wahr werden zu lassen. Ob die Juden schon erkennen, welche perfide Zwickmühle die Nazis – mögen sie auch als dumm eingestuft werden – da aufgebaut haben? Wehren sich die Juden, bestätigt das nur, was die Nazis predigen, nämlich die jüdische Weltverschwörung. Wehren sie sich nicht – nun dann kann man ja noch einen Schritt weitergehen und neue, noch unverschämtere Lügen über sie in Umlauf bringen.

Diesem zögerlichen Taktieren, diesem Bemühen, jedes Extrem zu vermeiden, diesem Stillhalten setzen die Nationalsozialisten bekanntermaßen rasches brutales Handeln entgegen. Es gelingt ihnen, unter anderem mit rücksichtslosem Terror, in den ersten Monaten des Jahres 1933, die politische und gesellschaftliche Landschaft in Deutschland radikal umzuwandeln.

Wie verhält sich die Ärzteschaft in diesem Umbruch? Wie erleben Ärzte die Zeit nach der Machtergreifung? Was geschieht mit den jüdischen Ärzten und Ärztinnen, darunter Rahel Hirsch?

5 R. Chernow, Die Warburgs, S. 397.

17
WAS WURDE AUS IHNEN?

Vorbemerkung:

In diesem Kapitel kommen viele Begriffe vor, die wir heute nicht verwenden mögen, ohne daß sich uns die Haare sträuben. Sie sind im folgenden nicht durchweg in Anführungsstriche gesetzt worden, wie es die „political correctness" erfordern würde. Das ist nicht deswegen so, weil ich dem Wortschatz des Unmenschen zu einer neuen Renaissance verhelfen möchte, und auch nicht nur deswegen, weil dieses Kapitel sonst zu einem Augenpulver geworden wäre, sondern um dem Leser und der Leserin ein Stück der damaligen Alltagsrealität nahezubringen. Auch Rahel Hirsch mußte täglich lesen, daß die Welt, in der sie sich kollegial verbunden fühlte, auf einmal in Arier und Nichtarier eingeteilt war, ohne die Chance, jemals die freundlichen kleinen Anführungszeichen zu erblicken, die sie hätten hoffen lassen können, daß das Ganze nur ein Scherz sei und daß die sogenannte rassische Minderwertigkeit sich als das entpuppen würde, was es war: ein Wahngebilde.

Hingewiesen werden soll hier auch noch einmal darauf, daß die Unterscheidung in Deutsche und Juden falsch und unsinnig ist, die betroffenen Juden waren ja nach Geburt und Herkunft zumeist nichts anderes als Deutsche; wenn also im folgenden Text von Juden und/oder Deutschen die Rede ist, dann nur, um die damalige nationalsozialistische Realität zu verdeutlichen, nicht weil die Autorin das für sinnvoll hielte.

Ebenso ist die Einteilung in Arier und Nichtarier bzw. die Gegenüberstellung von Ariern und Juden nicht nur verwerflich, weil rassistisch, sondern ebenfalls blödsinnig und beliebig und entbehrt jeder vernünftigen Grundlage, da hier Religionszugehörigkeit und Rasse vermischt werden. Logischerweise müßten also, wenn im Zusammenhang mit Ariern von Juden die Rede ist, die Juden gleichermaßen in Anführungszeichen gesetzt werden.

Hitlers Definition der Juden als Rasse – darin unterschied sich übrigens die nationalsozialistische von anderen Judenverfolgungen – ließ aber den Juden nun nicht mehr die Möglichkeit der „Assimilierung", da die Rassenzugehörigkeit –wenn es sie denn gäbe – nun einmal ein unveränderliches Merkmal ist.

Das Ansehen jüdischer Ärzte war bei der Bevölkerung schon seit dem Mittelalter hoch. Auch bösartige Gerüchte, ein jüdischer Arzt müsse jeweils den fünften oder zehnten seiner christlichen Patienten töten, konnte diesem keinen Abbruch tun.[1]

Gegen Ende des 19. Jahrhunderts sollen im Deutschen Reich etwa sechzehn Prozent aller Ärzte jüdischer Konfession gewesen sein, während der jüdische Bevölkerungsanteil nur 1,2 Prozent betrug. In Berlin, wo traditionell mehr Juden lebten, soll ein Drittel aller Ärzte jüdisch gewesen sein. Solche Zahlen erfassen natürlich nur die Meldungen über die Konfessionszugehörigkeit.[2]

Daß der Anteil der Juden am ärztlichen Beruf über ihren Bevölkerungsanteil hinausging, sie also „überrepräsentiert" waren, galt vielen – Ärzten und auch Nichtärzten – als ein weiteres Beispiel für „jüdische Habgier" und „jüdische Infiltration" aller wichtigen Bereiche des Lebens. Ein Beweis dafür, daß Juden „Deutsche" überall verdrängten.

Warum nun tatsächlich Juden über ihren Bevölkerungsanteil hinaus in so geachteten Berufen wie zum Beispiel dem des Arztes vertreten waren, ist wahrscheinlich schwer zu analysieren. War es der Wunsch, mit dem Erlangen des Ärztestatus auch der Achtung, die mit diesem verbunden war, teilhaftig zu werden und sich damit für die sonstige Diskriminierung etwas zu entschädigen? Oder war es das Bemühen der ja so oft verächtlich gemachten Juden, mit der aufopferungsvollen Tätigkeit des Arztes zu zeigen, daß auch sie wertvolle Mitglieder der Gemeinschaft sein konnten?

Sicher ist nur: Wie sie's auch machten, war es falsch.

Hätten sich unter den Ärzte nur sehr wenige oder keine Juden gefunden, so hätte man sicherlich argumentiert, daß es zu einem derart anspruchsvollen Studium und einem ethisch so hochstehenden Beruf eben bei ihnen, den „rassisch Minderwertigen", nicht reichte.

---

1 L. Poliakov, Geschichte d. Antisemitismus, Bd. II.

2 Die Zahlen über die Ärzte sind dem Buch von F. Kudlien, Ärzte im Nationalsozialismus, entnommen.

Insgesamt könnte es um 1933 etwa acht- bis neuntausend jüdische – besser: nichtarische – Ärzte im Reich gegeben haben, bei einer Gesamtzahl von 52.500 Ärzten – also zwischen 15 und 17 Prozent. Ein großer Teil der jüdischen Ärzte war traditionsgemäß in die Niederlassung gegangen, als Alternative zur mehr oder weniger verwehrten und erschwerten Universitätslaufbahn. Bei der spezifischen Angst der Ärzte vor Konkurrenz darf es also nicht verwundern, daß die jüdischen Ärzte als ganz besonders gefährliche Mitbewerber um das Vertrauen der Patienten angesehen wurden. Die große Zahl der praktizierenden jüdischen Ärzte war vielen schon lange ein Dorn im Auge.

Es war nicht in erster Linie die nationalsozialistische Verwaltung, die, an die Macht gekommen, die Nichtarier aus dem Beruf verdrängte, die Ärzte selber betrieben dies mit Fleiß. Der seit 1929 bestehende NSDÄB (Nationalsozialistischer Deutscher Ärzte Bund) hatte schon frühzeitig klargemacht, daß im Falle einer nationalsozialistischen Regierung in der Ärzteschaft vieles anders werden würde. Als es dann soweit war, verlor man keine Zeit: Es waren die Ärzteverbände selbst, die ihre Reihen mit Eile und Eifer von allen jüdischen, kommunistischen und sozialistischen Elementen säuberten. Bereits im März 1933 erschien im „Völkischen Beobachter" ein Aufruf an die Deutsche Ärzteschaft: „Fegt alle hinweg, die die Zeichen der Zeit nicht verstehen wollen!" Darin hieß es: „Jüdische Dozenten beherrschen die Lehrstühle der Medizin, entseelen die Heilkunst und haben Generation um Generation der jungen Ärzte mit mechanischem Geist durchtränkt."[3] Den Juden wurde außerdem angelastet, daß „händlerischer Geist und unwürdige geschäftliche Einstellung" sich in den ärztlichen Reihen breitgemacht hätten. „Und das Ende dieser grauenhaften Entwicklung ist die wirtschaftliche Verelendung, das Absinken unseres Ansehens im Volk…"[4] Die Vorstände der ärztlichen Spitzenorganisationen beschlossen, ihre ärztlichen Organisationen der „politischen Neuorganisation anzugleichen". Sie wählten Gerhard Wagner – Parteimitglied und NSDÄB-Vor-

---

3 Zitiert nach R. Jäckle, Schicksale jüdischer und „staatsfeindlicher" Ärztinnen und Ärzte nach 1933 in München, S. 12.

4 Ebenda, S. 12 ff.

standsmitglied seit 1929 – zum Reichsärzteführer. Bei den Ärzten wartete man also nicht erst auf die sogenannte „Gleichschaltung" – man vollzog sie freiwillig selber. Weiter vereinbarten die ärztlichen Spitzenverbände, dafür Sorge zu tragen, „...daß aus Vorständen und Ausschüssen die jüdischen Mitglieder ausscheiden und Kollegen, die sich innerlich der Neuordnung nicht anschließen können, ersetzt werden. Ferner ist durch die Vorstände der Kassenärztlichen Vereinigungen den Vorständen der Krankenkassen und den Versicherungsbehörden (Versicherungsämter, Oberversicherungsamt) gegenüber darauf zu dringen, daß jüdische und marxistische Vertrauensärzte beschleunigt ersetzt werden."[5] Das beschleunigte Ersetzen jüdischer und marxistischer Vertrauensärzte lag den Ärzten am Herzen, „damit der schändliche Zustand aufhört, daß arbeitende deutsche Mädchen und Frauen vom Staat gezwungen werden, sich von Rassefremden untersuchen zu lassen", wie es in einer Entschließung heißt.[6] Man kann also nicht behaupten, daß aus den Reihen der ärztlichen Organisationen nennenswerter Widerstand gegen die Nationalsozialisten kam – eher muß man sagen, daß die rassistische Berufspolitik als überfällig begrüßt und mit Elan umgesetzt wurde.

Der Gerechtigkeit halber darf nicht unerwähnt bleiben, daß es auch Nichtnationalsozialisten unter den Ärzten gab. Wenn sie aber wirklich Gegner der nationalsozialistischen und rassistischen Umstrukturierung ihrer Verbände waren, dann ist ihnen ihre „unpolitische" Haltung zum Verhängnis geworden. „Unpolitisch" hieß für die meisten Ärzte, alles zu unterlassen, was als eine Einmischung in „die Politik" hätte gedeutet werden können – andererseits vertrug sich dieser Begriff aber mit einer ausgeprägt obrigkeitshörigen Einstellung, so daß sie sich allem, was aus ihrer Sicht „von oben" angeordnet wurde, nicht zu widersetzen wagten. Es gab auch Ärzte, die sich im Verein Sozialistischer Ärzte, im VSÄ, organisiert hatten. Diese konnten sich aber schon vor 1933 in der Berufspolitik nicht recht durchsetzen. Wenn es jetzt, nach der Machtergreifung, noch irgendwelche linken oder sozialistischen Zirkel gab, so waren deren Tage gezählt, deren Mitglieder bestenfalls auf der Flucht, wahrscheinlich aber in Gestapohaft.

5 Bayerische Ärztezeitung vom 1. April 1933, zitiert nach R. Jäckle, Schicksale..., S. 12.
6 Ebenda.

Im April 1933 bereits erließ die neue Führung eine Verordnung über die Kassenzulassung (fast gleichlautend am 2. Juni 1933 für die Dentisten und Zahnärzte), nach der nur noch Ärzte arischer Abstammung zur Kassenpraxis zugelassen werden konnten. (Einige Ausnahmen - für Ärzte, die sich vor dem 1. August 1914 niedergelassen hatten und für Weltkriegsteilnehmer – gab es mit Rücksicht auf den greisen Generalfeldmarschall und Reichspräsidenten Hindenburg, der ja noch lebte.) Nichtarier waren ebenso wie marxistische Ärzte von der Kassenpraxis auszuschließen. Unter marxistisch subsumierte man alle diejenigen, die zwar nicht die Voraussetzungen der rassischen Diskriminierung erfüllten, aber der neuen Führung trotzdem nicht genehm waren.

Nach rigoroser Anwendung dieser Verordnung war innerhalb kürzester Zeit rund 3200 Ärzten die Zulassung entzogen worden. In 77 Prozent der Fälle wurde dies mit nichtarischer Abstammung begründet, in 22,8 Prozent wurde die Zulassung wegen sogenannter oder angeblicher kommunistischer Betätigung entzogen. Knapp 1700, also rund die Hälfte der Betroffenen, legten Widerspruch ein, was nicht ganz aussichtslos war, wenn auch nicht bei den Kassenärztlichen Vereinigungen, so doch zumindest beim übergeordneten Reichsarbeitsministerium. Das gab immerhin 550 Beschwerden von Ärztinnen und Ärzten statt – man war noch nicht soweit, daß man derart viele Ärzte auf einen Schlag entbehren konnte. Es mußte etwas langsamer gehen. Im Frühjahr 1934 dann, nach Entscheid über die Einspruchsverfahren, belief sich die Zahl der Ausgeschlossenen aber doch auf mindestens 2600.

Damit begannen für die meisten der betroffenen Ärzte Zeiten wirtschaftlicher Not. Die mißliche finanzielle Lage wurde noch verstärkt, als die privaten Krankenversicherer nachzogen und mit dem Verband der Ärzte Deutschlands ein Abkommen unterzeichneten, nach dem die privaten Versicherungen ebenfalls die jüdischen Ärzte von ihren Leistungen ausschlossen. Spätestens jetzt also ist auch Rahel Hirsch unmittelbar von den Maßnahmen der Nationalsozialisten betroffen. Rigoros requirierte man alle Einnahmequellen für Nationalsozialisten und sorgte dafür, daß die arischen Jungärzte in eine rosige Zukunft blicken konnten. Dabei störte es die Ärzte nicht einmal, daß mit diesen Regelungen die freie Arztwahl unterlaufen wurde – die sie doch sonst immer als Grundpfeiler ihres Berufes verteidigten.

Es wurde kaum ein Bereich vergessen, in dem die jüdischen Ärzte bei der Ausübung ihres Berufes beschnitten wurden. So durften sich von nun an arische Ärzte nur noch von ebensolchen vertreten lassen. Neben den Einschränkungen der ärztlichen Tätigkeit verzichtete man auch nicht auf Verordnungen, die geeignet waren, Juden zusätzlich zu demütigen. So sollte kein jüdischer Arzt mehr ein Gutachten über eine Schwangerschaftsunterbrechung bei einer arischen Frau erstellen. Nicht daß im Dritten Reich die Schwangerschaftsunterbrechung erlaubt gewesen wäre, es ging dabei um die Fälle, in denen man Schwangerschaften zur Verhinderung erbkranken Nachwuchses abbrechen wollte – ohne Rücksicht auf den Willen der betroffenen Frau natürlich. Juden durften – das galt für alle Juden, nicht nur für Ärzte – keine weiblichen Angestellten „deutschen oder artverwandten Blutes" unter 45 Jahren mehr in ihrem Hause beschäftigen. Die Nazis genierten sich nicht, die perfide Unterstellung, Juden seien unmoralisch und triebhaft, gesetzlich umzusetzen und ihr damit den Anschein von Realität zu geben. Das Vorgehen der Nationalsozialisten spottete längst aller Rechtsstaatlichkeit, aber man legte Wert darauf, für alles ein Gesetz zu finden. So ist auch der Weg zu einem „judenfreien Ärztestand" gepflastert mit Verordnungen – die Ungerechtigkeiten, und seien sie auch noch so himmelschreiend, wurden stets sehr korrekt mit Paragraphen untermauert. Das half denen, die an der Ausführung beteiligt waren, das Gewissen zu beruhigen. Wo Zweifel aufkamen, ob ein derart rücksichtsloses Vorgehen gegen die jüdischen Kollegen wirklich richtig sein könne, sagte man sich, es sei ja nicht der eigene Wille, sondern der des Gesetzgebers, den man da umsetzte. Wenn etwas Gesetz ist, kann es ja nicht falsch sein, auf jeden Fall kann man nichts dagegen machen. Wie zum Beispiel die Verordnung des Reichsarbeitsministeriums vom Mai 1934, nach der nicht nur nichtarische Ärzte, sondern auch Ärzte mit nichtarischen Ehegatten keine Kassenzulassung mehr erhalten durften.

Letztlich war das Ziel, daß alle Ärzte, die „nicht die Gewähr bieten, daß sie jederzeit rückhaltlos für den nationalsozialistischen Staat eintreten, zu den gesetzlichen Kassen nicht zugelassen werden dürften". Eine Ehe mit einem nichtarischen Partner war schon ein Indiz für mangelnd ausgeprägtes Rassenbewußtsein.

Die Entfernung der Juden aus der Medizin beschränkte sich natür-

lich nicht auf den Bereich der praktizierenden Ärzte; an den Krankenhäusern und Universitäten wurden sie auch nicht mehr geduldet - hier
nannte sich der Vorwand zur Entlassung: „Gesetz zur Wiederherstellung des Berufsbeamtentums" – die Phantasie der Nationalsozialisten
für immer neue Gesetzesformulierungen zum Nachteil von Juden war
unerschöpflich.

Wie das in der Realität umgesetzt wurde, schildert Hermann Zondek in seinen Erinnerungen ziemlich nüchtern und unaufgeregt. Hermann Zondek war Internist und zu jener Zeit der ärztliche Direktor des
Krankenhauses am Urban in Berlin und außerdem einer von drei Brü-
dern aus einer jüdischen Arztfamilie.

Als Hermann Zondek am 10. März (1933) in einem Café am Kurfürstendamm sitzt, wird ihm die Nachricht hinterbracht, daß er am nächsten Tag seines Amtes enthoben werden soll: „Gleichzeitig ließ mir die
betreffende Stelle, die mir zwar nicht genannt wurde, aber anscheinend
die nationalsozialistische zentrale Stelle des Krankenhauses war, raten,
am nächsten Tag dem Dienst fernzubleiben. Ich erschien aber doch wie
gewöhnlich gegen 10 Uhr im Krankenhaus. Es hatte das gar nichts mit
Mut zu tun, sondern entsprang einer kompletten Verkennung der Situation." Er nimmt dann, ganz wie gewohnt, an einer Sitzung teil, in der es
um ganz banale Dinge wie Dachliegen für Tuberkulosekranke geht:
Nichts deutet auf das Kommende hin. Erst nach der Visite erscheint ein
Diener, der ihn in das Direktoriatsgebäude bittet: „Inzwischen hatte
eine Gruppe von SA-Leuten unter Führung des Grafen Helldorf, der
noch im gleichen Monat zum Polizeipräsidenten von Potsdam ernannt
wurde, das Krankenhaus besetzt. Alle Zu- und Ausgänge waren versperrt. Ich wurde in meinem Dienstzimmer gemeinsam mit fast allen
meinen jüdischen und einigen als Sozialisten bekannten nichtjüdischen
Assistenten sowie den angeblich kommunistisch gesinnten Kranken-
hausangestellten für etwa eine Stunde hinter Schloß und Riegel gesperrt." Auf dem Flur hörte er schwer bewaffnete SA-Leute gehen. Er
selbst wurde in einem Zimmer von SA-Männern bewacht, die ebenfalls
Waffen trugen. „Wir durften uns nicht vom Platz bewegen. Die Schrän-
ke, sämtliche Schubladen des Schreibtisches, selbst mein Mantel und
meine Aktentasche, alles wurde sorgfältig durchsucht. Wahrscheinlich
hoffte man, etwas Kompromittierendes, etwa kommunistische Agitati-

onsschriften oder anderes Belastungsmaterial, zu finden. Einer der SA-Leute legte mir einen Verpflichtungsschein zur Unterschrift vor, durch den ich mein vor dem Krankenhaus stehendes Auto der nationalen Bewegung zur Verfügung zu stellen hatte – dabei fuchtelte er mit seinem Revolver in einer mir deutlich wahrnehmbaren Nähe herum. Natürlich unterschrieb ich. Seine erste Dienstfahrt im Namen des neuen Geistes trat es bald darauf an. Man benutzte es dazu, um meine jüdischen Assistenten an einen Ort zu bringen, wo sie entsetzlich verprügelt wurden." Im Nachbarzimmer war so etwas wie ein SA-Gericht eingerichtet worden, vor das er gestellt wurde. „Mein früherer Medizinalpraktikant, Herr Kohn (mit ‚K' geschrieben), saß da als einer meiner Richter. Sehr kurz und abrupt eröffnete man mir, daß ich meiner Stelle als Direktor des Spitals entsetzt sei und dasselbe nicht mehr zu betreten habe. Als ich mich nach Kenntnisnahme des Urteils zum Gehen wandte, raunte mir ein an der Tür stehender älterer, in SA-Uniform gekleideter Mann zu: ‚Bitte, Herr Professor, gehen Sie für die nächsten drei Wochen in Urlaub. Am besten nach Süddeutschland.'"[7]

Einer der vielen, die, obwohl äußerlich auf der Seite der Herrschenden, Sympathie, Mitleid und Hilfsbereitschaft für die vertriebenen Juden zeigten. Mit diesem Satz wollte er wohl zum Ausdruck bringen, wovon selbst viele Anhänger der Bewegung überzeugt waren: daß es sich nur um einen Irrtum, eine vorübergehende Maßnahme und vor allem um eine Überreaktion der neuen Herren handeln konnte, die sicher bald korrigiert werden würde. Wir haben hier einen von den vielen vor uns, die nicht den Mut gehabt haben, sich zum richtigen Zeitpunkt, an der richtigen Stelle gegen die Bewegung zu stellen, die sich wie die Schafe eingereiht haben in die Nazi-Organisationen, sei es aus Angst, sei es, um kleine Vorteile zu erhaschen, ohne im Herzen fanatische Nationalsozialisten zu sein. Dieser ältere SA-Mann war einer von denjenigen, die mehr oder weniger fassungslos auf die Brutalität ihrer Führer und Genossen in der Bewegung blickten. Viele Berichte aus jener Zeit sind gespickt mit solchen Zeichen des persönlichen, möglichst nicht auffälligen Widerstandes einzelner. Widerstand, der aus-

7 H. Zondek, Auf festem Fuße, S. 164 f.

geübt wurde, wenn den Nazis dadurch kein Schaden entstehen konnte – denn Zondeks Vertreibung wurde ja um keine Sekunde verzögert.

Auch in anderen Erzählungen von Juden über ihre Demütigung und Vertreibung finden sich solche Beispiele der Sympathiekundgebungen von Nichtjuden, die auf diese Weise heimliche Solidarität mit den Verfolgten zeigten. Zwar durchaus nicht ohne persönliches Risiko, aber dennoch gekennzeichnet durch Unauffälligkeit und Wirkungslosigkeit. Nicht an entscheidender Stelle wurde Widerstand geleistet, sondern leise und heimlich. Nach Art von unbotmäßigen Schülern, die unter der Bank eine Karikatur ihres Lehrers herumgehen lassen. Im nachhinein werden nun viele Deutsche zu kleinen rührenden Helden hochstilisiert. Es ist sicher auch ein Bedürfnis der betroffenen Juden, nicht nur über die öffentliche Schmach, der man sie ausgesetzt hat, zu reden, sondern sich auch der Sympathiekundgebungen aus den Reihen der Herrschenden – die ja bis dahin Freunde, Kollegen, Nachbarn und manchmal auch Untergebene waren – zu erinnern. Jetzt hatten diese die Macht über ihre jüdischen Mitbürger. So wie dieser SA-Mann, der offensichtlich nicht mit dem Vorgehen seiner Organisation einverstanden war, aber dennoch kein Stück seiner Macht abzugeben bereit war.

Zondek emigriert ziemlich bald nach diesem Ereignis in die Schweiz. Daß der Name Zondek heute jedem Studenten geläufig ist, haben die Nazis allerdings nicht verhindern können. Die Aschheim-Zondeksche Reaktion zum Nachweis einer Schwangerschaft ist zwar nicht nach Hermann, aber nach seinem Bruder Bernhard, dem Gynäkologen, benannt, in die Medizin eingegangen. Der Mitentdecker Aschheim war übrigens auch ein Jude.

Viele Ärzte warten nicht, bis sie derart hinausgeworfen werden, sie gehen gleich im ersten Jahr der Hitlerregierung. Rahel Straus emigriert bereits im November 1933 nach Palästina. Sie ist immer eine begeisterte Zionistin gewesen. Das macht es ihr leichter. Theodor Herzls Idee vom Judenstaat hatte bei den Juden, insbesondere bei den orthodoxen, nie den Widerhall gefunden, den er sich gewünscht hatte. Es sagt sich so leicht: „Nächstes Jahr in Jerusalem", aber den meisten Juden konnte Israel keine Heimat sein.

Käthe Frankenthal als oft unbequeme Berliner Stadtverordnete und Stadtärztin weiß im Januar 1933 sofort, was die Stunde geschlagen hat und was von den Nazis zu erwarten ist. In ihren Erinnerungen wird nicht gerade der Widerstand der Linken gerühmt. Auch die Genossen von der KPD bedenkt sie mit feinem Spott, wenn sie von deren Reaktion auf die Machtübernahme erzählt: „Sehr geheimnisvoll wurde mir ein Flugblatt in die Hand gedrückt: ‚Hitler regiert! Die Kommune marschiert!...‘ Die KPD setzte in ihrer völligen Ohnmacht ihre alte Taktik fort, Revolution mit dem Mund zu machen. Nur war das früher ein harmloses Unterfangen gewesen. Jetzt wurden durch die Verbreitung dieses Unsinns Menschenleben aufs Spiel gesetzt." Sie weiß natürlich, daß sie jederzeit verhaftet werden kann, bleibt aber zunächst noch in Berlin, geht unerschrocken in ihr Amt, vernichtet Akten direkt unter den Augen der Nazis, bis es dann soweit ist: „Eines Tages wurde mir in meinem Dienstzimmer ein Zettel zugeschoben: ‚S.A. im Haus. Sie müssen fort!‘ Ich konnte nicht fort. Die S.A. beschäftigte sich in der unteren Etage gerade damit, Beamte des Wohlfahrtsamtes zu verprügeln. Mehrere kamen danach ins Krankenhaus. Wäre ich die Treppe hinuntergegangen, dann wäre ich ihnen geradewegs in die Arme gelaufen. Es blieb nichts übrig, als ruhig sitzen zu bleiben und abzuwarten, ob sie für heute genug hätten oder ob sie auch noch ins Gesundheitsamt kämen."[8] An dem Tag hat die SA offenbar genug gehabt, Käthe Frankenthal bleibt weiter in Berlin. Aus Angst vor nächtlicher Verhaftung schläft sie reihum in Berliner Stundenhotels. Scharf kalkulierend, daß die Portiers sie als reifere Dame für eine ortsunkundige Fremde halten werden, der sie aber nach Mitternacht gern eines der freigebliebenen Zimmer vermieten. Dann, als sie den Entschluß gefaßt hat, Deutschland zu verlassen, setzt sie sich in einen Zug nach Prag. In Dresden werden alle Zugreisenden herausgeholt und verhaftet. Käthe Frankenthal hat erstens in ihrer Puderdose einen Tausendmarkschein versteckt – das ist verbotener Devisenschmuggel –, zweitens in einer eingenähten Jackentasche Fotos von Mißhandlungen der Nazis, die sie an Prager Zeitungen weitergeben will – das würde ihr mindestens Konzentrationslager einbringen -, und last, not least hat sie eine Kapsel Zyankali bei sich. Die Gewißheit, sich mit dieser Kapsel in der Tasche den Mißhandlungen durch die Nazis nicht

8 K. Frankenthal, Jüdin, Intellektuelle, Sozialistin, S. 190.

aussetzen zu müssen, gibt ihr wohl die Kaltblütigkeit, diese Situation durchzustehen und nach zwei Tagen mit ihrem Paß wohlbehalten im Zug nach Prag zu sitzen – allerdings ohne das Bildmaterial, das sie im Gefängnis in allerletzter Minute verschwinden lassen konnte – aber mit den geretteten tausend Mark.

Viele Juden bleiben dennoch weiterhin in Deutschland – hoffen sie immer noch, daß es so schlimm nicht werden kann und daß das nur die Überreaktionen eines politische Umbruchs sind?

Wenn es nur „Überreaktionen" waren, so griffen sie auch auf die Ärztegesellschaften über: ein weiteres Indiz dafür, daß es nicht nur die amtlichen Stellen waren, die den Berufsstand „säubern" wollten. Wir wissen, daß Rahel Hirsch in keinem der vielen Ärztevereine außer in der Berliner Medizinischen Gesellschaft war. Sie war auch nicht Mitglied im Ärztinnenbund. Dennoch ist es denkbar, daß sie das eine oder andere Mal zu den Abenden hingegangen ist, sei es nur, um zu plaudern, über Neues aus Medizin und Gesellschaft zu reden. Kolleginnen, die bei dem Treffen am 16. April 1933 dabei waren, werden das miterlebt haben, was die Berliner Ärztin Hertha Nathorff in ihrem Tagebuch fest-gehalten hat: „Versammlung des Bundes deutscher Ärztinnen. Wie regelmäßig ging ich auch heute hin, trafen sich doch hier stets die ange-sehensten und bekanntesten Kolleginnen Berlins. ‚Komische Stimmung heute', dachte ich, und so viele fremde Gesichter. Eine mir unbekannte Kollegin sagte zu mir: ‚Sie gehören doch wohl auch zu uns?' und zeigte mir ein Hakenkreuz an ihrem Mantelkragen. Ehe ich antworten kann, steht sie auf und holt einen Herrn in unsere Versammlung, der sagt, er habe die Gleichschaltung des Bundes namens der Regierung zu verlan-gen. Eine andere Kollegin steht auf und sagt: Nun bitte ich also die deut-schen Kolleginnen zu einer Besprechung ins Nebenzimmer. Kollegin S., eine gute Katholikin steht auf und fragt: ‚Was heißt das, die deutschen Kolleginnen?' – ‚Natürlich alle, die nicht Jüdinnen sind.' lautet die Ant-wort. So war es gesagt."[9] Hertha Nathorff schreibt weiter, daß sie trau-rig und verzweifelt war – und sich für ihre „deutschen" Kolleginnen schämte. Austreten wollte sie nicht: „Die Ehre, uns herauszuwerfen, will

---

9 W. Benz (Hrsg.): Das Tagebuch der Hertha Nathorff, S. 40.

ich ihnen gönnen, aber ich will wenigstens meinen Anspruch auf Mitgliedschaft nicht freiwillig preisgeben." Dachten auch andere so: nicht freiwillig und stillschweigend das Feld räumen?

Während also die ärztlichen Vereine ziemlich freudig die „Gleichschaltung" vorantrieben, wurde der Ausschluß der Juden gesetzlich weiter festgeklopft. Als nächstes sollte der medizinische Nachwuchs judenfrei gemacht werden, deswegen wurde Juden im Jahre 1935 definitiv die Erlangung Approbation verwehrt. Von nun an durften jüdische Medizinstudenten nur noch eingeschränkt famulieren, wurden nicht mehr zu Prüfungen zugelassen und konnten schließlich ihre Studium nicht mehr mit der Bestallung – also der Approbation – abschließen. Zusätzlich wurde auch hier nicht mit kleinen Demütigungen und Schikanen gespart. So wurden zum Beispiel im März 1933 in der Münchner Universität Anschläge ausgehängt, in denen „jüdischen Studierenden der Medizin in ihrem eigenen Interesse sowie im Interesse der Wahrung von Ruhe und Ordnung" geraten wurde, „Sitzplätze erst nach Beginn der Vorlesungen einzunehmen. Sollte dieser wohlgemeinte Rat nicht beachtet werden, so sehen wir uns gezwungen zu schärferen Maßnahmen zu greifen."[10]

Bei den bereits niedergelassenen Ärzten wurde, trotz der erlassenen Einschränkungen, die grundsätzliche Erlaubnis zur Berufsausübung bis dahin noch nicht angetastet. Vielleicht, weil die Zeit dazu noch nicht reif schien. Das Gesundheitswesen drohte zu wackeln, hätte man alle Juden entfernt. So kann Rahel Hirsch sich wahrscheinlich noch halten, nicht zuletzt auf Grund ihrer Fachkompetenz. – Es gibt unter den Kollegen sicher welche, die zu ihr halten und ihr Patienten zuweisen. Viele Berichte von Zeitzeugen erwähnen, daß es Ärzte gab, die sich weiterhin kollegial verhielten. Sie hatten sich zwar nicht gewehrt, als ihre Berufsverbände den Anschluß an den Nationalsozialismus vollzogen, aber nun wurden sie zu kleinen Helden, weil sie doch noch nicht so schnell vergessen mochten, daß sie mit diesen „rassefremden" Kollegen vor nicht allzulanger Zeit in der Medizinischen Gesellschaft zusammengesessen, über Therapie und neue Diagnosemethoden diskutiert, anschließend vielleicht zusammen ein Glas Wein getrunken hatten. Ande-

10 Zitiert nach R. Jäckle, Schicksale..., S. 13.

re Ärzte wiederum brachten ein besonderes Schild an ihrer Praxis an, das sie als „deutschen Arzt" auswies – insbesondere solche, deren Familiennamen Zweifel aufkommen lassen konnten.

Ein Teil der jüdischen Ärzte, man schätzt sie vorsichtig auf fünf Prozent, wählte als Ausweg den Freitod.

Auch unter den Patienten gab es welche, die zu ihren jüdischen Ärzten hielten und weiterhin zu ihnen gingen. Selbst wenn die Agitation gegen die verbliebenen jüdischen Ärzte massiv war und vor keiner Geschmacklosigkeit zurückschreckte:

> „Den Judenarzt im deutschen Land
> hat uns der Teufel hergesandt
> Und wie der Teufel schändet er
> Die deutsche Frau, die deutsche Ehr"[11].

Der Reim ist eigentlich länger, aber schon diese Kostprobe grenzt ans Unerträgliche. Ein Rätsel bleibt es, wie in einem Land, das für Europa – ganz ohne Spott – als Synonym für „Dichter und Denker" galt, eine Bewegung, die auf diesem Niveau agierte, solch einen Erfolg haben konnte.

Wie mag es gewesen sein, in dieser Atmosphäre noch weiter zu praktizieren?

Wir wissen von Rahel Hirsch, daß sie nicht leicht kapituliert. Spott und Diskriminierung ist sie gewohnt, auch gewohnt, darüber hinwegzusehen. Ob sie noch glaubt, daß es bei den Nationalsozialisten auch der beste Weg ist?

11 Der Stürmer, zitiert nach Baader/Schultz, Medizin im Nationalsozialismus, S. 249.

*20 Trotz zunehmenden Naziterrors blieb Rahel Hirsch zunächst
weiterhin in Berlin.*

18
EIN BRIEF AUS BERLIN IM JAHRE 1935

Die Lage wird tatsächlich wieder besser in Berlin. Nach den Ausschreitungen im Zusammenhang mit der rücksichtslosen „Gleichschaltung" im ersten Jahr kehrt der Alltag wieder. Zwar ist es eine andere Art Alltag als vorher, aber man ist bemüht, sich zu gewöhnen. Es heißt nicht mehr „Guten Tag", sondern „Heil Hitler". Die Straßen sind irgendwie ruhiger geworden. Es gibt nicht mehr die Straßenschlachten der Weimarer Zeit, die Nazis verprügeln ihre Gegner, wie wir bei Zondek gelesen haben, gerne an unbeobachteten Orten. Es gibt mehr Aufmärsche, Musik und vieltausendfaches „Heil!"-Geschrei.

Die Juden suchen nach Mitteln und Wegen, die nationalsozialistischen Machthaber nicht noch mehr zu reizen, und als 1935 die Nürnberger Rassengesetze herauskommen, finden manche Juden sogar etwas Gutes daran: Nun gäbe es wenigstens Rechtssicherheit, meinen sie. Natürlich erkennen sie die Diskriminierung durch die Gesetzgebung, die sie ungefähr auf den Stand des Mittelalters zurückwirft, aber sie wissen wenigstens, woran sie sich zu halten haben. Sie vertrauen darauf, daß, wenn sie nun die Gesetze der Nationalsozialisten einhalten, ihnen nichts weiter passiert.

An die vielen Uniformen hat man sich gewöhnt, auch an den Klang der marschierenden Stiefel auf dem Straßenpflaster. Es geht jetzt überall aufwärts, mit der Arbeitslosigkeit ist es vorbei, da kann man doch zufrieden sein.

„Kann man es nicht verstehen", schreibt Rahel Hirsch an ihren Neffen in London, „alles lag danieder hier in Deutschland, überall Verzweiflung und Elend. Die Arbeitslosigkeit! Wenn Du hättest sehen können, was ich gesehen habe in meiner Praxis: die Armen in den engen Höfen, die krank werden, einfach aus Hoffnungslosigkeit. Ich habe mich manchmal gefragt, ob nicht die Tuberkulose ebensosehr durch den Kochschen Bazillus hervorgerufen wird wie durch das Leben in kalten, dunklen und schmutzigen Behausungen und ob nicht die schlechten Lebensbedingungen, voran aber die Hoffnungslosigkeit, einer Krankheit mehr den Weg bereiten als die Konstitution, der wir ja nach Kraus einen ebensogroßen Anteil an der Erkrankung zuerkennen müssen wie dem Erreger. Und dann war da der neue Aufbruch! Es schien eine neue Zugehörigkeit zu geben – nur allerdings nicht für uns."

Auch unter den Juden hatten einige darauf gehofft. Es hat unter ihnen einzelne gegeben, die den Nationalsozialismus begrüßt und etwas von ihm erwartet hatten – vielleicht weniger für sich als für Deutschland. 1929 schrieb Siegmund Warburg, ein Neffe Max Warburgs, in einem Brief an einen Verwandten: „Die Nazis sind zweifellos zum Teil furchtbar primitiv, sowohl menschlich wie politisch. Andererseits befinden sich unter einem großen Teil von ihnen sehr wertvolle, typisch deutsche Kräfte, die zwar in politischer Beziehung etwas phantastisch sind, aber ein starkes Gefühl für soziale und nationale Pflichten haben." Wie so viele war er damals der festen Überzeugung, der schwadronierende Antisemitismus würde sich geben, wenn die Nationalsozialisten regierten: „Ich habe gar keinen Zweifel, daß die Nazis, wenn sie einmal an der Regierung sind... kaum mehr Dummheiten machen würden als die meisten anderen Regierungen."[1] Damit soll nicht angedeutet werden, daß die Deutschen doch entschuldigt seien, wenn selbst Juden auf Hitler hereinfielen – es beweist nur, daß auch Juden nicht gefeit waren gegen Irrtum und Illusionen. Von dem Pathologen Otto Lubarsch an der Berliner Charité, der Jude war, berichten seine Zeitgenossen – fast ein bißchen spöttisch, denn er war ein etwas weltabgewandter, aber hervorragender Mediziner –, daß er eine kaum nachzuvollziehende nationalsozialistische Gesinnung gehabt habe. Lubarsch starb 1933, und so blieb diesem Gelehrten erspart, noch zu erkennen, welcher Art die Leute waren, deren Ideen ihn so beeindruckt hatten. Die Warburgs würden noch Gelegenheit bekommen, ihre Blindheit zu bereuen. Zwar zahlte Max Warburg nicht mit seinem Leben – er konnte 1938 emigrieren –, sondern nur mit seiner Bank – von deren Erlös blieben ihm, nach Abzug von „Arisierungsgebühren" und „Reichsfluchtsteuer", gerade mal 155.000 Mark. Im Jahre 1935 ist Max Warburg zwar bereits aus den meisten seiner Aufsichtsratsitze hinausgedrängt worden, hofft aber immer noch auf eine positive Wende.

1 Nach R. Chernow, Die Warburgs, S. 446 ff.

„Das sind die Kinderkrankheiten einer guten Sache, sagt man hier", schreibt indessen Rahel Hirsch in Berlin weiter. „Ich will nur hoffen, daß man recht hat. In der Medizin ist es ja so, daß das, was an Kindern versäumt wird, später kaum wieder gutgemacht werden kann. In der Politik mag das anders sein. Es wäre wünschenswert und im übrigen hohe Zeit dazu."

In Ärzteverzeichnissen werden die jüdischen Ärzte jetzt durch einen Doppelpunkt vor dem Namen gekennzeichnet. Die Kinderkrankheiten wachsen sich aus und verfolgen vor allem ein System: Die Juden werden immer mehr ausgegrenzt. Dabei tut man so, als ginge es lediglich darum, daß die „rassisch Fremden" unter sich bleiben. Deutsche sollen bei Deutschen kaufen. Deutsche sollen nur zu deutschen Ärzten gehen.

„Daß ich nun nur noch Juden behandeln soll, ist ein grober Unfug", fährt Rahel Hirsch in ihrem Brief fort, „...als wäre es der Krankheit nicht völlig gleichgültig, ob sie einen Juden oder einen sogenannten Arier befällt. Es ist ein großer Schaden für die Bevölkerung, denn der Gesundheitszustand der Menschen hier in Berlin ist schlecht nach den vielen harten Jahren, die ungeschehen zu machen selbst dem Nationalsozialismus nicht gelingen will. Ich kann auch in diesem Punkt nur die Hoffnung nähren, daß die Vernunft bald den Sieg davontragen möge. Konnte ich doch mit meinen Röntgenapparaten manch einem Kollegen auch in schwierigen Fällen zu einer Diagnose verhelfen. Genug zu tun habe ich indessen. Die meisten Patienten kommen treu weiter zu mir – so sehr man es ihnen auch verleiden will."

Natürlich hat es auch vor ihrem Haus uniformierte Posten gegeben, Plakate mit gehässigen Parolen in der Hand: „Ein Deutscher läßt sich nicht von einem Juden behandeln". Den ganzen Kurfürstendamm mit seinen hohen prunkvollen Mietshäusern entlang. Gerade hier kam den Leuten viel Neid hoch. Hier wohnten die, die es sich leisten konnten. In Häusern mit verspiegelten Eingangshallen und Aufzügen, in Zwölf-Zimmer-Wohnungen, die über fließendes Wasser und Wasserklosetts verfügten, während die Armen sich zu viert oder sechst in einem Zimmer drängen mußten – ohne fließendes Wasser oder gar Zentralheizung. Dort wetteiferte der Kohlgestank mit dem von den Latrinen auf dem Hof. Am vornehmen Kurfürstendamm, so hieß es, und es war wohl auch so, wohnten fast ausschließlich Juden.

Im Juli 1935 werden auf dem Kurfürstendamm jüdische Läden geplündert. Da werden mit einem gewissen Vergnügen Scheiben eingeschmissen, auch von Leuten, die gar nicht darüber nachdenken, ob sie etwas gegen Juden haben oder nicht, die einfach nur eine Wut im Bauch verspüren. Es ist ja auch ein besonderes Vergnügen, unter den Augen von Uniformierten, die nicht eingreifen, sich nehmen zu können, was man haben will, ohne dafür zu bezahlen. Aber vor dem Eingang zu der Praxis von Rahel Hirsch sind die Leute nur vorbeigegangen, ohne hinzusehen. Das „Fräulein Professor", nein, die gehörte doch nicht zu den Reichen. Sie gehörte nicht dazu, auch wenn sie ihre Praxis hier am vornehmen Kurfürstendamm hatte. Weil sie sich überhaupt nie um Geld kümmerte. Sie trieb offene Rechnungen nicht ein, sie fragte nicht lange nach Bezahlung, wenn sie in einen der Hinterhöfe, in eines der „Gartenhäuser", wie sie in Berlin hießen, gerufen wurde, wo eine schwindsüchtige Frau ihre sechs Kinder nicht mehr versorgen konnte, weil die Hustenanfälle sie so plagten. Da setzte das Fräulein Professor dann schon mal selbst die Milch auf den Herd, beseitigte mit zwei, drei Handgriffen die schlimmste Unordnung und erreichte mit ein paar klaren, strengen Worten, daß endlich auch der Mann vom Tisch aufstand: „Nichts wird davon besser, wenn Sie hier Trübsal blasen. Sie müssen jetzt Ihrer Frau zur Hand gehen und den Haushalt ein bißchen führen. Wenn so viele Frauen das können, wird es für Sie wohl auch nicht zu schwer sein." Wenn das Fräulein Professor so spricht, das wissen ihre Patienten, gibt es keinen Widerspruch.

„Mir ist nichts passiert, aber ich konnte den Krach und das Schreien bis in meine Wohnung hören, das war schrecklich genug. Ich kann nicht verstehen, daß die Nationalsozialistische Regierung das zuläßt, was muß das für einen Eindruck im Ausland machen?" schreibt sie weiter in ihrem Brief, den sie vielleicht nie abschicken wird, denn man weiß ja nicht, ob das nicht jemand liest, und außerdem, warum soll sie den Neffen in England so beunruhigen? Er wird sie wieder drängen, daß sie nach London kommen soll, aber das kann sie nicht, sie muß bei ihren Patienten bleiben. Sie wird die Zeit schon überstehen. Es kann nicht sein, daß in einem Land wie Deutschland sich so eine Regierung lange hält.

In den letzten Jahren, die sie noch in Deutschland verbringt, hat Rahel Hirsch dann ihre Wohnung und ihre Praxis in der Meinekestraße

21, ganz in der Nähe des Kurfürstendammes. Außer der Adressenangabe ist nichts aus dieser Zeit über sie erhalten. Auch eine Nachfrage bei der jüdischen Gemeinde ergab außer der Eintragung im Verzeichnis der Ärzte keinerlei Spuren ihres Lebens. So sehr haben die Nazis sich bemüht, alle Zeugnisse jüdischen Lebens zu tilgen, daß es heute in vielen Fällen nicht mehr möglich ist, irgendwelche Unterlagen oder Dokumente aufzufinden. Alles wurde zerstört, verbrannt, geplündert. Schon deshalb mußte dieses Buch geschrieben werden, selbst wenn hier das Leben Rahel Hirschs nur in Andeutungen nachgezeichnet werden kann, um den nationalsozialistischen Verbrechern nicht die Genugtuung zu lassen, daß ihr Vorhaben gelungen ist, ihnen nicht Recht zu geben bei ihrem Versuch, die Erinnerungen an das jüdische Leben in diesem Land auszulöschen.

Zunächst aber, im Berlin der Jahre 1935 und 1936, wird das Leben wieder etwas leichter. Es verschwinden die judenfeindlichen Plakate aus den Straßen. Die Olympischen Spiele 1936 stehen bevor. Wegen der Besucher und der vielen ausländischen Diplomaten gibt man sich etwas zurückhaltender, man möchte einen guten Eindruck vor der Weltöffentlichkeit machen. So bekommt der Glaube neue Nahrung, daß die Lage sich bei diesem Zustand der Duldung von Juden mit gesellschaftlich deutlich gemindertem Status einpendeln würde.

Bei den Olympischen Spielen läßt man sogar eine jüdische Fechterin antreten: Helene Mayer, eine Deutsche, die zu der Zeit schon im Ausland lebt und die man auf Grund ihrer nichtarischen Abstammung bereits aus dem Fechterverband ausgeschlossen hatte. Als die Vereinigten Staaten ihre Teilnahme davon abhängig machen, ob man Helene Mayer bei den Spielen starten läßt, geben die Nationalsozialisten nach. Sie darf starten. Sie gewinnt die Silbermedaille. In der Presse wird die nichtarische Abstammung Helene Mayers – auf Anweisung von oben - nicht kommentiert. [2]

Die Nazis sind also durchaus bereit, Konzessionen zu machen, wo es für sie von Vorteil ist. Etwas, was zusätzlich verwirren mag, denn wenn sie von ihrer Ideologie so fanatisch überzeugt wären, wie sie vorgeben, könnten sie ja nicht in einem Fall ihre Meinung ändern.

---

2 J. Dick/M. Sassenberg (Hrsg.), Jüdische Frauen im 19. u. 20 Jahrhundert, S.267 f.

Im März 1936 stirbt Friedrich Kraus in Berlin. Damit ist wieder ein Stück Charité verschwunden – der Chef, Lehrer und Freund aus den glanzvollen Tagen der Charité und der Medizin. Aus der Zeit, als die Medizin noch eine ruhmvolle Wissenschaft war – jetzt ist sie in Deutschland auf dem Weg, Hilfestellung zum Massenmord zu geben.

Es ist nicht so, wie es immer wieder gerne von ärztlichen Standesvertretern nach 1945 dargestellt wurde, daß es unter den Ärzten – wie in anderen Berufsgruppen schließlich auch - einzelne Verbrecher gegeben hätte – „nur etwa 300", wie unter Zugrundelegung der Nürnberger Ärzteprozesse gesagt wird. Es hat unzweifelhaft Ärzte gegeben, die Widerstand geleistet haben, aber die Ärzte als Stand haben sich in den Dienst Hitlers gestellt.

Schon lange bevor die Nationalsozialisten als Partei ihre Wahlerfolge mit ihren rassistischen Ideologien erzielten, gab es Mediziner, die sich mit Rassenfragen und Erbbiologie beschäftigten und den abstrusen Ideen einiger Judenhasser (wie z.B. Th. Fritsch oder H. Chamberlain) eine wissenschaftliche Basis gaben. Zwar lag es ihnen sicherlich fern, als Konsequenz ihrer Lehre „rassisch Minderwertige" einfach zu beseitigen, aber sie waren fasziniert von der Idee, nicht nur den einzelnen Menschen zu heilen, sondern mit Hilfe eugenischer Auslese ein ganzes Volk.

„Die ‚Machtergreifung' war für diese Wissenschaftler kein Anlaß zum Umdenken oder zur Anpassung, sondern vielmehr Aufbruch in eine Zeit, die für längst Gedachtes endlich praktische Umsetzungsbedingungen schaffte."[3] Daß im Dritten Reich dann schließlich das Fach „Rassenhygiene" in den Lehrplan aufgenommen wurde, war nur die logische Folge dieser Entwicklung.

Die medizinische Wissenschaft des Dritten Reiches war eine veränderte. Nicht mehr der einzelne stand im Mittelpunkt, sondern das „Volk". Ärzte hatten nicht mehr in erster Linie dem einzelnen Menschen zu dienen, sondern der „Volksgemeinschaft" und der „Volksgesundheit", die als übergeordnete Werte hingestellt wurden. Der individuelle Mensch interessierte zusehends weniger, bzw. zugunsten des „Volks-

---

3 Hendrik van den Bussche, Ärztliche Ausbildung unter dem Hakenkreuz, in: E. Heesch (Hrsg.), Heilkunst in unheilvoller Zeit, S. 37.

körpers" und der „Volksgesundheit" wurde dem einzelnen immer mehr zugemutet, auch Nachteile hinzunehmen – bis hin zur Sterilisation und schließlich zur Euthanasie. Ja, auch der Massenmord an den Juden wurde zum medizinischen Eingriff an der „Rasse" hochstilisiert.

Schon früh hatten Antisemiten medizinisch gefärbte Bilder benutzt. In einer Hetzschrift des Göttingers Paul de Lagarde, noch aus dem 19. Jahrhundert, kann man lesen: „Mit Trichinen und Bazillen wird nicht verhandelt. Trichinen und Bazillen werden auch nicht erzogen, sie werden so rasch und so gründlich wie möglich vernichtet." Damit waren die Juden gemeint. Bei Hitler heißt es dann einige Jahrzehnte später: „...das Judentum bedeutet Rassetuberkulose der Völker."[4] Hinter diesen Bildern stand letztlich die Absicht, die planmäßige Ermordung von Menschen als einen Akt der Heilung darzustellen. Die Sterilisationen sollten als medizinische Maßnahme am Völkskörper verstanden werden, als eugenischer Eingriff, ebenso wie die Euthanasie von „lebensunwertem" Leben und die Vernichtung von „Fremdrassigen".

Robert Jay Lifton schreibt in seinem Buch „Ärzte im Dritten Reich": „Das gesamte Nazi-Regime war in der Tat auf einer biomedizinischen Vision errichtet worden, die eine Art rassischer Reinigung *erforderte*, die sich von der Sterilisation zum Massenmord hin entwickelte."

Seiner Meinung nach hätten die Nazis durchaus „vom Zentrum Hartheim oder Grafeneck[5] für therapeutische Gen-Tötung" und analog dazu vom „Zentrum Auschwitz für therapeutische Rassentötung" sprechen können, wenn sie ihren Einrichtungen hätten Namen geben sollen.

Heilen durch Töten hieß das Programm der Nationalsozialisten. Sie glaubten von sich, daß es ihre Sendung war, den „kranken deutschen Volkskörper" von der „Verunreinigung durch die jüdische Rasse" zu reinigen. Die Juden wurden einem Krankheitsherd gleichgesetzt und sollten entfernt werden wie ein solcher. Damit waren Rücksichtslosigkeit, Mitleidlosigkeit und Radikalität gerechtfertigt.

4 Zitiert nach B. Beuys, Heimat und Hölle, S. 687, S. 714.

5 Das waren die Anstalten, in denen die Tötung von Geisteskranken hauptsächlich stattfand.

S. C.

Es scheint, als seien Ärzteschaft und Nationalsozialismus voneinander fasziniert gewesen. Kein anderer akademischer Berufsstand stellte Partei- und SS-Mitglieder zu einem so hohen Prozentsatz. Die einen lockten die Uniformen und die Macht, die ihnen in dem neuen Staat eingeräumt wurde. Die anderen unterlagen offenbar dem Mythos, den die Medizin sich in dem letzten Jahrhundert geschaffen hatte. Wieder Lifton: „Was die tatsächliche fachliche Notwendigkeit betraf, so gab es überhaupt keinen Grund, Ärzte die Selektionen durchführen zu lassen: jeder hätte schwache und todgeweihte Häftlinge aussondern können."[6] – Es sei denn, man glaubt, daß eine „ärztliche Anordnung" etwas Besonderes ist, daß ärztliche Handlungen eine spezielle, übergeordnete Autorität haben. „Aber wenn man Auschwitz, wie dies die Nazi-Ideologen taten, als ein Unternehmen der öffentlichen Gesundheit betrachtete, so waren Ärzte die einzigen, die Selektionen vornehmen konnten." schreibt Lifton weiter. Auch die Insassen der psychiatrischen Anstalten wurden erst nach Erstellung eines „medizinischen Gutachtens" der Vernichtung zugeführt. Das Zustandekommen dieser Gutachten spottet jeder Beschreibung und erfüllt keines der Kriterien für ordnungsgemäße Begutachtung, aber jeder Anstaltsinsasse wurde durch einen Fragebogen, den der Anstaltsleiter auszufüllen hatte, erfaßt. Es gab Heimleiter, die in dem Verdacht, man wolle die noch arbeitsfähigen Geisteskranken zu irgendwelchen staatsdienlichen Einsätzen heranziehen, absichtlich negative Angaben über den Zustand ihrer Zöglinge machten – die daraufhin der Vernichtung zugeführt wurden, obwohl sie z.B. ihr ganzes Anstaltsleben hindurch Schuhe besohlt oder Küchendienste geleistet hatten. Die Gutachter entschieden immer ohne den Patienten gesehen zu haben. Eine Tötung nach dem Alphabet oder dem Geburtsdatum hätte den gleichen Effekt gehabt und wäre verwaltungstechnisch sicher einfacher gewesen, aber es kam den Nationalsozialisten auf das Ritual der ärztlichen Begutachtung an.

Es gab viele Aufgaben für Ärzte in den Konzentrationslagern. Bei Lifton findet sich eine Auswahl ihrer Aufgaben: Sie überwachten die Häftlinge, die den getöteten Juden die Goldfüllungen und Goldzähne entfernen mußten, sie mußten dem Häftling vor einer Züchtigung atte-

6 R. J. Lifton, Ärzte im Dritten Reich, S. 178.

stieren, daß er gesundheitlich in der Lage war, die Strafe durchzustehen, sie erteilten Ratschläge zur reibungslosen Durchführung der Selektionen, ob beispielsweise die Frauen von ihren Kindern getrennt werden sollten oder nicht, und ihr Rat war besonders gefragt bei der Beseitigung der Leichen – eines der am meisten erörterten Probleme in Auschwitz. An der Vielzahl dieser Aufgaben läßt sich schon ablesen, daß es nicht nur einige wenige Ärzte gewesen sein können, die in Konzentrationslagern beschäftigt waren. Die Nazis fragten sozusagen bei jedem Schritt Ärzte um Rat, getreu dem Mythos, daß Ärzte mehr über den Menschen wüßten als gewöhnliche Sterbliche. Läßt man Ärzte die Entscheidung über Leben und Tod treffen, wird daraus quasi eine heilende Handlung, die SS-Leute konnten sich der Illusion hingeben, sie führten sozusagen nur ein ärztliches Rezept aus.

Es kann in der Ärzteschaft nicht verborgen geblieben sein, was da geschah. Nicht nur, daß es Anzeigen in Zeitungen gab, in denen Ärzte für KZs gesucht wurden, Ärzte kannten sich untereinander, man traf sich auf Kongressen und Ärztetagen. Ergebnisse, die man bei Menschenversuchen erzielt hatte, wurden auf Fachtagungen vor Ärzten vorgestellt – und übrigens auch von einzelnen scharf verurteilt. So konnte es den Ärzten nicht unbekannt geblieben sein, welchen Weg die Medizin inzwischen ging. Das bestätigt am Rande auch eine Begebenheit, die Forßmann in seinen Erinnerungen erzählt. Er, der nach seinem kühnen Selbstversuch mit dem Herzkatheter – wofür er später den Nobelpreis bekam – keine Gelegenheit gefunden hatte, seine Versuche weiterzuführen, hätte gerne wieder forschend gearbeitet. Da bekam er ein Angebot: „Ein von der Sache her durchaus verlockendes, in den Begleitumständen aber völlig unannehmbares Angebot. Direktor der zivilen Abteilung war der SS-Oberführer Professor Dr. Heinze. Er sprach mich auf meine kardiologischen Versuche an und schlug mir vor, zur SS überzutreten. Er wollte Himmler über meine Arbeiten berichten und mich vorstellen. ‚Dann richten wir hier in Görden eine Versuchsstation der SS ein. Über die SS bekommen Sie die besten Röntgenapparate, die es gibt, und Patienten kann ich Ihnen jede Menge zur Verfügung stellen.' Aber wehrlose Patienten als Versuchskaninchen...'' [7] Forßmann lehnte ab.

7 W. Forßmann, Selbstversuch, S. 260.

Rahel Hirsch in ihrer Berliner Wohnung ahnt wahrscheinlich nicht, wie sehr die Wissenschaft, für die sie gelebt hat, herunterkommt und wozu sich die Medizin inzwischen hergibt. Von solchen Nachrichten, von Zusammenkünften mit den Kollegen, von Kongressen und Ärztetagen ist sie abgeschnitten. Aber sie bekommt es täglich zu lesen, welch unguter Geist sich in der Medizin ausbreitet.

Zwar läßt es sich in der Großstadt etwas leichter leben als auf dem Land. Die Juden sind auf der Straße anonym. (Das wird ihnen später, als das Tragen des Davidssternes Gesetz wird, zugute kommen, denn in einer Großstadt wird ein Jude, der den Stern abnimmt, um z. B. mit der Straßenbahn zu fahren, nicht sofort erkannt wie in einer Kleinstadt, in der jeder jeden kennt.) Sie können größtenteils unbehelligt ihrer Wege gehen, anders als in kleineren Gemeinden, wo jeder die Juden genau kennt und sie auf der Straße und überall mit ständigen Bedrohungen und Schmähungen rechnen müssen. Aber der Kontakt zu den ärztlichen Kollegen ist sehr vermindert. Vielleicht trifft sie Brugsch einmal auf der Straße. Der ist wieder in Berlin und nicht sehr glücklich über die Nazis. Er sieht seinen Platz eigentlich nur in der Forschung und Lehre, jetzt hat er sich in Berlin niedergelassen. Seine Abneigung gegen die nationalsozialistische Ideologie und die „Neue Deutsche Medizin" ist so groß, daß er sie nicht ganz verbergen konnte. Er hat in einer Dekanatssitzung seine Kollegen über den Inhalt von „Mein Kampf" aufgeklärt – das soll zwar ein rhetorischer Erfolg gewesen sein, führte aber natürlich dazu, daß er die Universität in Halle verlassen mußte und an seiner alten Charité auch nicht mehr erwünscht war. Wenigstens ist er wieder in seinem geliebten Berlin. Er erschrickt fast, als er Rahel Hirsch ganz unvermutet auf der Straße trifft. Ein bißchen gefährlich ist es schon, mit Juden gesehen zu werden, aber er will es sich doch nicht nehmen lassen, seine alte Freundin wenigstens zu begrüßen. Sie ist älter geworden, noch immer eine faszinierende Frau. Aber ihr immer fragender, forschender Blick hat von seiner Kraft verloren. Sie sieht müde aus. „Daß du noch immer hier bist!" ruft er aus. „Du mußt fort – aus Deutschland raus!"

19
DER LETZTE AUGENBLICK

„Du mußt fort!" „Du mußt aus Deutschland raus!" – Das haben ihr
schon viele gesagt, sie hat es nicht hören wollen. Immer wieder haben
ihr Freunde und Bekannte geraten, doch das Land zu verlassen. Immer
wieder hat sie abgewehrt und sich zum Bleiben entschlossen, oder besser: sie hat sich nicht zum Fortgehen entschließen können. Die Patienten, die immer noch zu ihr kommen – es sind immer noch arische Patienten darunter –, bestärken sie in dieser Haltung: Wir brauchen Sie
doch, Fräulein Professor! Patienten meinen immer, ohne „ihren Arzt"
oder „ihre Ärztin" nicht auskommen zu können, schon Urlaub oder
Krankheit sind Beinahe-Katastrophen für sie. Das bietet ihr einen zusätz-
lichen Vorwand, nicht an Emigration zu denken. Zu verdrängen, was ihr
und allen Juden immer deutlicher werden müßte, nämlich daß die
Nationalsozialisten unerbittlich sind in ihrem Haß. „Das Erkennen dürfte hier weit weniger schwierig sein als das Bekennen", hat sie seinerzeit
– vor nunmehr dreißig Jahren – ihren Kollegen in der Charité gesagt: zu-
zugeben, daß das, was man deutlich vor Augen sieht, etwas anderes ist,
als man zu sehen erwartet hat. Nun fällt es ihr – und so vielen anderen
Juden – schwer, zu bekennen, was längst zu erkennen ist: daß ihr Untergang geplant ist, daß die Juden in Deutschland ihre Heimat verloren
haben.

Trotz aller Anstrengungen, die jüdischen Ärzte aus dem Beruf zu
vertreiben, beklagt die ärztliche Führung 1938, daß angeblich ein Drittel der Kassenärzte immer noch Juden sind. Der Reichsärzteführer Gerhard Wagner hat deshalb ein Paket von Maßnahmen vorbereitet, das
die jüdischen Ärzte endgültig ausschalten soll. Zunächst werden im
Januar 1938 sämtliche Kassenzulassungen entzogen, auch von den Ärzten, die bisher noch unter eine Ausnahmeregelung gefallen waren. Als
nächstes schließt die Kassenärztliche Vereinigung die jüdischen Ärzte
von allen Fürsorgemaßnahmen aus, und schließlich als End- und Gipfel-
punkt wird mit der „Vierten Verordnung zum Reichsbürgergesetz" vom
25. Juli 1938 allen jüdischen Ärzten zum 30. September 1938 die

Approbation entzogen. Danach wird es im „Altreich" noch rund 700 „Krankenbehandler" geben, die nur Juden und ihre eigene Familie behandeln dürfen. Von diesen Ärzten, schreibt Fridolf Kudlien, sind die meisten mit ihren Patienten zusammen im KZ umgekommen, nur ganz wenigen ist es noch gelungen, zu entkommen.

In den Zeitungen liest sich das, als gäbe es auch 1939 noch das Problem der „Überfremdung" – wenn es denn jemals eines gewesen ist. Als wäre es nicht so, daß es inzwischen beinahe nichts mehr zu „entjuden" gab. Die Unterzeile des Zeitungsartikels „Zulassung zur Behandlung von Juden möglich – kein Mangel an deutschen Ärzten" spielt die Maßnahme zusätzlich herunter, als sei das alles gar nicht so schlimm, die jüdischen Ärzte dürften ja weiterhin Juden behandeln.

Dabei ist die Aberkennung der Approbation ein so unerhörter Eingriff in das Berufsrecht, daß es nicht verwundern darf, wenn die Betroffenen es nicht glauben können. Die Bestallung, also die Approbation zum Arzt, wird erteilt, nachdem der Student oder die Studentin durch Ablegen aller Examen und zusätzlich durch praktische Tätigkeit bewiesen hat, daß er oder sie theoretisch wie praktisch die Ausübung der ärztlichen Kunst beherrscht. Sie bleibt normalerweise lebenslang bestehen. Auch Ärzte, die nicht mehr berufstätig sind, behalten ihre Approbation. Sie bleiben Ärzte und dürfen sich als solche bezeichnen. Sie haben das Recht – und auch die Pflicht –, jederzeit ärztlich tätig zu werden, etwa bei einem Unfall oder in ähnlichen Notfällen. Nur wenn ein Arzt sich durch unethisches Verhalten als unwürdig erweist – etwa durch ein Verbrechen oder fortgesetzte Verstöße gegen das Betäubungsmittelgesetz –, kann ihm die Approbation entzogen werden. Wer einmal approbiert wurde, zu dessen Identität gehört für den Rest seines Lebens das Arztsein. Mit der „Vierten Verordnung zum Reichsbürgergesetz" aber wurde den letzten noch tätigen jüdischen Ärzten – Kudlien nennt eine Zahl von etwa 3000 – nicht nur die Berufsausübung untersagt, sondern eben jene ärztliche Identität aberkannt. Sie dürfen nicht einmal mehr die Bezeichnung Arzt führen, sie werden zu „jüdischen Krankenbehandlern" degradiert. Normalerweise hätte dieser Vorgang für die berufsständische Vertretung der Ärzteschaft Anlaß zu schärfstem Protest sein müssen, denn damit wurde an den Grundfesten des ärztlichen Selbstverständnisses gerüttelt. Aber in den Ärzteverbän-

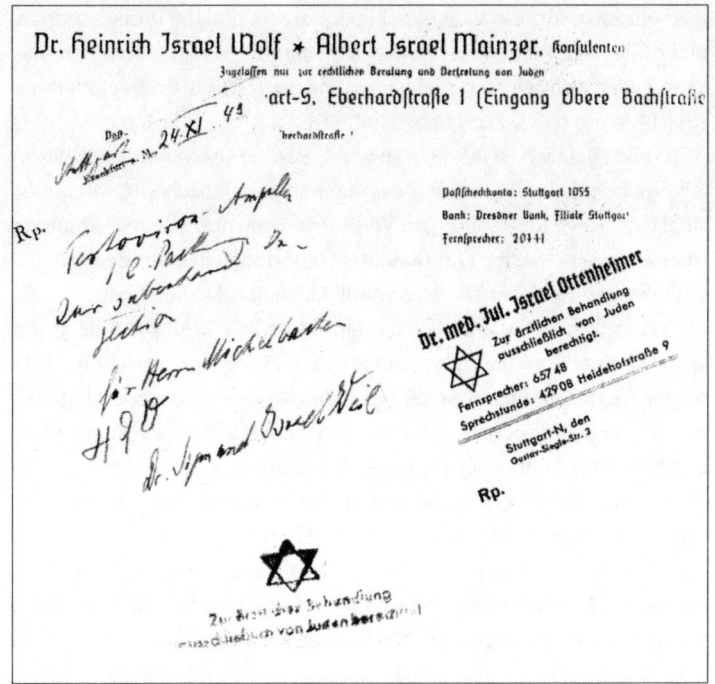

21 Ende der dreißiger Jahre durften jüdische Ärzte nur noch Juden behandeln.

den gibt es schon lange nicht mehr auch nur einen Hauch von Solidarität mit den jüdischen Kollegen, von denen so viele Hervorragendes für die Medizin geleistet haben.

Die letzten jüdischen Ärzte müssen ihre „Arzt"-Schilder von Praxis- oder Hauseingängen entfernen. Sie dürfen die Bezeichnung Arzt weder im Briefkopf noch auf Stempeln führen. Rahel Hirsch bekommt, wie alle anderen Betroffenen, ein amtlich knappes Schreiben, in dem sie aufgefordert wird, alles zu entfernen, was sie als Ärztin ausweist. Damit ist auch das kleine Schild neben der Haustür mit der Inschrift „Frl. Prof. Dr. med. Rahel Hirsch" gemeint. Das aber wird sie nicht entfernen, dazu, meint sie, kann man sie nicht zwingen. Schließlich hat sie ihren Doktorgrad ebenso wie andere rechtmäßig erworben, und der Professorinnentitel ist ihr vom Preußischen Unterrichtsminister verliehen worden, das kann Hitler nicht einfach rückgängig machen. Der 30. September verstreicht, ohne daß sie das Schild entfernt.

Wahrscheinlich ist ihr nicht bewußt, daß sie sich damit ihr Todesurteil ausstellt. Die Übertretung der nationalsozialistischen Ordnung ist längst zu einem todeswürdigen Verbrechen geworden. Ihre Verhaftung ist beschlossene Sache. Das bedeutet Deportation in eines der Konzentrationslager, vielleicht Theresienstadt, Dachau oder Auschwitz.

Vermutlich am Abend des 3. oder 4. Oktober 1938 steht ein Mann lange in einer Toreinfahrt gegenüber dem Haus Meinekestraße 21. Er wartet, bis die Straße frei ist, und nachdem er sich vergewissert hat, daß ihn niemand beobachtet, verschwindet er schnell in der Nummer 21 und klingelt bei Rahel Hirsch an der Wohnungstür.

Wir wissen nicht, wer dieser Mann war, aber es hat ihn gegeben. Wir wissen nichts über seine politische Einstellung und die Motive seines Handelns – ob es ein Freund war, ein dankbarer Patient oder einfach einer, dem sein Gewissen eingab, Verfolgten zu helfen. Wir wissen nur, daß er Beziehungen zur Partei und wahrscheinlich zur Gestapo gehabt hat, denn er hat offenbar Kenntnis davon, wer auf der Liste der zur Verhaftung und Deportation bestimmten Personen steht. Er weiß, daß in den allerersten Stunden des nächsten Tages die Gestapo grob an Rahel Hirschs Haustür poltern und klingeln wird, um sie abzuführen. Nachdem sie die Mahnung, das Land zu verlassen, so oft in den Wind geschlagen hat, bleibt ihr jetzt gerade noch die Zeit, eine kleine Tasche mit dem Nötigsten zu packen – ob noch ein Bild vom Vater darin Platz hat oder ob das schon zuviel Gepäck ist? –, dann drängt ihr Besucher zum Aufbruch.

Er bringt sie zu einem Treffpunkt, wo erfahrene, mutige Fluchthelfer auf sie und noch einige andere in dieser Nacht warten.

Es war längst nicht mehr so, daß man Juden, wenn man sie doch nicht haben wollte, ausreisen ließ. Bereits an dem Tag im Jahre 1933, als Käthe Frankenthal auf der Reise nach Prag in Dresden verhaftet wurde, war eine Verfügung herausgekommen, daß niemand das Land ohne besondere Erlaubnis verlassen durfte. In der Folge war es für Juden außerordentlich schwierig, eine Ausreisegenehmigung zu erhalten. Wer als

Gegner des Nationalsozialismus bekannt war, konnte das Land schon gar nicht mehr verlassen, sondern wurde verhaftet und ermordet.

Die Tieräztin Maria Gräfin von Maltzahn gehörte zu jenen Menschen, die ungeachtet der Gefahr, in die sie sich brachten, Juden und politisch Unliebsamen halfen, das Land zu verlassen, und die Flucht organisierten. Sie hatte Kontakt zur schwedischen Kirche, die damals vielen von den Nazis Verfolgten half. Den Schweden war es erlaubt, ihr Mobiliar von der Reichshauptstadt in die Heimat zu verfrachten. Maria von Maltzahn berichtet:

„Für diese Transporte wurden an bestimmten Tagen Eisenbahnwaggons der Reichsbahn zur Verfügung gestellt. Mit den nicht gerade hitlerfreundlich eingestellten Eisenbahnern eine auch mit Naturalien wie Kaffee und Zigaretten honorierte Vereinbarung zu treffen, gelang dem jungen schwedischen Organisationsgenie Erik Wesslen... Das mit den Eisenbahnern getroffene Agreement sah vor, daß das schwedische Mobiliar verladen und die Waggons anschließend plombiert wurden. Der Zug, der fahrplanmäßig spätabends in Berlin abging, hielt dann kurzfristig außerhalb der Stadt. Hier warteten Wesslens Leute, die die Waggons öffneten und die Möbel zerstörten und hinauswarfen. In die Waggons stiegen nun Menschen. Wir hatten mit großer Mühe Metallplatten besorgt, die mit den Menschen zusammen in etwa dasselbe Gewicht wie die Möbel ergaben... Im Norden übernahm ich die jeweilige Gruppe, die als ‚Schwedenmöbel' in die Freiheit transportiert werden sollte." [1]

So wird auch Rahel Hirsch Helfern übergeben worden sein, die ihre Ausreise organisiert haben, sie aus Berlin herausschleusten und ihr zur Flucht nach England verhalfen. Dort wurde sie bei ihrer Schwester und ihrem Neffen aufgenommen.

Rahel Hirsch ist nicht nur ihrer Verhaftung, sondern auch dem Novemberpogrom, der sogenannten Reichskristallnacht, entkommen. Am 9. und 10. November 1938 wurden überall in Deutschland durch SA-Männer und Parteigenossen die Synagogen in Brand gesetzt und zerstört, in Berlin allein neun der zwölf jüdischen Gotteshäuser. Jüdische Geschäfte und Wohnungen wurden demoliert, die Bewohner mißhan-

---

1 M. Gräfin von Maltzahn, Schlage die Trommel und fürchte dich nicht, S. 162.

delt. Es gab einundneunzig Tote und insgesamt im Reich etwa 30.000 Verhaftete. In Berlin wurden Tausende von Menschen in Konzentrationslager verschleppt.

Die Freiheit erlangt, mit dem Leben davongekommen – und nun?

„Die Abfahrtszeiten der Züge nach Berlin kannten wir auswendig", schreibt Herman Zondek in seinen Erinnerungen. Er wartete in Zürich darauf, daß der Spuk der Hitler-Regierung vorbeiginge und er zurückkehren könne. Diese Worte geben den Seelenzustand der meisten Emigranten wieder. Das Glück, den Nazis entkommen zu sein, löschte die Sehnsucht nach der Heimat nicht aus. Sie wären lieber heute als morgen zurückgegangen, sie wünschten sich, daß ihr Leben in Deutschland eine Fortsetzung finden könnte.

Viele machten einen Neuanfang. In den USA oder in Israel – aber viele und unter ihnen Rahel Hirsch blieben Fremde in dem Land, in das sie geflohen waren.

Sie wurden auch nicht übermäßig begeistert empfangen.

Soweit Nachrichten über die Vorgänge in Deutschland ins Ausland drangen, war natürlich jeder anständige Demokrat auf der ganzen Welt entsetzt. Aber als dann der Strom der Flüchtlinge immer stärker wurde, ließ die Empathie in den Einwanderungsländern doch merklich nach. Es war, wie es immer ist: Niemand will natürlich, daß Menschen ermordet werden. – „Aber müssen sie denn ausgerechnet hier zu uns kommen? Können sie nicht besser woanders bleiben?"

1938 gab es in dem Schweizer Ort Evian eine Flüchtlingskonferenz, deren Hauptanliegen es war, die jüdische Bevölkerung davon abzuschrecken, nach Übersee auswandern zu wollen. Der Geist dieser Konferenz in dem wunderschönen, mondänen Badeort am Genfer See war für die beobachtenden Juden tief deprimierend. „Triumphierende Überschriften in der deutschen Presse gaben während der Konferenz täglich bekannt, wie nun bewiesen war, daß Hitler recht hatte, wie die Welt begann, die Dinge zu sehen wie er, wie niemand die Juden wollte..."[2] schreibt einer, der die Konferenz mit Bangen und Hoffen verfolgt hat.

Die Bedingungen einer Arbeitsaufnahme wurden für die Emigranten erschwert. Was die Ärzte betraf, so verlangten manche Länder er-

2 Zitiert nach B. Beuys, Heimat und Hölle, S. 721.

neute Prüfungen. Das Staatsexamen mußte wiederholt werden, oder es mußte sogar die Reifeprüfung in Landessprache noch einmal abgelegt werden. Die Angst vor der Konkurrenz ist ganz offensichtlich keine spezifische Eigenschaft der deutschen Ärzte, sie sind international davon befallen.

Möglicherweise ist es den Verwaltungen dieser Länder nicht bewußt geworden, wie sehr sie damit die diskriminierenden Maßnahmen der Nationalsozialisten bestätigten, die den jüdischen Ärzten gerade die Approbation aberkannt hatten.

Das Leben der Emigranten ist bitter, von langen, langen Tagen geprägt. Es erfordert Einfallsreichtum, etwas zu finden, mit dem man Geld verdienen kann. Käthe Frankenthal, die durch mehrere europäische Länder geflohen ist, bevor sie in die USA auswandern konnte, gibt einen Einblick in ihr Emigrantendasein in Frankreich:

„Als Psychiater durfte ich keine Dienste anbieten. Ich konnte aber eine Beratungspraxis aufbauen, wenn ich es nur nicht Praxis nannte, sondern Humbug. Humbug war erlaubt, und ich war bereit, diese Konzession zu machen."[3]

Und wenn gar nichts mehr lief, dann setzte sie sich mit einem Bekannten in ein Café und begann ihm aus der Hand zu lesen. Meist kamen dann nach kurzer Zeit andere dazu, die auch aus der Hand gelesen haben wollten, das brachte dann ein paar Francs, vielleicht auch mal ein Glas Wein oder einen Aperitif. So überlebt man in der Emigration.

Aber Käthe Frankenthal war zwanzig Jahre jünger als Rahel Hirsch. Sie hat immer den Mut zum Außergewöhnlichen gehabt, das zeigte sich in ihrer politischen Karriere ebenso wie in ihrem Dienst im Karpatenheer. Sie hatte durch Flucht und Emigration nicht ihren Sinn für Abenteuer verloren.

Auch Rahel Hirsch ist zeit ihres Lebens eine kühne Frau gewesen, aber es war mehr die Kühnheit des Intellekts. Sie fühlte sich in dem philosophischen Klima der Charité wohl. Ohne die Kollegen Kraus, Brugsch, Nicolai, Plesch und all die anderen ist sie einsam, auch wenn sie – darin glücklicher als Käthe Frankenthal – eine Familie hat, die sie

3 K. Frankenthal, Jüdin, Intellektuelle, Sozialistin, S. 214.

aufnimmt und die ihr einen selbstverständlichen Platz einräumt. Sie muß nicht, wie so viele andere Emigranten, ruhelos durch Europa wandern, halb auf der Flucht, halb auf der Suche nach einem Ort, an dem sie willkommen wäre.

Rahel Hirsch kann in England in ihrem Beruf als Ärztin nicht arbeiten. Das Staatsexamen zu wiederholen, dazu hat sie im Alter von 68 Jahren nicht mehr die Energie. Sie arbeitet im Labor. Wenig Trost wird es ihr gegeben haben, daß sie dadurch wenigstens im medizinischen Bereich tätig sein konnte. Es ist nicht so, wie viele glauben, daß Ärztinnen automatisch jeden medizinischen Hilfsberuf ausüben können. Auch dazu wieder eine Bemerkung der pragmatischen Käthe Frankenthal: „In der Emigration ist mir oft vorgeschlagen worden, doch Krankenpflege zu übernehmen. Man scheint oft anzunehmen, daß Krankenpflege und ärztlicher Beruf sich änlich wären. Ich kann mir kaum zwei Berufe denken, die sich unähnlicher sind. ...ich kann eine Diät verordnen, aber ich kann sie weder zubereiten noch lächelnd servieren. Ich kann Bettruhe anordnen, aber ich kann kein Bett machen, so daß Kranke sich darin wohl fühlen. Ich habe mich speziell mit Psychiatrie beschäftigt und verstehe, warum Kranke nicht guter Laune sind. Aber ich könnte nicht den ganzen Tag um sie sein und freundlich und geduldig bleiben."[4] So wird ihr diese Arbeit nur wenig Trost und Befriedigung gegeben haben. Immerhin verdient Rahel Hirsch ein wenig Geld. Auch Übersetzungen bringen etwas ein. Aber ihr Leben ist das nicht.

Sie ist sehr in sich gekehrt, nimmt an ihrer Umgebung immer weniger teil. Sie ist gegen so vieles gleichgültig geworden.

„Dort hat sie gesessen", wird ihr Neffe viele Jahre später Professor Gerhard Volkheimer erzählen, der auf der Suche nach den Spuren von Rahel Hirsch ist, „ich seh' sie immer noch dort sitzen und den Kopf schütteln." Sie kann das, was in Deutschland geschehen ist, nicht verwinden. Nicht verwinden und begreifen.

„Von verschiedenen damaligen Weggefährten wird berichtet, daß sie sehr stark gelitten habe unter den Erlebnissen in Hitler-Deutschland, ihrer Flucht und der völligen Umgestaltung ihres Lebens. Sie wurde

4 Ebenda, S. 57.

‚melancholisch und litt an Wahnvorstellungen' und Verfolgungsängsten."[5]

Ruth Klüger, eine Jüdin, die zusammen mit ihrer Mutter und einer Frau, die sie im Lager als „Schwester" angenommen hatte, Deportation und Lagerhaft überstanden hat und nach dem Krieg in die USA auswandern konnte, beschreibt ein ähnliches Phänomen bei ihrer Mutter, dreißig Jahre nach dem Geschehen: „...sie meint, Ditha wolle sie in eine psychiatrische Klinik einsperren. Der Verfolgungswahn, der schon immer in ihr saß, hatte sich in den Hitlerjahren mit einer mörderischen Wirklichkeit gedeckt, die alle Phantasien übertraf, und seither hat sie es schwer, die Wirklichkeit richtig einzuschätzen."[6] Auch Rahel Hirsch gelingt es nicht mehr, die Realität richtig zu erkennen. Besonders soll sie von der Angst verfolgt worden sein, vergiftet zu werden. Ist es nicht zu verstehen, nach dem, was sie im nationalsozialistischen Deutschland täglich hat lesen, hören und beobachten können oder besser müssen? Ist nicht das Gefühl, vergiftet zu werden, die einzig adäquate Reaktion der Seele darauf?

Inzwischen ist Krieg, der dritte Krieg in der Zeitspanne ihres Lebens. Mörderischer und zerstörerischer als alle vorherigen Kriege. Bomben fallen auf London. Sie zieht aufs Land, in einen Kurort im Nordosten Englands, wo sie bis zum Kriegsende bleibt.

Dann wendet sich, nach den Anfangserfolgen, das Blatt für die Hitlerarmeen, es beginnt der wahnwitzige „Endkampf" und der Untergang des „Tausendjährigen Reiches". Das Land ist zerstört, die nationalsozialistische Schreckensherrschaft ist beendet.

Manche gehen zurück. Für Rahel Hirsch jedoch ist das längst unmöglich geworden. Hat sie sich zuvor lange dagegen gewehrt, das Ausmaß der Verfolgung anzuerkennen, kann sie sich nun nirgends mehr sicher fühlen. Der Schrecken in ihr sitzt so tief, daß er kein Ende findet. Schließlich muß sie in ein „mental house" gebracht werden.

Zwei ihrer Schwestern, Bella und Sophie, sind im Holocaust umgekommen.

5 E. Brinkschulte, Weibliche Ärzte, S. 110.
6 R. Klüger, Weiter leben, S. 156.

Rahel Hirsch erkrankt und wird in ein Hospital verlegt. Sie stirbt 83jährig im Jahre 1953 in der Nähe von London und ist auf dem jüdischen Friedhof in Bushey begraben.

Mit dem einsamen Ende hat sich auch in ihrem Leben die Tragik so vieler Juden vollendet, die ein Land liebten, das sie nicht liebte.

Wie es Heinrich Heine in einem seiner Lieder besingt:

> *„Ich hatte einst ein schönes Vaterland.*
> *Der Eichenbaum wuchs dort so hoch, die Veilchen nickten*
> *sanft.*
> *Es war ein Traum.*
> *Das küßte mich auf deutsch, und sprach auf deutsch*
> *(Man glaubt es kaum*
> *Wie gut es klang) das Wort: ‚Ich liebe dich!'*
> *Es war ein Traum."*

22 1953 stirbt Rahel Hisch in der Nähe von London. Sie ist in Bushey begraben.

20
UND HEUTE?

**Interview mit den beiden Ärztinnen Susanne Rehm und
Antje Müller-Schubert**

Die Spuren schienen verwischt. Da wird 1995 in der Ruine des Rudolf-Virchow-Hörsaals der Charité zu ihrem 125. Geburtstag unter der Schirmherrschaft von Bundestagspräsidentin Rita Süßmuth eine Bronzeplastik enthüllt, die Rahel Hirsch darstellt. Neun weitere Monate müssen vergehen, bis sie vor der Mensa der Charité auf dem alten Gelände einen würdigen Platz erhält. Zwei Ärztinnen der Charité, Antje Müller-Schubert und Susanne Rehm, haben das bewirkt.

Mit viel Energie haben sie ihr Projekt, mit einer Bronzefigur der ersten Professorin der Medizin in Preußen zu gedenken, durchgesetzt. Das Geld dafür wurde privat zusammengetragen von Gönnern der Idee und von Freunden vorheriger Kunst-Projekte der beiden Ärztinnen. Denen war durch die Schenkung handsignierter Plakate von Christo und Jeanne-Claude die Möglichkeit der Versteigerung zugunsten der Figur Rahel Hirschs gegeben worden.

**Wie kam es dazu? Was hat zwei junge Kolleginnen dazu bewogen,
die Erinnerung an Rahel Hirsch wieder zu beleben?**

Antje Müller-Schubert/Susanne Rehm:

Daß wir hier so selbstverständlich heute als Ärztinnen auftreten können, wäre vor hundert Jahren undenkbar gewesen. Kaum einer – oder sollte man sagen: kaum eine – macht sich heute bewußt, daß es die mutigen und kämpferischen Frauen von damals waren, die uns diese berufliche Emanzipation und Selbstverwirklichung überhaupt erst möglich gemacht haben. Rahel Hirsch war eine dieser Frauen, die sich gegen das gängige Vorurteil und gegen die gesellschaftlichen Normen durchzusetzen wußte.

Besteht heutzutage so etwas wie „absolute Gleichheit"?

AMS/SR:

Nein, auch heute ist vieles noch nicht gleich – in den Köpfen. Als Frau in der Medizin hat man manchmal den Eindruck, man muß doppelt so gut sein und doppelt soviel arbeiten wie manche männliche Kollegen, um annähernd gleich beachtet zu werden.

Und die heutige Situation in den Universitäten ist immer noch die, daß etwa die Hälfte der Studenten Frauen sind – und wie viele davon landen dann in Chefpositionen? Ein Prozent oder zwei Prozent? Wir haben an unserem Klinikum vielleicht ein oder zwei Professorinnen, aber die besetzen keine C4-Stellen.

Könnte Rahel Hirsch dann eine Leitfigur für sie sein?

AMS/SR:

Wir wollen Rahel Hirsch nicht als das neue Sinnbild der Frauenbewegung der Neunziger darstellen - gut, das kann natürlich jede für sich selbst da festlegen - das ist es aber nicht, was wir auf unsere Fahnen geschrieben haben.

Rahel Hirsch war eine Frau, die gekämpft hat und ihre Visionen wirklich werden ließ. Sie hat als Forscherin eigene Ideen entwickelt und hat die auch gegen stärkste Widerstände durchsetzen müssen. Selbst wenn sie von ihren männlichen Kollegen dafür ausgelacht und auf niedrigstem Niveau verurteilt wurde.

Wir haben immer vermieden zu sagen, es ist ein „Frauenprojekt", aber natürlich war uns das schon wichtig. Sie müssen sich einmal vorstellen: Bevor man in der Charité mit dem großen Umbau begann, standen über das ganze Gelände verteilt diese vielen Plastiken und Büsten herum. Alle zeigten nur Männer. Von Frauen keine Spur. Aber die hatte es immer gegeben, sowohl im klinischen Alltag als auch in der Forschung haben sie Höchstleistungen erbracht.

Wie sind Sie auf Rahel Hirsch gekommen?

AMS/SR:

Auf Rahel Hirsch sind wir gestoßen durch das Buch „Weibliche Ärztinnen" von Eva Brinkschulte und die gleichzeitige Ausstellung. Da haben wir das Porträt und die Geschichte von Rahel Hirsch entdeckt, und ziemlich bald war für uns klar, daß sie einfach wieder aus der Versenkung herausgeholt werden mußte. Hinzu kam, daß sie als Jüdin auch mit diesem Teil der deutschen Geschichte verwoben war, über dessen Verdrängung wir uns immer schon geärgert hatten. In Rahels Person fanden wir die Verknüpfung zweier Ideen, die wir in zukünftigen Projekten ausführen wollten, nur ohne bislang zu wissen, auf welche Weise: die Geschichte der Frauen an der Charité und die der jüdischen Ärzte dort. Das hat uns natürlich doppelt bestärkt, an Rahels Figur zu arbeiten.

Wir mußten dann in vielen Gesprächen feststellen, wie heikel besonders das Thema der jüdischen Ärzte nach wie vor ist, daß es auch heute Ärzte gibt, die sagen: Das Thema ist für mich erledigt, ad acta sozusagen. Es gibt immer noch, na Antisemitismus klingt vielleicht sehr hart, aber Reminiszenzen. Man hat bis heute die Verfolgung der jüdischen Kollegen noch nicht aufgearbeitet. Im letzten Jahr erschien z.B. eine Broschüre über die Geschichte der Charité, da heißt es ganz lapidar: „Mit dem Inkrafttreten des Gesetzes zur Wiederherstellung des Berufsbeamtentums vom 7.4.1933 verloren mindestens 145 Ärzte und Wissenschaftler aus ‚rassischen oder politischen Gründen' Lehrbefugnis und Arbeitsplatz." Dann werden noch die Namen der bekanntesten Ärzte aufgezählt, und das war's dann. Nichts weiter dazu.

Wofür, glauben Sie, wurde Rahel Hirsch der Professorinnentitel verliehen?

AMS/SR:

Zum einen war die Zeit einfach reif dafür! Sie war ja schon etliche Jahre an der Charité tätig, und im Jahr zuvor hatte die Biologin Rabinowitsch-Kempner den Professorinnentitel bekommen. Und es war vielleicht doch auch so, daß es ein paar modern Denkende gegeben hat, die das befürworteten.

Aber in dem Zeitraum unserer Arbeit kamen auch tatsächlich öffentliche Anmerkungen, ob Rahels wissenschaftliche Leistungen denn wirklich so besonders gewesen wären... Ja, in diese Richtung ging die Bemerkung eines Professors in einer öffentlichen Anhörung vor dem Fakultätsrat. Da können wir nur antworten, daß das doch gar nicht zur Debatte steht! Wir können heute gar nicht beurteilen, wie damals die Auflagen waren. Und sie hat immerhin sämtliche Anforderungen der damaligen Zeit erfüllt, sie hat über 25 wissenschaftliche Veröffentlichungen herausgebracht. Sie hat ja auch zusammen mit Theodor Brugsch veröffentlicht, der sie in seinen Erinnerungen nicht mit einem Wort erwähnt hat. (Doch, auf S. 157 seiner Biographie steht ein Satz über R. H., Anm. S. C.) Und Tatsache ist, daß man ihre Entdeckung heute einfach noch nicht richtig interpretieren kann, es ist wohl noch nicht der richtige Zeitpunkt dafür.

Es gibt ja viele Beispiele dafür in der Medizin, daß eine Entdeckung erst nach langer Zeit richtig erkannt und genutzt wird, wie die Technik der Intubation etwa. Und manches wird zwischenzeitlich auch wieder vergessen. Man weiß die Entdeckung von Rahel Hirsch einfach noch nicht richtig zu nutzen. Es könnte z.B. für die Immunforschung eine Rolle spielen, etwa bei der Frage nach dem Ursprung von Allergien, wie Volkheimer das auch schon gesagt hat.

Wie war die Resonanz auf Ihre Aktion?

AMS/SR:

Also, es hat eigentlich kaum jemand gefragt: Warum macht ihr das. Es hat sich eigentlich auch kaum jemand dafür interessiert. Es kam eher der Einwand, was wir da in unserer Freizeit machten, schwäche unsere Arbeitskraft. Und natürlich die Frage, ob wir das Geld nicht besser verwenden könnten. Aber zum Glück war das unser Geld, und wir waren darin unabhängig von der Charité.

Die Stimmung bei uns war nach all unseren Erfahrungen mit den vorhergehenden Projekten eher so: einfach stillhalten, nicht auffallen. Denn nichts sollte unsere Idee zunichte machen.

Gilt das auch für die tägliche Arbeit, oder bezog sich das nur auf Ihr Projekt?

AMS/SR:

Wir können das so natürlich nicht verallgemeinern. Wir können eigentlich nur von dem sprechen, was uns in unserem Arbeitsfeld täglich begegnet: In die Forschung sind meistens nur Männer eingebunden, es forscht keine Frau bei uns. Männern werden ihre Forschungstage zugesichert. Irgendwie haben die immer jemanden im Hintergrund, der ihnen den Rücken freihält. Bei Frauen heißt es dagegen immer noch: Die haben ihren Karriereknick.

Heißt es nicht immer, die neuen jungen Frauen, die hätten überhaupt keine Probleme, sich durchzusetzen?

AMS/SR:

Diese jungen Frauen, die „Girlies", ja, die sind bei uns noch nicht angekommen, vom Alter her. In unserem Klinikum könnten eher noch welche von der „früheren" Frauenbewegung herumlaufen. Aber wenn, dann äußern sie sich nicht über die Zustände. Dieses Verhalten betrifft eigentlich alle Bereiche: Es wird stillgehalten, es findet keine Auseinandersetzung statt. Zwar ist es mittlerweile nicht mehr möglich, zu sagen: „Die Frau ist schwach und emotional", aber auf der anderen Seite ist es Konsens, daß bei den Männern oft jemand zu Hause das ganze soziale Leben organisiert und sie so mit den alltäglichen Nervereien nicht belastet werden. Frauen – die können froh sein, wenn sie Stationsärztin sind und damit eine gewisse Daseinsberechtigung haben.

Was die Karriere betrifft, so ist es heute so wie damals – wenn es in Anzeigen auch heißt: Wir bevorzugen weibliche Mitarbeiter. Und selbst, wenn es inzwischen überall Frauenbeauftragte gibt, so dienen die letztendlich uns doch nur als kleine Vehikelchen, sozusagen als Alibis für unsere berufliche Existenz. Aber auf höherer Ebene passiert nichts.

Es wird uns ganz klar gesagt: Sie haben ja irgendwann eine Familie. Und dann steckt da eben auch die gesamte gesellschaftliche Trägerfunktion dahinter. Es ist einfach für Männer nicht angesagt, zu Hause zu bleiben. Ein Mann, der heute ein Babyjahr nimmt, der wird doch ausgelacht

– es ist einfach nicht angesehen. Das ist 1998 nicht anders als vor zwanzig Jahren, und traurigerweise ist es auch nicht diskussionswürdig. Es ist für Männer nicht angezeigt, z.B. soziale Kompetenzen zu zeigen im familiären oder im Freundeskreis. So kann man manchmal wirklich zu der Überzeugung kommen, die Gesellschaft wird von Frauen getragen. Das kann doch alles nicht wahr sein!

Rahel Hirsch ist ihren Weg gegangen. Sie hat geforscht, sie wollte forschen. Sie ist nicht auf die Straße gegangen, hat nicht demonstriert, aber sie hat gemacht, was sie machen konnte.

Sie hätte ja auch, wie viele andere damals von Anfang an eine Praxis führen können. Statt dessen hat sie geforscht.

Finden Sie abschließende Worte?

AMS/SR:

Sie **war**, nach den Bildern zu urteilen, eine elegante, eine faszinierende Frau, eine Frau, an der man nicht vorbeisehen konnte.

Sie **ist** eine Frau, die imponiert.

Antje Müller-Schubert, geb. 1966, Studium von Medizin und Wissenschaftsjournalismus. Freiberufliche Tätigkeit als Medizinjournalistin und Autorin. Seit 1993 Assistenzärztin in der Klinik für Anästhesiologie und Intensivtherapie der Charité.

Susanne Rehm, geb. 1963, Studium der Medizin. Im Rahmen des Studiums zahlreiche längere Auslandsaufenthalte. Von 1991 bis 1993 am Londoner Westminster Hospital. Seit 1993 an der Klinik für Anästhesiologie und Intensivtherapie der Charité. Fachärztin für Anästhesiologie.

Gemeinsame Projekte an der Charité: 1994 wurde mit einer Werkschau von Christo und Jeanne-Claude die Ruine des Rudolf-Virchow-Hörsaals eröffnet. Weihnachten 1994 Gedenkveranstaltung zum 100. Todesjahr von Theodor Billroth mit Kompositionen von Medizinern (Carl Ludwig Schleich, Peter Lichtenthal und Alexander Borodin). 1995 Ärztebetreuung beim „Verhüllten Reichstag". Im September 1995 wurde die circa zwei Meter hohe Bronzefigur von Rahel Hirsch dem Klinikum übergeben. 1996 Erscheinen des Buches: Charité - Fotografischer Rundgang durch ein Krankenhaus (be.bra verlag).

DANKSAGUNG

Eine Arbeit wie diese ist nicht möglich ohne die Hilfe vieler Menschen.

Sei es mit Hinweisen auf Literatur, Hilfe bei der Recherche, beim Nachdenken oder bei der Unterstützung, wenn es darum geht, in anderen Städten nach Quellen zu suchen.

Genannt seien hier:

Frau Inge Kovarik für unermüdliche Diskussionsbereitschaft, Anregungen und Kritik – die bei diesem Buch besonders wichtig waren.

Sylvia Wolff, die mir bei meinen Recherchen in Berlin immer ein wohltuendes Ambiente gegeben hat.

Susanna Dickerhof-Kranz für ihre Unterstützung meiner Spurensuche in Frankfurt.

Frau Heidemarie Alertz vom Droste Verlag für Geduld und unterstützende Begleitung des Schreibprozesses.

Dank gesagt sei hier auch noch einmal *Frau Müller-Schubert* und *Frau Rehm* für ihre Bereitschaft, mir im Interview über ihr Projekt und ihre Motivation zu erzählen.

Und last, not least *Herrn Dr. Peter Roenpage* für die Durchsicht des Manuskripts, viele Anregungen und Literaturhinweise zum Thema Christen und Juden.

Der besondere Dank, nicht nur von mir, sondern von allen, denen an der Person Rahel Hirsch gelegen ist, gilt *Herrn Professor Gerhard Volkheimer,* ohne dessen Arbeit dieses Buch nicht möglich gewesen wäre. Der dafür gesorgt hat, daß die Leistung Rahel Hirschs aus der Vergessenheit geholt wurde, sich dafür eingesetzt hat, daß sie gebührend gewürdigt wurde, und der durch eigene Forschung die spärlichen Zeugnisse des Lebens von Rahel Hirsch bewahrt hat.

ZEITTAFEL

1808 Samson Raphael Hirsch wird in Hamburg geboren.

1811 Aufhebung des Ghettos in Frankfurt.

1833 Mendel Hirsch geboren.

1870/71 Deutsch-Französischer Krieg.

1870 15. September: Rahel Hirsch geboren.

1871 18. Januar: Proklamation des Deutschen Reiches
in Versailles.

1876 Lex Lasker: Juden dürfen aus der Gemeinde austreten.

1888 „Dreikaiserjahr".

1888 31. Dezember: Tod Samson Raphael Hirschs.

1889 Mai: Rahel Hirsch legt in Wiesbaden das
Lehrerinnenexamen ab.

ca. 1895 Der holländische Arzt Willem Einthoven erfindet das EKG.

1895 Wilhelm Conrad Röntgen entdeckt die X-Strahlen.

1898 Rahel Hirsch immatrikuliert sich in Zürich, legt

1899 am 7. April: die eidgenössische Maturitätsprüfung ab.

1902 Friedrich Kraus wird Chef der 2. Medizinischen Klinik
der Charité.

1902 Rahel Hirsch legt ihre Dissertation vor: „Ein Beitrag zur
Lehre von der Glykolyse".

1903 Rahel Hirsch erhält die Approbation.

1903 1. Oktober: Rahel Hirsch wird Assistentin von Kraus
an der Charité.

1907	7. November: Rahel Hirsch stellt ihre Forschungsergebnisse über die Ausscheidung von Stärkekörnern vor der Gesellschaft der Charité-Ärzte vor.
1908	Rahel Hirsch wird Leiterin der Poliklinik der 2. Medizinischen Klinik der Charité.
1913	Das Buch „Körperkultur der Frau" erscheint.
1913	5. November: Rahel Hirsch wird der Titel „Professor" verliehen.
1914	„Unfall und innere Medizin" von Rahel Hirsch erscheint.
1914	30. Dezember: Rahel Hirschs Mutter stirbt.
1914-1918	Erster Weltkrieg.
1919	Rahel Hirsch scheidet aus der Charité aus.
1920	Das „Therapeutische Taschenbuch der Elektro- und Strahlentherapie" erscheint.
1933	Machtergreifung durch die Nationalsozialisten.
1933	7. April: „Gesetz zur Wiederherstellung des Berufsbeamtentums".
1935	Juden wird die Erlangung der Approbation verwehrt.
1935	15. September: Nürnberger Rassengesetze.
1938	Zum 30. September wird allen jüdischen Ärzten die Approbation entzogen.
1938	Anfang Oktober verläßt Rahel Hirsch Deutschland.
1938	9./10. November: „Reichskristallnacht".
1938	7. Oktober: Rahel Hirsch trifft in London ein.
1953	6. Oktober: Rahel Hirsch stirbt in der Nähe von London.

LITERATURVERZEICHNIS

Ackerknecht, Erwin H.: Die Geschichte der Medizin. Ferdinand Enke Verlag, Stuttgart 1979

Arnsberg, Paul: Die Geschichte der Frankfurter Juden seit der französischen Revolution.
3 Bde. Hrsg.: Kuratorium für jüdische Geschichte. Bearb. von Hans O. Schembs.
E. Roether, Darmstadt 1983

Baader, Gerhard, Schulz, Ulrich (Hrsg.): Medizin und Nationalsozialismus – tabuisierte
Vergangenheit – ungebrochene Tradition. Verlagsgesellschaft Gesundheit mbH Berlin,
Berlin 1980

Baeck, Leo: Das Wesen des Judentums. Joseph Melzer Verlag, Köln 1960

Benz, Wolfgang (Hrsg.): Das Tagebuch der Hertha Nathorff. Schriftenreihe der Vierteljahres-
hefte für Zeitgeschichte Band 54. R. Oldenbourg Verlag, München 1987

Bernard, Claude: Vorlesungen über den Diabetes und die thierische Zuckerbildung. Deutsch
herausgegeben von Dr. Carl Posner. Verlag August Hirschwald, Berlin 1878

Beuys, Barbara: Heimat und Hölle – Jüdisches Leben in Europa durch zwei Jahrtause.
Rowohlt Verlag, Reinbek bei Hamburg 1996

Bleker, Johanna, Schmiedebach, Heinz-Peter (Hrsg.): Medizin und Krieg – Vom Dilemma der
Heilberufe 1865 bis 1985. Fischer Verlag, Frankfurt/M. 1987

Brinkschulte, Eva: Weibliche Ärzte – Die Durchsetzung des Berufsbildes in Deutschland.
Edition Hentrich, Berlin 1993

Brugsch, Theodor: Arzt seit fünf Jahrzehnten. Rütten & Loening, Berlin 1957

Buchholtz, Arend: Ernst von Bergmann. Verlag von F. C. W. Vogel, Leipzig 1913

Chernow, Ron: Die Warburgs – Odyssee einer Familie. btb Goldmann, Berlin 1994

Christoffel, Udo, von der Lieth, Elke: Berlin-Wilmersdorf – Verfolgung und Widerstand
1933 bis 1945. Verlag Willmuth Arenhövel, Berlin 1996

Czermak, Gerhard: Christen gegen Juden. Geschichte einer Verfolgung. Greno,
Nördlingen 1989

Dick, Jutta, Sassenberg, Martina (Hrsg.): Jüdische Frauen im 19. und 20. Jahrhundert.
Lexikon zu Leben und Werk. Rowohlt Verlag, Reinbek bei Hamburg 1993

Dohm, Hedwig: Die Arbeitsteilung zwischen Mann und Frau. In: Gisela Brinker-Gabler:
Frauenarbeit und Beruf, Fischer Verlag, Frankfurt a. M. 1979

Engelmann, Bernt: Deutschland ohne Juden. Eine Bilanz. Franz Schneekluth Verlag,
München 1970

Erb, Rainer, Bergmann, Werner: Die Nachtseite der Judenemanzipation. Der Widerstand
gegen die Integration der Juden in Deutschland 1780-1860. METROPOL, Berlin 1989

Feyl, Renate: Der lautlose Aufbruch - Frauen in der Wissenschaft. Luchterhand Verlag,
Frankfurt 1983

Fleischmann, Lea: Dies ist nicht mein Land – eine Jüdin verläßt die Bundesrepublik.
Verlag Hoffmann und Campe, Hamburg 1980

Forßmann, Werner: Selbstversuch. Erinnerungen eines Chirurgen. Droste Verlag,
Düsseldorf 1972

Frankenthal, Käthe: Jüdin, Intellektuelle, Sozialistin – Lebenserinnerungen einer Ärztin
in Deutschland und im Exil. Campus Verlag, Frankfurt 1985

Gidal, Nachum T.: Die Juden in Deutschland - von der Römerzeit bis zur Weimarer Republik.
Könemann Verlagsgesellschaft, Köln 1997

Heesch, Eckhard (Hrsg.): Heilkunst in unheilvoller Zeit. Beiträge zur Geschichte der Medizin
im Nationalsozialismus. Mabuse Verlag, Frankfurt a. M. 1993

Herre, Franz: Anno 70/71 – Ein Krieg, ein Reich, ein Kaiser. Verlag Kiepenheuer & Witsch,
Köln, Berlin 1970

Herzig, Arno, Lorenz, Ina: Verdrängung und Vernichtung der Juden unter dem
Nationalsozialismus. Hans Christians Verlag, Hamburg 1992

Hirsch, Karl Jacob: Kaiserwetter. Postskriptum Verlag, Hannover 1992

Hirsch, Rahel: Ein Beitrag zur Lehre von der Glykolyse. Diss. Straßburg 1903

Hirsch, Rahel: Körperkultur der Frau. Urban & Schwarzenberg, Berlin, Wien 1913

Hirsch, Rahel: Unfall und Innere Medizin, Verlag von Julius Springer, Berlin 1914

Hirsch, Rahel: Therapeutisches Taschenbuch der Elektro- und Strahlentherapie.
Fischer's therapeutische Taschenbücher, Verlag von Fischer's medicin. Buchhandlung
H. Kornfeld, Berlin 1920

Hirsch, Rudolf, Schuder, Rosemarie: Der Gelbe Fleck. Wurzeln und Wirkungen des
Judenhasses in der Deutschen Geschichte, Rütten & Loening, Berlin 1987

Huch, Ricarda: Studium und Beruf der Frau. In: Gisela Brinker-Gabler (Hrsg.):
Frauenarbeit und Beruf. Fischer Verlag, Frankfurt a. M. 1979

Jäckle, Renate: Die Ärzte und die Politik – 1930 bis heute. Beck'sche Reihe,
Verlag C. H. Beck, München 1988

Jäckle, Renate: Schicksale jüdischer und „staatsfeindlicher" Ärzte nach 1933 in München.
Herausgegeben von der Liste Demokratischer Ärztinnen und Ärzte, München 1988

Jaeckel, Gerhard: Die Charité: Die Geschichte eines Weltzentrums der Medizin.
Verlag Ullstein, Berlin 1988

Kamman, Ute: Der jüdische Frauenbund in Deutschland 1904–1932.
Schriftliche Hausarbeit im Rahmen der Magisterprüfung dem Dekanat der
Philosophischen Fakultät Köln vorgelegt am 6. 9. 1994

Kampe, Norbert: Studenten und Judenfrage im Deutschen Kaiserreich.
Vandenhoeck & Ruprecht, Göttingen 1988

Kaplan, Marion A.: Die jüdische Frauenbewegung in Deutschland - Organisation und
Ziele des jüdischen Frauenbundes 1904-1938. Hans Christians Verlag, Hamburg 1981

Kemelmann, Harry: Am Dienstag sah der Rabbi rot. Rowohlt Verlag,
Reinbek b. Hamburg 1975

Kemelmann, Harry: Am Montag flog der Rabbi ab. Rowohlt Verlag,
Reinbek b. Hamburg 1994

Kemelmann, Harry: Ein neuer Job für den Rabbi. Rowohlt Verlag, Reinbek b. Hamburg, 1994

Kerner, Charlotte (Hrsg.): Nicht nur Madame Curie... Verlag Beltz & Gelberg,
Weinheim und Basel 1990

Killian, Hans: Hinter uns steht nur der Herrgott - Aufzeichnungen eines Chirurgen.
Deutscher Bücher Bund, Stuttgart und Hamburg 1963

Klee, Ernst: Euthanasie im NS-Staat. Die Vernichtung lebensunwerten Lebens. Fischer Verlag,
Frankfurt a. M. 1983

Klemperer, Victor: LTI Notizbuch eines Philologen. Reclam Verlag Leipzig, Leipzig 1975

Klüger, Ruth: Weiter leben – eine Jugend. dtv, München 1994

Kolb, Eberhard: Umbrüche deutscher Geschichte. R. Oldenbourg Verlag, München 1993

Konert, Jürgen: Theodor Brugsch – Internist und Politiker. S. Hirzel Verlag, Leipzig 1988

Kraus, Friedrich: Die allgemeine und spezielle Pathologie der Person – Klinische
Syzygiologie. Thieme Verlag, Leipzig 1919

Kudlien, Fridolf: Ärzte im Nationalsozialismus. Verlag Kiepenheuer & Witsch, Köln 1985

Lifton, Robert Jay: Ärzte im Dritten Reich. Klett-Cotta, Stuttgart 1988

Maltzahn, Maria Gräfin von: Schlage die Trommel und fürchte dich nicht.
Verlag Ullstein, Frankfurt, Berlin 1986

Overesch, Manfred, Saal, Friedrich Wilhelm: Die Weimarer Republik – Chronik
deutscher Zeitgeschichte. Droste Verlag, Düsseldorf 1982

Plesch, Janos: Janos – Ein Arzt erzählt sein Leben. Paul List Verlag, München 1951

Poliakov, Leon: Geschichte des Antisemitismus. Bde. I-VI Verlag Georg Heintz, Worms
1977ff. Bde. VII-VIII Athenäum Jüd. Verlag, Frankfurt a. M. 1988

Sauerbruch, Ferdinand: Das war mein Leben. Lizenzausgabe Bertelsmann Verlag,
München 1956

Schmuhl, Hans-Walter: Rassenhygiene, Nationalsozialismus, Euthanasie. Vandenhoeck
& Ruprecht, Göttingen 1987 (= Kritische Studien zur Geschichtswissenschaft 75)

Schott, Heinz: Die Chronik der Medizin. Chronik Verlag, Dortmund 1993

Schütz, Hans: Juden in der Deutschen Literatur. Serie Piper, Piper Verlag, München 1992

Schulz, Hans Jürgen (Hrsg.): Mein Judentum. Kreuz Verlag, Stuttgart 1991

Schwab, Hermann: Erinnerungen eines alten Frankfurters. In: Frankfurter Jüdisches
Gemeindeblatt Nr. 6-8 1969

Sender, Toni: Autobiographie einer deutschen Rebellin. Hrsg. von Gisela Brinker-Gabler.
Fischer Verlag, Frankfurt am Main 1981

Stern, Carola: Ich möchte mir Flügel wünschen. Das Leben der Dorothea Schlegel.
Rowohlt Verlag, Reinbek b. Hamburg 1993

Straus, Rahel: Wir lebten in Deutschland – Erinnerungen einer deutschen Jüdin 1880-1933.
Deutsche Verlags-Anstalt, Stuttgart 1961

Thaler, Heribert: Der blaue Papagei: erlebte Medizin, erlebte Welt. Reprintverlag,
Leipzig 1993

Thorwald, Jürgen: Die Entlassung – Das Ende des Chirurgen Sauerbruch. Droemersche
Verlagsanstalt (Knaus Nachf.), München 1960

Volkheimer, Gerhard: Persorption. Thieme Verlag, Stuttgart 1972

Winkelmann, Adelheid: Medizinhistorische Betrachtungen zum Hirsch-Effekt.
Diss. Berlin 1965/68

Wissenschaftliche Schriftenreihe der Humboldt-Universität zu Berlin 1986.
175 Jahre Alma mater Berolinensis. 275 Jahre Charité 1985

Wolff, Charlotte: Augenblicke verändern uns mehr als die Zeit. Fischer Verlag,
Frankfurt a. M. 1986

Wuttke-Gronenberg, Walter: Medizin im Nationalsozialismus – Ein Arbeitsbuch.
Schwäbische Verlagsanstalt, Tübingen 1980

Zondek, Hermann: Auf festem Fuße - Erinnerungen eines jüdischen Klinikers.
DVA, Stuttgart 1973

AUSGEWÄHLTES PERSONENREGISTER